国民经济研究所系列丛书
中国经济体制改革研究会课题

中国分省份市场化指数报告

（2024）

王小鲁　樊纲　李爱莉 / 著

MARKETIZATION INDEX OF CHINA'S PROVINCES
NERI REPORT 2024
by National Economic Research Institute

中国经济出版社
CHINA ECONOMIC PUBLISHING HOUSE
·北京·

图书在版编目（CIP）数据

中国分省份市场化指数报告．2024／王小鲁，樊纲，李爱莉著．--北京：中国经济出版社，2025.4.
ISBN 978－7－5136－8124－7

Ⅰ.F123.9

中国国家版本馆 CIP 数据核字第 2025BN5412 号

责任编辑　张利影
责任印制　李　伟
封面设计　任燕飞

出版发行　中国经济出版社
印 刷 者　宝蕾元仁浩（天津）印刷有限公司
经 销 者　各地新华书店
开　　本　710mm×1000mm　1/16
印　　张　15.75
字　　数　220 千字
版　　次　2025 年 4 月第 1 版
印　　次　2025 年 4 月第 1 次
定　　价　89.00 元
广告经营许可证　京西工商广字第 8179 号

中国经济出版社　**网址** http://epc.sinopec.com/epc/　**社址** 北京市东城区安定门外大街 58 号　**邮编** 100011
本版图书如存在印装质量问题，请与本社销售中心联系调换（联系电话：010－57512564）

前 言

自 1978 年开始，中国开启了改革开放进程，迄今已经走过了 46 年。通过渐进式改革开放，我国经济从过去中央集权的计划经济体制转向市场经济体制。以市场化为中心的经济体制改革极大焕发了经济活力，推动中国经济跨入高速增长轨道，保持了 37 年平均增速接近 10% 的高速增长。改革开放使中国经济发生了实质性变化，从人均 GDP 不到 200 美元的低收入国家成长为人均 GDP 超过 1.2 万美元的中等收入国家，经济总量从世界十位以后跃升到第二位；居民收入大幅度提高，生活水平有了巨大改善，数亿农村贫困人口摆脱了饥饿和绝对贫困。这些巨大进步的根本原因，就是推行了市场化改革。

但市场化改革并未完成，还有诸多方面改革并不彻底，过去也经历了诸多进进退退。一方面，市场化在一些领域还在继续发展，民营经济仍然在经济发展中发挥着不可替代的作用；另一方面，我们目前的市场体制仍不完善。在一些领域，市场没有在资源配置中起到决定性作用。在有些地方，政府对市场的行政干预上升，经济中的不公平竞争现象增加，民营企业合法权益受到侵犯，民营经济发展动能减弱，垄断和地方保护现象抬头。这些导致了经济结构失衡和增长动能减弱，使经济面临重大挑战。重振市场化改革，是当前中国经济面临的关键任务。

本报告是国民经济研究所的最新课题研究成果。本报告旨在对最近时期（2019—2023 年）我国各省、自治区和直辖市（本报告以下简称为各省份，未包括香港、澳门、台湾）的市场化改革进展总体情况和不同方面的进展情况进行评价；发现进步，找出薄弱环节和退步，评价不同方面的得失，衡量各地区的市场化相对进程；为继续推进市场化改革尽一份力量，为经济决策和改善政府工作提供参考，为学术研究提供数据，为企业经营者、投资者提供全国和各地市场化改革进展的背景信息。[①]

国民经济研究所是一家非营利性民间研究机构，二十多年来致力于中国经济体制改革与发展方面的研究。本报告是基于大量客观数据分析形成的独立研究成果，报告的评价和判断不代表政府观点。

“中国市场化指数”课题从 2000 年开始进行，至今已经持续了 25 年。正常情况下，研究所每 2 ~ 3 年基于全国各地新的统计数据和调查数据发布一个新报告。包括本报告在内，迄今已公开出版了 10 份报告[②]。分省份市场化指数数据涵盖全国 31 个省份，自 1997 年开始，迄今数据时间跨度已达 27 年。分省份市场化指数体系以大量经过标准化处理的客观数据，对全国各省份的市场化相对进程进行系统性分析和评价。

中国市场化指数由总指数和五个方面指数组成，分别反映市场化的不同方面。它们是：

政府与市场的关系；

非国有经济的发展；

产品市场的发育程度；

要素市场的发育程度；

市场中介组织的发育和法治环境。

---

① 由于所需要的一部分 2023 年统计数据在 2024 年第四季度才公布，本报告在 2024 年末才完成。历年的报告也都存在类似情况。

② 历年报告分别为《中国市场化指数》2000 年、2001 年、2004 年、2006 年、2009 年、2011 年报告（经济科学出版社出版），《中国分省份市场化指数报告》2016 年、2018 年、2021 年报告（社会科学文献出版社出版），本报告（2024 年报告）由中国经济出版社出版。

为了全面反映市场化各个方面的变化，每个方面指数由若干分项指数组成，有些分项指数下面还设有二级分项指数。我们称最低一级的分项指数为基础指数。本报告中的市场化指数体系由 17 个基础指数构成。为了保持市场化指数的客观性，计算基础指数的原始数据全部来自权威机构的统计数据和全国范围的企业调查数据，不采用由少数专家打分的方法，并尽量避免使用不可靠的数据。

基础指数的计算以基期年份作为基准。在基期年份采用 0～10 分的相对评分系统，以该分项市场化程度最高的省份为 10 分，最低的省份为 0 分；其余省份的评分在 0～10 分之间，根据其该项指标与评分最高和评分最低省份的相对差距计算。因此评分反映的是省份与省份之间市场化进程的相对比较，较高的评分反映相对较高的市场化程度，并不是市场化的“绝对程度”。为了保持市场化指数在一定时期内的跨年度可比性，后续年份评分仍以基期年份为基准，允许超过 10 分或低于 0 分。因此在给定的时期内，市场化指数能够反映各省份市场化程度的进步或退步。

市场化的五个方面指数分别由其下辖各分项指数按等权重的计算方法合成（即算术平均值），市场化总指数由五个方面指数按等权重合成。全国的分项指数、方面指数和总指数由各省份的相应指数按等权重合成[①]。分析证明该方法的数据稳定性和客观性优于其他计算方法。当然，由于各省份人口规模和经济规模不同，使用各省份算术平均值来反映全国市场化进程也有其不够准确的地方；但无论按人口规模或按经济规模进行加权等其他方法也都有不尽合理之处。因此我们仍然使用分省算术平均值来近似反映全国的市场化进展状况。

本课题使用的基础数据和据此计算得到的各项指数具有连续性。但由于某些官方统计指标的统计口径和可获得性经常发生变化，以及某些其他客观情况的变化，我们在必要的情况下，在尽量保证数据基本可比的前提

① 早期数据曾经采用主成分分析法计算。

下，会对指标体系进行有限的调整。关于中国市场化指数的整体构造和计算方法，详见本报告的第四部分。

我们在本报告中公布的2019年以后的市场化指数是以2019年为基期计算的。在本报告公布的2019—2023年时间段，各年数据具有跨年度可比性。但与前一个报告（2021年报告）的数据并不直接可比。2021年报告所公布的市场化指数是以2016年为基期计算的。请使用市场化指数数据做时间序列分析和面板数据分析的读者注意，每次市场化指数报告所公布的不同基期各时间段数据，不能直接拼接使用，否则会导致错误的分析结果。

之所以需要更换计算基期，一是因为计算市场化指数所需要的某些官方统计指标经常会有改变统计口径、某些指标不再公布等情况，导致某些分项指数无法正常衔接；二是因为在较长时期内，不同地区、不同基础指标的量值变动会有很大差异。如果长期不改变计算基期，随着时间的推移，个别量值变动幅度特别大的基础指标就会对方面指数和总指数产生过大影响，个别市场化指数变动大的地区也会对全国指数产生过大影响。这实际意味着少数指标或少数地区在整体计算中权重增大，因而可能影响方面指数和总指数的客观性。我们将这种情况称为指数的“漂移”。因此我们需要每隔几年调整一次计算基期，以减少某些统计指标不衔接和数据漂移造成的影响。这样，在该时间段内，数据仍然跨年度可比，方面指数和总指数也不会在有限时间段内发生较大漂移。但因此也造成了不同时间段之间的指数失去长期可比性的问题。

为解决上述问题，我们会在每次更换计算基期之后，通过技术处理对不同时间段的数据进行可比化衔接，实现市场化指数的长期跨年度可比。长期跨年度可比的市场化指数系列数据，可以从社会科学文献出版社网站的“数字融合”—“中国市场化指数数据库”获得。

在本报告出版后，我们也会通过技术调整解决2019年以后的新数据与以前数据的可比性问题（即进行可比化衔接）。需要长期跨年度可比的时间序列数据和面板数据的用户，可在我们完成这项工作后，从上述网站获取，或者直接和我们联系（邮箱地址：neri@ neri. org. cn）。需要付少量数据维护费用。

本报告的正文分为六部分。前三部分分别报告中国市场化总体进展和分省份排序，市场化五个方面的进展，东部、中部、西部及东北区域的市场化进展；第四部分介绍市场化指数的构造和计算方法；第五部分分别对31个省份的市场化进展情况进行评价和分析；第六部分是2019—2023年的各省份市场化总指数评分及排序和五个方面指数的分省份排序。

本课题是中国经济体制改革研究会课题，得到了其他一些机构及个人的大力支持与帮助，在此对所有支持者深表感谢。

目录

一

中国市场化总体进展和分省份排序

（一）全国市场化总体进展：长期和近期趋势

图 1－1 显示了我国市场化总指数的长期变动趋势。图中，市场化总指数由两条曲线显示，分别是以 2001 年为计算基期的 1997—2019 年曲线和以 2019 年为计算基期的 2019—2023 年曲线。由于计算基期的差别，两个时间段的数据口径不同，两条曲线不相衔接，两者数据不直接可比，但仍然能够显示总指数变动的基本趋势（使用不同计算基期的原因已在前言中做了解释。未来我们将通过技术处理对这两个时间段的数据进行可比化衔接）。

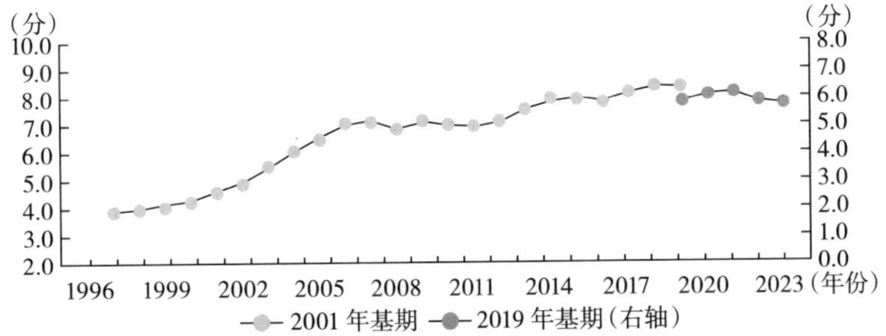

图 1－1　市场化总指数长期变动趋势（1997—2019 年，2019—2023 年）

数据来源：2001 年基期数据来自《中国分省份市场化指数数据库 1997—2019 年》，2019 年基期数据来自本报告数据库。

图 1－1 显示，我国的市场化改革进程在 1997—2007 年有较快进展，总指数评分从 3. 78 分上升到 7. 06 分；此后在 2008—2012 年出现了一定程度的停滞和下降，其中 2011 年比 2007 年下降 0. 23 分。2013 年起再次呈现上升趋势，但此后又出现波动。全国市场化总指数 2023 年评分为 5. 62 分，与 2019 年的 5. 73 分相比下降 0. 11 分，与 2021 年的 6. 02 分相比下降 0. 40 分。

分省份来看，2023 年与 2019 年相比，全国有 11 个省份的市场化总指数评分上升，其中包括 2 个东部沿海省份、3 个中部省份、5 个西部省份、1 个东北省份。20 个省份评分下降，其中包括 8 个东部省份、3 个中部省份、7 个西部省份、2 个东北省份。

从市场化指数的绝对水平来看，大多数东部省份的评分仍然显著高于其他地区省份的评分，西部省份仍然总体落后（关于按东、中、西部区域和东北区域划分的市场化进展详情，以及每个省份的市场化进展详情，将分别在本报告第三和第五部分介绍）。

从市场化的不同方面来看，2019—2023 年，5 个方面指数中有 1 个方面指数上升，3 个方面指数下降，1 个方面指数没有明显变化。其中：

“政府与市场的关系”方面指数下降 0. 38 分，延续了 2016—2019 年的下降趋势。在 2019—2023 年导致该方面指数评分下降的主要原因是政府对企业干预程度增加。

“非国有经济的发展”方面指数的评分，2023 年比 2019 年下降 0. 21 分。这改变了前一时期（2016—2019 年）评分上升的趋势。近一时期的评分下降是由非国有经济在工业企业营业收入中占比下降和非国有经济在全社会固定资产投资中占比下降造成的。

“产品市场的发育程度”方面指数，2023 年比 2019 年评分上升 0. 19 分，而在 2016—2019 年则有较大幅度的下降。后一时期评分改善主要是由于地方保护的程度有明显下降，使该分项指数评分提高 0. 81 分。但市场公平竞争分项指数有明显退步，评分下降 0. 70 分，在很大程度上抵消了前者的上升。

“要素市场的发育程度”方面指数，2023年比2019年评分下降0.10分，改变了2016—2019年的上升趋势，主要原因是人力资源供应条件变差。

“市场中介组织的发育和法治环境”方面指数，2023年与2019年相比评分没有显著变化（微降0.01分），但比2021年下降了1.01分，并改变了2016—2019年的上升趋势。

上述5个方面指数在2019—2023年的变动趋势见图1-2。在5个方面指数中，“政府与市场的关系”评分下降幅度相对较大，对市场化总指数评分的影响较大。

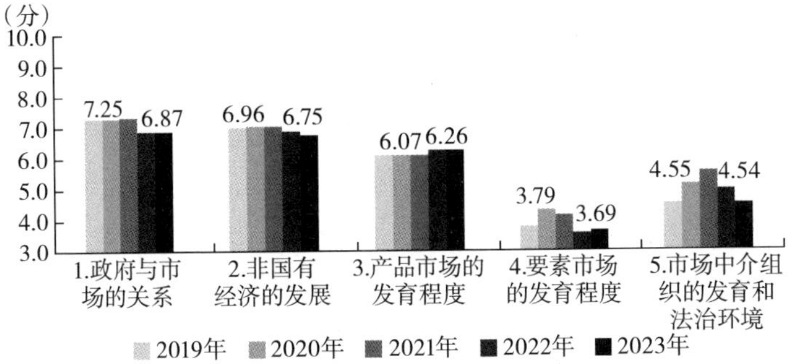

图1-2　市场化5个方面指数的变化趋势（2019—2023年）

（二）各省份市场化总体评分和排序

按各省份的市场化程度排名，2023年排名前5的省份按从高到低的顺序依次是浙江、广东、上海、江苏和天津，而2019年排名前5的依次是江苏、广东、上海、浙江和福建。其中，浙江、广东、上海、江苏继续保持在前5位内，但相对位次有改变，其中浙江有明显上升，江苏有明显下降。福建从第5位降到第6位，天津从第7位升至第5位（见图1-3和表1-1，均按2023年指数从高到低的顺序排列）。

从总指数的变化来看，2023年前5位中指数上升的有浙江（上升0.48分）和天津（上升0.38分），下降的有江苏、广东和上海（分别下降0.69分、0.30分和0.24分）。浙江指数上升的主要原因是“产品市场的发育程度”和“市场中介组织的发育和法治环境”两个方面有明显改善。江苏指数下降的主要原因是“政府与市场的关系”和“产品市场的发育程度”两个方面有明显下降。

2023 年市场化程度排最后 5 位的省份（按从后往前的顺序）依次是甘肃、西藏、青海、新疆、山西。2019 年市场化程度排最后 5 位的省份（按从低到高的顺序）依次是西藏、甘肃、新疆、青海、内蒙古①。其中，甘肃、西藏、青海、新疆仍然处于后 5 位，但西藏指数评分和排名都有上升，甘肃、青海、新疆指数评分都下降了，排名有升有降。山西指数评分和排名均有明显下降，落入最后 5 位之列。内蒙古评分微升，排名脱离了后 5 位。

西藏评分上升的主要原因是“政府与市场的关系”、“产品市场的发育程度”以及“市场中介组织的发育和法治环境”三个方面有明显改善。其他几个省份评分下降的主要原因也多数涉及上述三个方面因素的退步。

图 1－3 显示了全国各省份 2019—2023 年的市场化总指数变化。图中的数据标签是 2023 年总指数。分省份总指数的各年评分和排序均在表 1－1 中列出。

① 本报告的 2019 年最后 5 位省份的排名与我们上一个报告(2021 年报告)中的 2019 年最后 5 位排名有出入,是由于对个别指标做了数据更新和计算方法调整,使少数省份指数评分和排名发生某些改变。

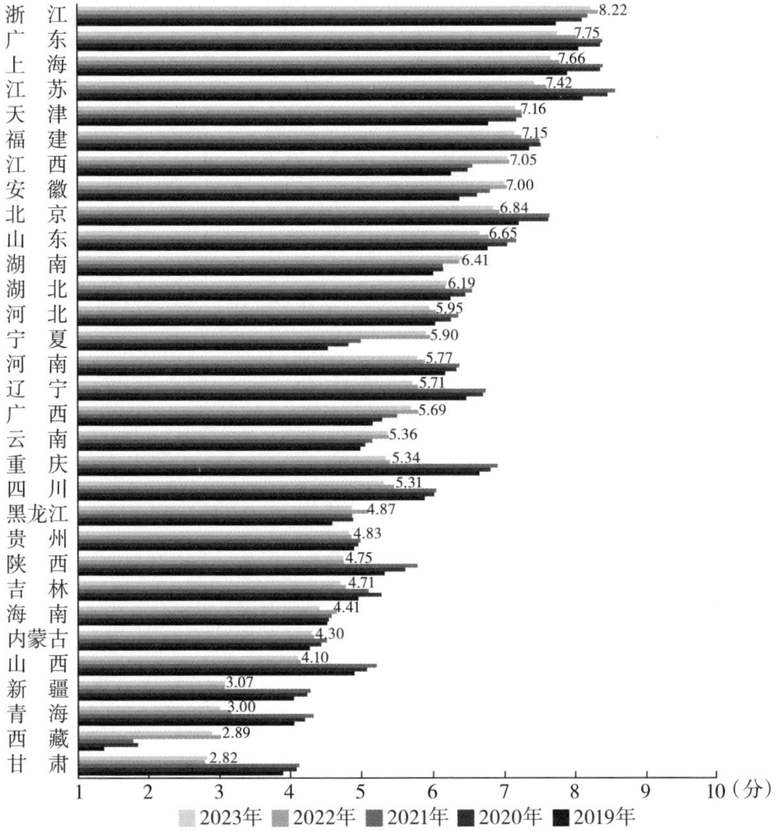

图 1－3　各省份市场化总指数（2019—2023 年）

表 1－1　各省份市场化总指数和排名（2019—2023 年）

地区	市场化总指数（分）					市场化排名					2023 年较 2019 年	
	2019 年	2020 年	2021 年	2022 年	2023 年	2019 年	2020 年	2021 年	2022 年	2023 年	指数升降（分）	位次升降
浙　江	7. 74	8. 10	8. 18	8. 33	8. 22	4	4	4	1	1	0. 48	3
广　东	8. 05	8. 36	8. 39	8. 02	7. 75	2	2	3	2	2	－0. 30	0
上　海	7. 90	8. 35	8. 39	7. 79	7. 66	3	3	2	3	3	－0. 24	0
江　苏	8. 11	8. 46	8. 56	7. 60	7. 42	1	1	1	4	4	－0. 69	－3
天　津	6. 78	7. 17	7. 25	7. 25	7. 16	7	7	7	5	5	0. 38	2
福　建	7. 35	7. 52	7. 50	7. 24	7. 15	5	6	6	6	6	－0. 21	－1
江　西	6. 26	6. 49	6. 56	7. 07	7. 05	12	12	12	7	7	0. 79	5

续表

地区	市场化总指数（分）					市场化排名					2023 年较 2019 年	
	2019 年	2020 年	2021 年	2022 年	2023 年	2019 年	2020 年	2021 年	2022 年	2023 年	指数升降（分）	位次升降
安　徽	6.37	6.62	6.80	7.04	7.00	11	11	10	8	8	0.63	3
北　京	7.20	7.62	7.64	6.93	6.84	6	5	5	9	9	-0.36	-3
山　东	6.76	7.04	7.17	6.78	6.65	8	8	8	10	10	-0.11	-2
湖　南	6.00	6.15	6.14	6.37	6.41	16	16	16	11	11	0.40	5
湖　北	6.25	6.46	6.55	6.18	6.19	13	13	13	12	12	-0.05	1
河　北	6.03	6.25	6.36	6.04	5.95	15	15	15	13	13	-0.08	2
宁　夏	4.53	4.82	5.00	5.96	5.90	25	25	23	14	14	1.37	11
河　南	6.17	6.33	6.37	5.89	5.77	14	14	14	15	15	-0.40	-1
辽　宁	6.47	6.70	6.74	5.78	5.71	10	10	11	17	16	-0.76	-6
广　西	5.16	5.29	5.50	5.80	5.69	19	19	19	16	17	0.53	2
云　南	4.99	5.06	5.16	5.39	5.36	20	22	21	20	18	0.38	2
重　庆	6.65	6.80	6.90	5.40	5.34	9	9	9	19	19	-1.31	-10
四　川	5.88	6.02	6.04	5.46	5.31	17	17	17	18	20	-0.57	-3
黑龙江	4.59	4.89	4.87	5.10	4.87	24	24	25	21	21	0.27	3
贵　州	4.90	4.96	4.99	4.86	4.83	23	23	24	22	22	-0.07	1
陕　西	5.33	5.61	5.78	4.75	4.75	18	18	18	24	23	-0.58	-5
吉　林	4.96	5.28	5.10	4.78	4.71	21	20	22	23	24	-0.25	-3
海　南	4.52	4.54	4.58	4.65	4.41	26	26	26	25	25	-0.11	1
内蒙古	4.28	4.44	4.51	4.34	4.30	27	27	27	26	26	0.03	1
山　西	4.90	5.08	5.21	4.14	4.10	22	21	20	27	27	-0.80	-5
新　疆	4.05	4.24	4.29	3.07	3.07	29	28	29	29	28	-0.98	1
青　海	4.05	4.21	4.33	3.16	3.00	28	29	28	28	29	-1.05	-1
西　藏	1.36	1.85	1.78	3.01	2.89	31	31	31	30	30	1.53	1
甘　肃	3.90	4.09	4.12	2.79	2.82	30	30	30	31	31	-1.08	-1
全　国	5.73	5.96	6.02	5.71	5.62						-0.11	

注：表中省份排序按 2023 年评分从高到低排列。右侧两列中的指数升降表示指数（评分）上升或下降多少分，正值表示上升，负值表示下降。个别省份指数升降与表中两年指数相减略有出入，是尾数四舍五入所致。位次升降表示排名位次提高或降低几位，正值表示位次提高，负值表示位次降低，零表示不变。

如表 1 – 1 所示，2023 年，排名前 10 的省份中，有 8 个是东部沿海省份（浙江、广东、上海、江苏、天津、福建、北京、山东），它们都继续保持在前 10 名内，但其中多数省份的指数评分与 2019 年相比出现下降。另有 2 个中部省份江西和安徽进入了前 10 名，两者的指数评分和排名均有显著提高。

排在中间位置的 10 个省份中，有 3 个中部省份（湖南、湖北、河南）、5 个西部省份（宁夏、广西、云南、重庆、四川）、东部和东北省份各 1 个（河北、辽宁）。其中湖南和宁夏在 2019—2023 年指数评分和排名都有显著上升，宁夏多年来首次进入市场化中间程度的 10 个省份之列。广西和云南的指数评分和排名也有明显提高。其余 6 个省份指数评分都有不同程度下降，排名或升或降，其中重庆评分和排名跌幅很大。

排在第 20 位以后的 11 个省份中，有 2 个东北省份（黑龙江、吉林），东部和中部省份各 1 个（海南、山西），7 个西部省份（贵州、陕西、内蒙古、新疆、青海、西藏、甘肃）。这与 2019 年相比没有大的改变，也说明我国的市场化进程仍然有很大的地域差异。只有陕西从原来的市场化中间水平（第 18 位）降到较低水平（第 23 位），宁夏从原来的后进水平提升至中等水平。

（三）过去 5 年市场化指数变动概述

2023 年，全国市场化总指数为 5. 62 分，较 2019 年下降 0. 11 分。主要原因是“政府与市场的关系”“非国有经济的发展”“要素市场的发育程度”这三个方面指数的下降。上述三个方面指数分别下降 0. 38 分、0. 21 分和 0. 10 分。“产品市场的发育程度”方面指数有所提高，上升 0. 19 分。“市场中介组织的发育和法治环境”方面指数基本持平（微降 0. 01 分）。

分省份来看，2019—2023 年，全国有 11 个省份的市场化指数有提高，20 个省份有不同程度的下降。在指数上升的省份中，3 个中部省份江西、安徽、湖南，东部省份浙江，以及西部省份西藏、宁夏、广西的上升幅度较大，幅度均在 0. 40 分以上。指数下降的省份在东、中、西部和东北区域都有分布，东部区域占 8 个，西部区域占 7 个，值得引起注意。指数降幅较大的有西部的重庆、甘肃、青海、新疆，中部的山西，东北的辽宁及东部的江苏，降幅均在 0. 69 分以上。

从区域分布的角度看，市场化进程仍然是不均衡的。总体而言，东部区域的市场化程度仍高于中、西部和东北区域大多数省份，但这几年东部的市场化进展不理想，多数省份指数下降。中部区域部分省份近年来改善较大，6 个省份中有 3 个省份指数和排名有较大幅度上升，1 个有大幅度下降。东北三省中有 2 个省份指数和排名有明显下降，1 个省份指数和排名上升。西部区域总体市场化水平仍然落后于东、中部，而且 12 个省份中有 7 个省份指数下降，其中 4 个省份降幅相当大，在 1. 0 分左右或以上。西部的市场化进展也出现了分化现象，有 4 个省份指数有明显提高，其中西藏和宁夏提高超过 1. 0 分。

从不同方面的市场化进展看，“政府与市场的关系”和“非国有经济的发展”两个方面指数虽然在 2019—2023 年都出现了下降，但 2023 年指数评分仍然高于“产品市场的发育程度”、“要素市场的发育程度”和“市场中介组织的发育和法治环境”三个方面指数。前两者 2023 年分别是 6. 87 分和 6. 75 分，后三者分别是 6. 26 分、3. 69 分和 4. 54 分。其中“要素市场的发育程度”在五个方面指数中仍然是评分最低的。“产品市场的发育程度”分数提高 0. 19 分，分值排在五个方面指数的中间位置。

上述情况说明，无论从区域分布情况看还是从市场化的不同方面看，市场化改革都亟待推进。特别在市场化发生了明显下降的“政府与市场的关系”和“非国有经济的发展”方面，推进市场化进程，扭转下滑趋势，确立市场对资源配置的决定性作用，建立国有企业和非国有企业平等对待、公平竞争的市场环境，改善法治环境，是当务之急。

二
市场化五个方面的进展

本部分将从“政府与市场的关系”、“非国有经济的发展”、“产品市场的发育程度”、“要素市场的发育程度”和“市场中介组织的发育和法治环境”五个方面来评价2019—2023年我国市场化的进展状况。

表2-1给出了2019—2023年市场化总指数、五个方面指数及其各分项指数的全国平均评分及其变化幅度。

表2-1　市场化指数全国平均评分及其变化（2019—2023年）　单位：分

指数	2019年	2020年	2021年	2022年	2023年	2023年比2019年上升或下降
总指数	5.73	5.96	6.02	5.71	5.62	-0.10
1. 政府与市场的关系	**7.25**	**7.26**	**7.31**	**6.87**	**6.87**	**-0.38**
1a 市场分配经济资源的比重	8.40	8.27	8.45	8.71	8.72	0.32
1b 减少政府对企业的干预	5.17	5.17	5.17	3.57	3.57	-1.60
1c 缩小政府规模	8.19	8.35	8.31	8.32	8.33	0.14
2. 非国有经济的发展	**6.96**	**7.03**	**7.01**	**6.85**	**6.75**	**-0.21**
2a 非国有经济在工业企业营业收入中所占比例	5.95	6.04	5.94	5.79	5.73	-0.22

续表

指数	2019 年	2020 年	2021 年	2022 年	2023 年	2023 年比 2019 年上升或下降
2b 非国有经济在全社会固定资产投资中所占比例	7. 22	7. 17	7. 26	7. 00	6. 77	-0. 45
2c 非国有经济就业人数占城镇总就业人数的比例	7. 73	7. 87	7. 84	7. 75	7. 75	0. 02
3. 产品市场的发育程度	**6. 07**	**6. 07**	**6. 07**	**6. 26**	**6. 26**	**0. 19**
3a 价格由市场决定的程度	5. 40	5. 40	5. 40	5. 88	5. 88	0. 48
3b 减少商品市场上的地方保护	8. 50	8. 50	8. 50	9. 31	9. 31	0. 81
3c 公平的市场竞争条件	4. 31	4. 31	4. 31	3. 60	3. 60	-0. 70
4. 要素市场的发育程度	**3. 79**	**4. 31**	**4. 18**	**3. 58**	**3. 69**	**-0. 10**
4a 金融业的市场化	5. 53	5. 53	5. 58	5. 58	5. 52	-0. 01
(4a1) 金融业的竞争	6. 46	6. 39	6. 50	6. 33	6. 22	-0. 24
(4a2) 信贷资金分配的市场化	4. 61	4. 67	4. 65	4. 84	4. 82	0. 22
4b 人力资源供应条件	4. 59	5. 93	5. 27	3. 08	3. 01	-1. 59
(4b1) 技术人员、管理人员和熟练工人供应条件	7. 08	7. 08	7. 08	3. 04	3. 04	-4. 04
(4b2) 常住人口/本地户籍人口	2. 11	4. 78	3. 45	3. 13	2. 98	0. 87
4c 技术成果市场化	1. 24	1. 47	1. 68	2. 08	2. 53	1. 28
5. 市场中介组织的发育和法治环境	**4. 55**	**5. 13**	**5. 55**	**4. 98**	**4. 54**	**-0. 01**
5a 市场中介组织的发育	5. 36	5. 36	5. 36	4. 13	4. 13	-1. 22

续表

指数	2019 年	2020 年	2021 年	2022 年	2023 年	2023 年比 2019 年上升或下降
5b 维护市场的法治环境	5. 20	5. 20	5. 20	5. 44	5. 44	0. 23
5c 知识产权保护	3. 09	4. 84	6. 10	5. 38	4. 04	0. 96

注：本表中所列各年份的指数为市场化各方面指数和分项指数的全国总体评分。最后一列数字表示评分变化，正数表示 2023 年与 2019 年相比评分上升（市场化程度提高），负数表示评分下降（市场化程度降低）。个别指数的评分变化与表中两年间的分数差额略有出入，是尾数四舍五入所致。该情况也适用于本书正文及所有图表。

（一）政府与市场的关系

2019—2023 年，“政府与市场的关系”方面指数的全国评分先升后降，从 7. 25 分降至 6. 87 分，在五个方面指数中下降幅度突出。

该方面指数由三个分项指数组成，分别是“市场分配经济资源的比重”、“减少政府对企业的干预”和“缩小政府规模”。2019—2023 年，三个分项指数 2 升 1 降，其中，“减少政府对企业的干预”分项指数从 5. 17 分下降至 3. 57 分，主要原因是，2022 年新冠疫情时期，不少地方的过度防疫措施干预了企业的正常经营。“市场分配经济资源的比重”和“缩小政府规模”分项指数分别提高 0. 32 分和 0. 14 分。2023 年与 2019 年相比，政府参与资源配置程度有所降低，地方政府相对规模也略有缩小。但这两者的变化主要与近年来土地出让收入大幅度下降和税收收入增长减缓相关。图 2 - 1 直观展示了三个分项指数的变化。

表 2 - 2 展示了各省份在“政府与市场的关系”方面的市场化程度，从表中可以看出，在“政府与市场的关系”方面，2023 年市场化程度排在前 5 位的省份分别是江西、浙江、江苏、上海和福建，其中，江西自 1997 年以来，首次在该方面进入前 5 位并位列第 1。主要原因是政府对市场的干预减少了。2023 年排在最后 5 位的包括 4 个西部省份（西藏、新疆、青海、

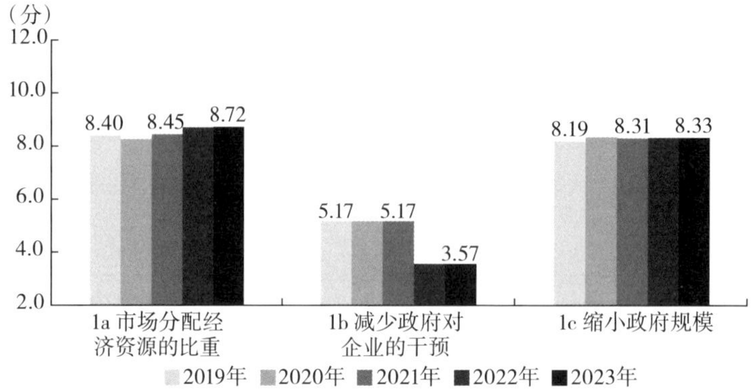

图 2－1　政府与市场的关系：分项指数变化（2019—2023 年）

甘肃）和 1 个中部省份（山西）。但其中西藏评分比 2019 年有明显提高，而新疆、青海、山西则有显著下降。

2019—2023 年，全国 9 个省份的该方面评分上升，其中，西藏、广西、江西评分上升幅度超过 1.00 分。22 个省份的评分下降，其中，降幅在 1.00 分以上的省份中有 4 个东部省份（北京、山东、广东、江苏）和 3 个西部省份（新疆、陕西、四川）。

表 2－2　各省份“政府与市场的关系”方面指数评分及其变化　　单位：分

省份	2019 年	2020 年	2021 年	2022 年	2023 年	2023 年比 2019 年上升或下降
江　西	7.50	7.44	7.41	8.70	8.77	1.27
浙　江	8.51	8.38	8.44	8.30	8.40	－0.11
江　苏	9.86	9.81	9.76	8.31	8.40	－1.47
上　海	9.20	9.54	9.57	8.23	8.24	－0.95
福　建	8.42	8.40	8.41	8.04	8.09	－0.34
湖　北	8.40	8.25	8.29	7.97	7.98	－0.43
黑龙江	7.26	7.13	7.08	7.85	7.88	0.62
安　徽	8.08	8.05	8.10	7.79	7.84	－0.24
广　东	9.00	8.92	8.88	7.76	7.82	－1.18
广　西	6.59	6.56	6.61	7.71	7.73	1.14
天　津	8.05	8.06	8.03	7.57	7.61	－0.45

续表

省份	2019 年	2020 年	2021 年	2022 年	2023 年	2023 年比 2019 年上升或下降
云　南	7.56	7.60	7.59	7.55	7.58	0.02
河　南	7.67	7.66	7.65	7.47	7.46	-0.20
河　北	7.85	7.81	7.86	7.46	7.39	-0.46
湖　南	7.43	7.36	7.36	7.33	7.35	-0.08
辽　宁	7.98	7.95	8.04	7.28	7.31	-0.67
重　庆	8.22	8.21	8.29	7.23	7.26	-0.97
宁　夏	6.50	6.75	6.91	7.12	7.07	0.58
海　南	6.74	6.83	6.87	6.76	6.79	0.05
山　东	8.24	8.12	8.14	6.75	6.76	-1.48
吉　林	6.04	6.10	6.06	6.45	6.45	0.41
四　川	8.21	8.12	8.14	6.55	6.42	-1.79
贵　州	6.77	6.57	6.62	6.21	6.32	-0.46
内蒙古	6.36	6.29	6.45	6.35	6.30	-0.06
北　京	7.94	8.01	8.04	6.28	6.30	-1.65
陕　西	7.32	7.34	7.36	6.22	6.23	-1.08
山　西	6.72	6.69	6.82	5.86	5.82	-0.90
甘　肃	4.76	4.64	4.71	4.82	4.90	0.14
青　海	5.44	5.34	5.50	4.63	4.63	-0.80
新　疆	5.44	5.53	5.54	3.74	3.77	-1.67
西　藏	0.82	1.67	2.00	2.61	2.20	1.38

以下具体描述各分项指数的变化情况。

1a 市场分配经济资源的比重

自 2011 年以来，我们用各省份的地区生产总值（Gross Regional Product，GRP）减去由政府支配的经济资源，以剩余部分占 GRP 的比重来近似表示市场分配经济资源的比重。政府支配的经济资源用地方政府一般公共预算支出与政府性基金支出（包括土地出让收入形成的支出）之和表示。图 2-2 显示，以分省份平均值来衡量，各省份政府支出占 GPR 的平均比重从 2019 年的 38.7% 上升至 2020 年的 40.6%，此后在 2021 年下降至

34.6%，至2023年一直维持在这个水平上下。

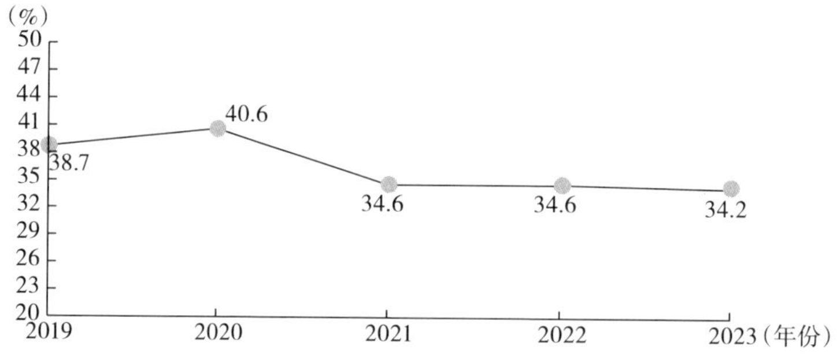

图2-2 全口径政府支出占GRP的比重（各省份平均值）（2019—2023年）

2019—2023年，“市场分配经济资源的比重”分项指数评分从8.40分波动上升至8.72分。从表2-3可以看出，该分项指数评分除吉林、四川、陕西略有下降外，其他省份均有不同程度上升。其中宁夏和天津上升幅度最大，达到或超过1.00分，显示市场分配经济资源的程度在提高。排名靠前的5个省份全部是东部省份（福建、广东、江苏、山东、北京），排名靠后的5个省份包括西藏、青海、甘肃、新疆4个西部省份和海南，但评分均有改善。如前所述，多数省份该指数的改善由政府收入下降导致。

表2-3 各省份“市场分配经济资源的比重”分项指数评分及其变化

单位：分

省份	2019年	2020年	2021年	2022年	2023年	2023年比2019年上升或下降
福建	10.00	9.92	9.93	10.05	10.15	0.15
广东	9.85	9.72	9.69	9.84	9.95	0.10
江苏	9.77	9.63	9.60	9.76	9.90	0.14
山东	9.50	9.34	9.34	9.55	9.69	0.19
北京	9.13	9.17	9.31	9.53	9.60	0.47
湖北	9.41	9.25	9.31	9.54	9.58	0.17
河南	9.44	9.35	9.40	9.53	9.55	0.12
辽宁	9.37	9.19	9.26	9.47	9.49	0.13
天津	8.37	8.32	8.78	9.33	9.40	1.03
湖南	9.37	9.21	9.19	9.32	9.38	0.00

续表

省份	2019 年	2020 年	2021 年	2022 年	2023 年	2023 年比 2019 年上升或下降
重　庆	8.93	8.99	9.12	9.32	9.33	0.41
上　海	9.20	9.17	9.21	9.25	9.28	0.09
安　徽	9.01	8.92	9.10	9.19	9.27	0.27
浙　江	8.97	8.82	8.87	9.04	9.26	0.29
广　西	8.70	8.46	8.63	9.07	9.22	0.52
云　南	8.58	8.35	8.56	9.01	9.20	0.62
山　西	8.68	8.46	8.82	9.25	9.19	0.52
陕　西	9.18	9.03	9.05	9.16	9.17	-0.01
内蒙古	8.71	8.51	8.81	9.27	9.13	0.41
河　北	8.74	8.57	8.73	9.00	9.01	0.28
四　川	8.95	8.79	8.81	8.94	8.93	-0.02
江　西	8.54	8.34	8.32	8.62	8.79	0.25
宁　夏	7.71	7.85	8.38	8.79	8.71	1.00
黑龙江	8.17	7.85	7.93	8.35	8.30	0.13
贵　州	8.09	7.73	7.78	8.10	8.17	0.08
吉　林	8.15	7.92	7.99	8.18	8.09	-0.06
海　南	7.72	7.45	7.58	7.93	7.99	0.27
新　疆	7.68	7.45	7.76	7.97	7.69	0.01
甘　肃	7.04	6.76	6.88	7.37	7.59	0.55
青　海	5.49	5.20	5.74	6.38	6.43	0.94
西　藏	0.00	0.57	1.99	1.82	0.98	0.98

1b 减少政府对企业的干预

该分项指数的原始数据是通过对全国超过 2000 家企业的调查得到的。我们通常依据企业负责人对“政府在行政审批、执法检查、行业准入、投资和其他方面有无过多干预”的评价得到原始数据，并计算得到基础指数。但在 2022 年企业调查中，我们发现很多地方的企业经营受到当地严厉的疫情防控措施影响，因此在调查问卷中增加了这方面的问题。有 84% 的受调查企业负责人认为当地的疫情防控措施对本企业经营造成了不利影响，70%

左右的受调查企业负责人报告这些措施导致了企业全年开工率下降、从业人员减少、营业收入下降、利润下降或发生亏损。有61%的受调查者认为其中一部分措施或者很多防控措施不必要。调查发现，这些过度的防疫措施构成了另一种形式的行政干预。一方面，在疫情期间因很多行政活动受限，政府在行政审批、执法检查等方面的行政干预程度有明显下降；另一方面，在疫情防控方面的行政干预明显起了取代传统行政干预的作用。为了更全面地反映真实情况，我们使用企业对“当地各项防疫措施对防止疫病流行的必要性如何”的评价，对2022年常规的行政干预评价进行适当调整，计算权重设为0.2。①

2019—2023年，全国“减少政府对企业的干预”分项指数从5.17分大幅下降至3.57分。表2－4显示，全国只有6个省份评分上升，其余25个省份下降。全国排名前5的省份分别是江西、黑龙江、浙江、江苏和湖北。其中，江西评分大幅提升了3.56分，黑龙江表现也不错，评分提升了2.07分。全国排名后5的省份是新疆、甘肃、山西、陕西和北京。其中，新疆和甘肃评分出现负数。政府对企业干预程度提高的主要原因是过度的防疫措施对企业经营造成了影响。

表2－4　各省份“减少政府对企业的干预”分项指数评分及其变化 单位：分

省份	2019年	2020年	2021年	2022年	2023年	2023年比2019年上升或下降
江　西	5.02	5.02	5.02	8.58	8.58	3.56
黑龙江	4.92	4.92	4.92	6.98	6.98	2.07
浙　江	7.13	7.13	7.13	6.50	6.50	－0.63
江　苏	10.00	10.00	10.00	5.50	5.50	－4.50
湖　北	6.43	6.43	6.43	5.25	5.25	－1.18
云　南	5.59	5.59	5.59	5.16	5.16	－0.44
上　海	8.98	8.98	8.98	4.86	4.86	－4.12
福　建	5.99	5.99	5.99	4.73	4.73	－1.26

① 本报告中，凡企业调查数据，2020年和2021年沿用2019年调查数据，2023年沿用2022年调查数据。

续表

省份	2019 年	2020 年	2021 年	2022 年	2023 年	2023 年比 2019 年上升或下降
天　津	6.56	6.56	6.56	4.64	4.64	-1.92
广　西	1.74	1.74	1.74	4.54	4.54	2.80
西　藏	2.47	2.47	2.47	4.40	4.40	1.93
宁　夏	4.08	4.08	4.08	4.34	4.34	0.25
河　北	5.73	5.73	5.73	4.33	4.33	-1.40
安　徽	5.22	5.22	5.22	4.20	4.20	-1.02
广　东	7.57	7.57	7.57	4.06	4.06	-3.51
辽　宁	6.28	6.28	6.28	3.80	3.80	-2.48
湖　南	3.84	3.84	3.84	3.58	3.58	-0.26
河　南	4.26	4.26	4.26	3.52	3.52	-0.74
海　南	4.33	4.33	4.33	3.42	3.42	-0.91
内蒙古	4.15	4.15	4.15	3.28	3.28	-0.88
吉　林	2.00	2.00	2.00	3.04	3.04	1.04
重　庆	6.28	6.28	6.28	2.87	2.87	-3.41
贵　州	4.43	4.43	4.43	2.74	2.74	-1.69
四　川	6.50	6.50	6.50	1.71	1.71	-4.79
山　东	5.98	5.98	5.98	1.64	1.64	-4.34
青　海	4.96	4.96	4.96	1.42	1.42	-3.54
北　京	6.51	6.51	6.51	0.97	0.97	-5.54
陕　西	4.50	4.50	4.50	0.91	0.91	-3.59
山　西	3.84	3.84	3.84	0.55	0.55	-3.29
甘　肃	0.00	0.00	0.00	-0.15	-0.15	-0.15
新　疆	5.02	5.02	5.02	-0.75	-0.75	-5.77

1c 缩小政府规模

该分项指数是根据各省份公共管理、社会保障和社会组织就业人数占本省常住人口的比重计算得到的。从全国数据看，公共管理和社会组织就业人数在考察年份没有明显变化，2019 年为 1990 万人，2023 年为 1986 万人，各年份占总人口的比重均在 1.41% 上下。但分省来看，情况有所不同。

2019—2023 年，“缩小政府规模”分项指数的全国平均分从 8.19 分升至8.33分。表2-5显示，21个省份改善，9个省份下降，1个省份不变。排前5位的省份分别是上海、安徽、江苏、重庆和广东。其中，江苏和广东排名靠前，但分值分别下降了0.04分和0.13分。排后5位的全部是西部省份（西藏、新疆、青海、内蒙古和甘肃）。但除甘肃分值不变外，其他4个省份分值都有不同程度的提高，西藏和新疆提高幅度较大。

表2-5 各省份“缩小政府规模”分项指数评分及其变化 单位：分

省份	2019年	2020年	2021年	2022年	2023年	2023年比2019年上升或下降
上海	9.42	10.46	10.53	10.57	10.58	1.17
安徽	10.00	10.01	9.98	9.99	10.05	0.05
江苏	9.83	9.81	9.69	9.68	9.78	-0.04
重庆	9.46	9.35	9.46	9.50	9.57	0.11
广东	9.58	9.46	9.38	9.37	9.45	-0.13
浙江	9.42	9.20	9.32	9.34	9.44	0.02
广西	9.32	9.47	9.48	9.51	9.42	0.09
福建	9.28	9.30	9.32	9.33	9.38	0.10
河南	9.31	9.37	9.30	9.35	9.31	0.01
湖北	9.37	9.09	9.13	9.10	9.10	-0.26
湖南	9.06	9.04	9.04	9.11	9.08	0.02
山东	9.24	9.04	9.09	9.06	8.96	-0.29
海南	8.16	8.70	8.71	8.91	8.95	0.79
江西	8.93	8.96	8.90	8.89	8.94	0.01
河北	9.07	9.14	9.14	9.04	8.82	-0.26
天津	9.23	9.29	8.75	8.74	8.78	-0.45
辽宁	8.28	8.38	8.59	8.56	8.64	0.36
四川	9.19	9.07	9.11	9.00	8.63	-0.56
陕西	8.27	8.49	8.54	8.58	8.62	0.35
云南	8.52	8.87	8.61	8.49	8.39	-0.12
黑龙江	8.70	8.62	8.40	8.22	8.37	-0.33
北京	8.19	8.35	8.31	8.32	8.33	0.14
吉林	7.98	8.37	8.20	8.12	8.22	0.24
宁夏	7.70	8.31	8.26	8.24	8.18	0.48

续表

省份	2019 年	2020 年	2021 年	2022 年	2023 年	2023 年比 2019 年上升或下降
贵　州	7.80	7.54	7.64	7.80	8.04	0.24
山　西	7.63	7.77	7.80	7.77	7.70	0.07
甘　肃	7.25	7.15	7.25	7.24	7.25	0.00
内蒙古	6.22	6.21	6.39	6.52	6.51	0.28
青　海	5.85	5.84	5.81	6.09	6.04	0.19
新　疆	3.63	4.11	3.85	4.00	4.38	0.75
西　藏	0.00	1.96	1.53	1.62	1.22	1.22

（二）非国有经济的发展

2019—2023 年，“非国有经济的发展”方面指数平均分波动下行，从 6.96 分下降至 6.75 分，说明在考察年份，非国有经济部门相对于国有经济部门增速减缓。而该方面指数的评分在 2008—2019 年呈上升趋势。

该方面指数由“非国有经济在工业企业营业收入中所占比例”、“非国有经济在全社会固定资产投资中所占比例”和“非国有经济就业人数占城镇总就业人数的比例”三个分项指数组成。2019—2023 年，“非国有经济就业人数占城镇总就业人数的比例”基本没有变化，指数从 7.73 分微升至 7.75 分，是三个分项指数中唯一没有下降的指数。“非国有经济在全社会固定资产投资中所占比例”分项指数从 7.22 分降至 6.77 分，下降 0.45 分，是三个分项指数中下降幅度最大的指数。这里需要说明的是，后两个分项指数的原始数据都未能扣除国有控股的股份制企业和有限责任公司，因而原始数据可能在某种程度上夸大了非国有经济的比重。2019—2023 年“非国有经济在工业企业营业收入中所占比例”分项指数下降 0.22 分。以上三个分项指数的变动见图 2－3。请注意图中数值并非原始的比例数，而是已标准化为指数评分。

表 2－6 显示了各省份在“非国有经济的发展”方面的市场化程度。从

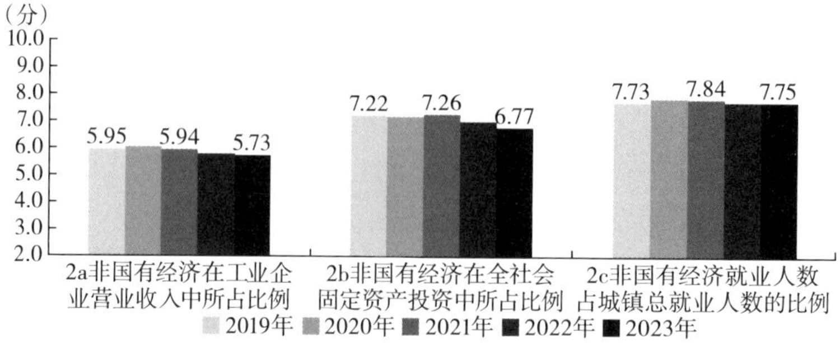

图 2-3 非国有经济的发展：分项指数变化（2019—2023 年）

表中可以看出，2023 年江苏该方面市场化程度最高，为 9.37 分。排在前 5 位的省份依次是江苏、浙江、广东、福建和天津，全部为东部省份，但评分比 2019 年均出现下降。排在最后 5 位的仍然是西部省份，分别是西藏、新疆、甘肃、青海和云南。西藏该方面市场化程度最低，为 1.61 分。但除新疆外，其余 4 个省份评分均比 2019 年有不同程度的提高。2019—2023 年，全国有 8 个省份指数上升，其中，内蒙古上升幅度最大，为 0.41 分。23 个省份评分下降，其中，海南下降幅度最大，超过 1.00 分。

表 2-6 各省份“非国有经济的发展”方面指数评分及其变化 单位：分

省份	2019 年	2020 年	2021 年	2022 年	2023 年	2023 年比 2019 年上升或下降
江 苏	9.48	9.48	9.45	9.41	9.37	-0.11
浙 江	9.24	9.29	9.31	9.24	9.17	-0.07
广 东	9.26	9.12	8.99	8.83	8.66	-0.60
福 建	9.13	8.99	9.04	8.77	8.65	-0.48
天 津	8.62	8.83	8.69	8.55	8.49	-0.14
山 东	8.45	8.52	8.51	8.41	8.40	-0.04
江 西	8.39	8.52	8.65	8.44	8.24	-0.15
湖 南	8.44	8.39	8.28	8.17	8.19	-0.25
重 庆	8.56	8.45	8.41	8.13	8.07	-0.49
安 徽	8.22	8.24	8.13	7.98	7.95	-0.27
上 海	7.75	8.20	7.95	8.03	7.91	0.16
河 南	8.55	8.41	8.40	8.05	7.90	-0.64

续表

省份	2019 年	2020 年	2021 年	2022 年	2023 年	2023 年比 2019 年上升或下降
河 北	8.25	8.23	8.24	7.98	7.86	-0.39
湖 北	7.92	7.90	7.88	7.64	7.65	-0.28
辽 宁	7.52	7.62	7.45	7.47	7.27	-0.25
广 西	7.08	7.05	7.08	6.98	6.94	-0.14
四 川	7.55	7.57	7.45	6.97	6.75	-0.80
山 西	6.24	6.36	6.45	6.42	6.42	0.18
海 南	7.88	7.02	6.75	6.75	6.34	-1.54
宁 夏	6.44	6.46	6.51	6.23	6.34	-0.10
内蒙古	5.86	6.00	6.31	6.31	6.28	0.41
北 京	5.97	6.22	6.41	6.19	6.15	0.18
黑龙江	6.23	6.64	6.36	6.05	5.92	-0.31
陕 西	5.65	5.76	5.95	5.89	5.51	-0.14
吉 林	5.57	5.87	5.78	5.63	5.42	-0.15
贵 州	5.96	5.78	5.98	5.41	5.40	-0.56
云 南	5.16	5.26	5.29	5.26	5.34	0.18
青 海	3.63	3.62	3.96	3.96	3.76	0.13
甘 肃	3.68	3.77	3.83	3.75	3.75	0.06
新 疆	3.82	3.95	4.06	3.62	3.57	-0.25
西 藏	1.39	2.36	1.89	1.73	1.61	0.23

以下具体介绍三个分项指数的变动情况。

2a 非国有经济在工业企业营业收入中所占比例

2019—2023 年，“非国有经济在工业企业营业收入中所占比例”分项指数从 5.95 分波动下降至 5.73 分。从全国原始数据来看，2019 年非国有经济在工业企业营业收入中所占比例为 73.0%，到 2020 年微升至 74.2%，其后连续下降，2023 年降至 71.7%（见图 2-4）。

从表 2-7 可以看出，2019—2023 年，该分项指数青海上升幅度最大，超过 1.00 分。海南下降幅度最大，超过 3.00 分。排名靠前的 5 个省份分别是浙江、江苏、福建、广东和江西。其中，福建和广东虽排名靠前，但指

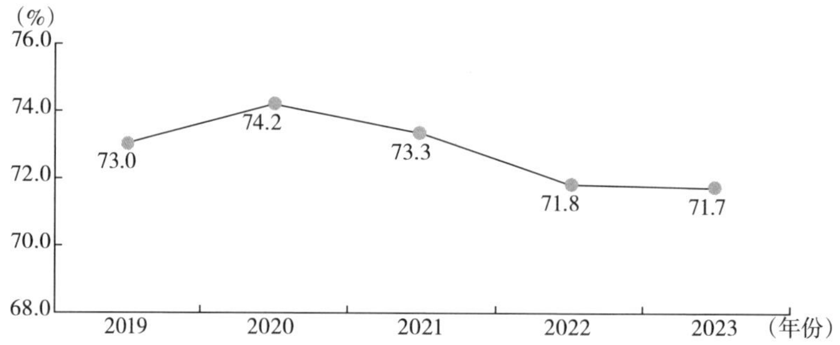

图 2-4 非国有经济在工业企业营业收入中所占比例（2019—2023 年）

数分别下降了 1.00 分和 0.65 分。排名靠后的 5 个省份包括甘肃、吉林、北京、贵州和青海。其中甘肃、吉林和青海虽排名靠后，但指数分别上升了 0.56 分、0.60 分和 1.07 分。

表 2-7 各省份“非国有经济在工业企业营业收入中所占比例”分项指数评分及变化

单位：分

省份	2019 年	2020 年	2021 年	2022 年	2023 年	2023 年比 2019 年上升或下降
浙 江	9.36	9.65	9.75	9.67	9.73	0.37
江 苏	9.34	9.50	9.49	9.50	9.54	0.20
福 建	10.00	9.62	9.58	8.89	9.00	-1.00
广 东	9.42	9.51	9.15	8.96	8.77	-0.65
江 西	8.25	8.84	9.00	8.62	8.65	0.40
山 东	7.78	7.98	7.90	7.85	7.94	0.17
湖 南	8.61	8.71	8.18	7.76	7.61	-1.00
安 徽	7.23	7.57	7.40	7.28	7.41	0.18
重 庆	7.94	7.81	7.73	7.28	7.27	-0.67
河 北	7.62	7.97	7.94	7.37	7.21	-0.42
河 南	8.36	8.20	8.20	7.34	7.15	-1.21
天 津	7.26	7.71	7.63	7.22	7.05	-0.22
湖 北	7.78	7.71	7.45	6.82	6.93	-0.85
四 川	7.53	7.53	7.34	6.35	6.21	-1.32
上 海	5.45	6.55	6.00	6.32	6.10	0.65

续表

省份	2019 年	2020 年	2021 年	2022 年	2023 年	2023 年比 2019 年上升或下降
辽 宁	5.13	5.20	4.89	5.56	5.73	0.60
广 西	5.45	5.48	5.42	5.66	5.63	0.18
宁 夏	5.28	5.21	5.21	5.04	5.49	0.20
内蒙古	4.61	4.52	5.06	5.13	5.32	0.70
山 西	4.38	4.61	4.67	4.75	4.84	0.47
海 南	8.10	5.55	5.09	5.57	4.64	-3.46
陕 西	3.94	3.97	4.20	4.69	3.81	-0.13
云 南	3.31	3.42	3.53	3.70	3.73	0.42
黑龙江	3.99	4.46	4.08	3.61	3.58	-0.41
新 疆	3.26	3.71	3.54	3.47	3.46	0.21
西 藏	4.17	4.77	3.32	3.22	3.24	-0.93
青 海	1.96	2.14	2.28	3.33	3.03	1.07
贵 州	4.31	3.88	4.22	2.98	3.02	-1.29
北 京	2.96	3.04	3.53	2.92	2.74	-0.22
吉 林	1.72	2.23	2.19	2.41	2.32	0.60
甘 肃	0.00	0.25	0.13	0.20	0.56	0.56

2b 非国有经济在全社会固定资产投资中所占比例

2019—2023 年，“非国有经济在全社会固定资产投资中所占比例”分项指数呈现波动下降趋势，从 7.22 分降至 6.77 分。从图 2－5 的全国原始比例数可以看到，2019—2021 年非国有经济投资比重呈现缓慢下降趋势，2021 年以后下降趋势加快。还需注意，由于非国有经济固定资产投资数据中包括了国有控股的股份制企业和有限责任公司（只剔除了纯国有企业），因此非国有经济固定资产投资比例偏高，可能导致该项指数评分偏高。

从表 2－8 可以看出，2019—2023 年，“非国有经济在全社会固定资产投资中所占比例”分项指数，云南上升幅度最大，提升 0.45 分。海南、吉林和辽宁评分下降幅度均超过 1.00 分。排前 5 位的省份分别是天津、江苏、湖南、山东和河南。其中，只有湖南指数有小幅提升，其他省份都有不同

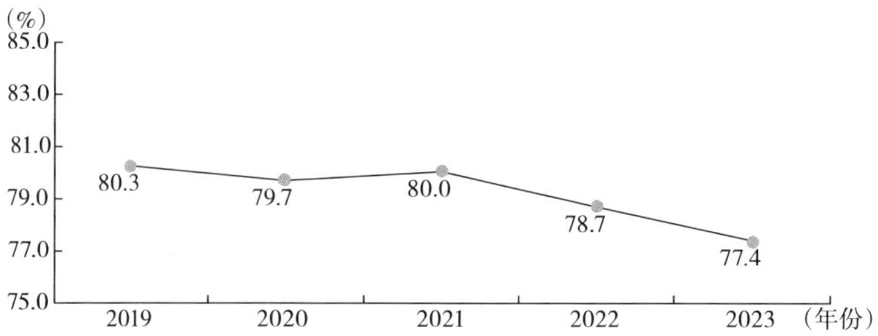

图 2-5　非国有经济在全社会固定资产投资中所占比例（2019—2023 年）

程度的下降。排后 5 位的全部是西部省份，分别是西藏、青海、新疆、云南和陕西。其中，云南虽排名靠后，但指数提升幅度较大。

表 2-8　各省份"非国有经济在全社会固定资产投资中所占比例"分项指数评分及变化

单位：分

省份	2019 年	2020 年	2021 年	2022 年	2023 年	2023 年比 2019 年上升或下降
天　津	10.00	9.99	10.01	9.92	9.91	-0.09
江　苏	9.23	9.16	9.17	9.06	8.89	-0.33
湖　南	8.51	8.29	8.38	8.47	8.67	0.16
山　东	8.54	8.73	8.81	8.63	8.53	-0.01
河　南	8.92	8.87	8.85	8.62	8.39	-0.53
北　京	7.91	8.02	8.11	8.00	8.07	0.16
浙　江	8.67	8.56	8.47	8.31	8.03	-0.64
重　庆	8.50	8.39	8.40	8.09	7.92	-0.58
上　海	8.03	8.06	8.07	8.01	7.87	-0.16
河　北	8.76	8.20	8.17	8.05	7.85	-0.91
江　西	8.63	8.45	8.70	8.49	7.85	-0.78
福　建	8.26	8.25	8.36	8.18	7.70	-0.56
辽　宁	9.10	9.11	8.89	8.44	7.68	-1.42
黑龙江	8.37	8.34	8.11	7.85	7.50	-0.87
湖　北	7.68	7.45	7.63	7.56	7.46	-0.22
广　东	8.35	8.01	8.02	7.78	7.45	-0.90
广　西	8.07	7.75	7.77	7.36	7.27	-0.80

续表

省份	2019 年	2020 年	2021 年	2022 年	2023 年	2023 年比 2019 年上升或下降
安　徽	8.17	7.91	7.76	7.46	7.24	-0.92
山　西	7.46	7.45	7.51	7.18	7.07	-0.39
吉　林	8.10	8.02	7.93	7.34	6.80	-1.30
内蒙古	6.18	6.42	6.66	6.74	6.46	0.28
宁　夏	6.54	6.70	6.86	6.51	6.41	-0.14
贵　州	6.39	6.58	6.77	6.29	6.20	-0.19
海　南	7.40	7.20	6.96	6.44	6.14	-1.26
四　川	6.50	6.63	6.48	6.25	5.73	-0.77
甘　肃	5.59	5.54	5.80	5.61	5.25	-0.34
陕　西	5.45	5.65	5.93	5.32	5.08	-0.37
云　南	4.21	4.41	4.54	4.43	4.66	0.45
新　疆	3.35	3.10	3.70	3.10	2.96	-0.39
青　海	2.82	2.76	3.61	3.15	2.86	0.03
西　藏	0.00	0.37	0.70	0.31	-0.04	-0.04

2c 非国有经济就业人数占城镇总就业人数的比例

2019—2023 年，"非国有经济就业人数占城镇总就业人数的比例" 分项指数变化不大，从 7.73 分微升至 7.75 分。但需注意的是，非国有经济就业人数中也包括了国有控股的股份制企业和有限责任公司，可能导致该数据反映的非国有经济就业人数比例偏高。另外，截至本报告完成，有关部门还没有公布 2023 年分省份的非国有经济就业人数，缺失数据用 2022 年数据代替。

从全国统计数据来看，2019—2023 年城镇非国有单位就业人数从 3.98 亿人上升至 4.03 亿人，但占比从 87.9% 微降至 87.8%。

从表 2-9 可以看出，2019—2023 年，该分项指数排名靠前的 5 个省份全部是东部省份，分别是广东、上海、浙江、江苏和福建。但广东、上海和江苏评分出现不同程度的下降。排名靠后的 5 个省份是西藏、新疆、青海、甘肃和黑龙江。其中，西藏虽排名靠后，但评分上升 1.65 分，全国升幅最大。黑龙江也提升了0.36分。

表2-9 各省份“非国有经济就业人数占城镇总就业人数的比例”分项指数评分及其变化

单位：分

省份	2019年	2020年	2021年	2022年	2023年	2023年比2019年上升或下降
广　东	10.00	9.84	9.82	9.74	9.74	-0.26
上　海	9.77	9.98	9.79	9.74	9.74	-0.03
浙　江	9.68	9.64	9.72	9.74	9.74	0.06
江　苏	9.86	9.77	9.69	9.67	9.67	-0.18
福　建	9.14	9.10	9.18	9.26	9.26	0.12
安　徽	9.27	9.24	9.23	9.20	9.20	-0.07
重　庆	9.24	9.16	9.10	9.01	9.01	-0.23
山　东	9.02	8.85	8.81	8.74	8.74	-0.28
湖　北	8.31	8.55	8.56	8.54	8.54	0.24
河　北	8.35	8.53	8.60	8.52	8.52	0.16
天　津	8.61	8.79	8.44	8.50	8.50	-0.10
辽　宁	8.33	8.56	8.59	8.42	8.42	0.09
四　川	8.62	8.54	8.54	8.31	8.31	-0.31
湖　南	8.21	8.16	8.28	8.28	8.28	0.07
海　南	8.15	8.32	8.20	8.25	8.25	0.10
江　西	8.29	8.28	8.26	8.22	8.22	-0.08
河　南	8.36	8.15	8.16	8.17	8.17	-0.19
广　西	7.72	7.92	8.06	7.93	7.93	0.21
北　京	7.06	7.61	7.59	7.65	7.65	0.60
陕　西	7.55	7.66	7.71	7.64	7.64	0.09
云　南	7.96	7.96	7.79	7.64	7.64	-0.33
山　西	6.89	7.03	7.17	7.33	7.33	0.45
吉　林	6.88	7.37	7.22	7.14	7.14	0.26
宁　夏	7.50	7.48	7.46	7.13	7.13	-0.37
内蒙古	6.80	7.05	7.21	7.06	7.06	0.26
贵　州	7.18	6.89	6.95	6.97	6.97	-0.21
黑龙江	6.33	7.11	6.89	6.69	6.69	0.36

续表

省份	2019 年	2020 年	2021 年	2022 年	2023 年	2023 年比 2019 年上升或下降
甘 肃	5. 46	5. 53	5. 58	5. 42	5. 42	-0. 04
青 海	6. 11	5. 97	5. 99	5. 40	5. 40	-0. 71
新 疆	4. 86	5. 05	4. 94	4. 29	4. 29	-0. 58
西 藏	0. 00	1. 93	1. 67	1. 65	1. 65	1. 65

（三） 产品市场的发育程度

2019—2023 年，“产品市场的发育程度” 方面指数平均分由 6. 07 分提升至 6. 26 分，是五个方面指数中唯一有改善的指数，改变了自 2016 年以来的下降趋势。

该方面指数由三个分项指数组成，分别是“价格由市场决定的程度”、“减少商品市场上的地方保护” 和 “公平的市场竞争条件”。由于没有相关统计数据，这三个分项指数均根据全国范围的企业抽样调查数据得出。2019—2023 年，“价格由市场决定的程度” 和 “减少商品市场上的地方保护” 分项指数分别提高 0. 48 分和 0. 81 分。但 “公平的市场竞争条件” 分项指数从 4. 31 分下降至 3. 60 分，降低 0. 71 分。图 2 -6 直观展示了三个分项指数的变化。

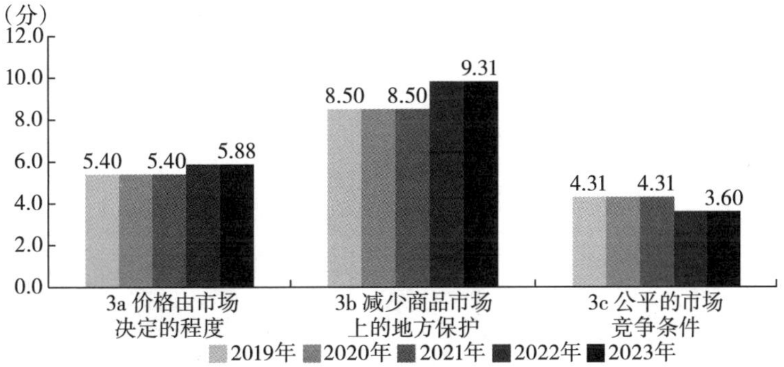

图 2 -6　产品市场的发育程度：分项指数变化（2019—2023 年）

表2-10显示了各省份“产品市场的发育程度”方面指数的新变化。从表中看出，2023年浙江该方面市场化程度最高，为8.49分；甘肃最低，为3.48分。2019—2023年，18个省份评分上升，其中，西藏和宁夏2个省份上升幅度均超过3.00分。天津上升幅度超过2.00分，海南、黑龙江、吉林上升幅度超过1.00分。13个省份评分下降，其中，有4个西部省份（甘肃、青海、陕西、重庆）、1个中部省份（河南）和2个东部省份（山东、江苏）下降幅度超过1.00分。

2023年，该方面指数排在前5位的省份分别是浙江、广东、福建、上海和江西。排在最后5位的省份包括甘肃、青海、陕西、重庆4个西部省份和1个东部省份（海南）。

表2-10　各省份“产品市场的发育程度”方面指数评分及其变化 单位：分

省份	2019年	2020年	2021年	2022年	2023年	2023年比2019年上升或下降
浙　江	7.56	7.56	7.56	8.49	8.49	0.93
广　东	8.04	8.04	8.04	8.31	8.31	0.27
福　建	8.36	8.36	8.36	8.09	8.09	-0.27
上　海	8.07	8.07	8.07	7.87	7.87	-0.19
江　西	7.05	7.05	7.05	7.79	7.79	0.75
宁　夏	3.73	3.73	3.73	7.36	7.36	3.63
河　北	6.21	6.21	6.21	7.12	7.12	0.91
辽　宁	7.87	7.87	7.87	7.00	7.00	-0.86
安　徽	6.69	6.69	6.69	6.96	6.96	0.28
北　京	6.80	6.80	6.80	6.94	6.94	0.14
江　苏	8.70	8.70	8.70	6.89	6.89	-1.80
山　东	8.00	8.00	8.00	6.77	6.77	-1.23
天　津	4.15	4.15	4.15	6.59	6.59	2.45
河　南	7.66	7.66	7.66	6.55	6.55	-1.11
贵　州	5.89	5.89	5.89	6.48	6.48	0.59
吉　林	5.33	5.33	5.33	6.42	6.42	1.10
湖　南	6.41	6.41	6.41	6.17	6.17	-0.25
湖　北	6.32	6.32	6.32	6.11	6.11	-0.21

续表

省份	2019 年	2020 年	2021 年	2022 年	2023 年	2023 年比 2019 年上升或下降
云　南	5. 32	5. 32	5. 32	6. 05	6. 05	0. 73
西　藏	2. 83	2. 83	2. 83	5. 86	5. 86	3. 04
四　川	5. 47	5. 47	5. 47	5. 66	5. 66	0. 19
广　西	5. 41	5. 41	5. 41	5. 66	5. 66	0. 24
山　西	5. 04	5. 04	5. 04	5. 39	5. 39	0. 35
新　疆	5. 87	5. 87	5. 87	5. 23	5. 23	-0. 64
黑龙江	3. 77	3. 77	3. 77	5. 23	5. 23	1. 45
内蒙古	5. 03	5. 03	5. 03	5. 15	5. 15	0. 12
重　庆	6. 23	6. 23	6. 23	5. 00	5. 00	-1. 23
海　南	3. 74	3. 74	3. 74	4. 91	4. 91	1. 18
陕　西	6. 26	6. 26	6. 26	4. 49	4. 49	-1. 77
青　海	5. 52	5. 52	5. 52	4. 14	4. 14	-1. 38
甘　肃	4. 85	4. 85	4. 85	3. 48	3. 48	-1. 38

以下对各分项指数的变化进行具体描述。

3a 价格由市场决定的程度

该分项指数的原始数据是通过对全国各省份超过 2000 家企业的抽样调查得到的。我们依据企业负责人对“由政府定价或限价的产品在企业销售额中所占比例”的信息得到原始数据，并计算得到基础指数。政府定价或限价的比例较低反映较高的市场化程度。我们通过两次企业调查，得到 2019 年和 2022 年的调查数据，本报告中，2020—2021 年缺失数据用 2019 年数据代替，2023 年缺失数据用 2022 年数据代替（分项指数 3b 和 3c 情况相同）。

2019—2023 年，“价格由市场决定的程度”分项指数全国平均分从 5. 40 分升至 5. 88 分。分省份来看，宁夏上升幅度最大，为 5. 06 分；青海下降幅度最大，为 5. 64 分。排前 5 位的省份是天津、辽宁、上海、北京和广东。排后 5 位的省份包括湖北、黑龙江、四川、广西和湖南。见表 2 - 11。

表 2－11　各省份“价格由市场决定的程度”分项指数评分及其变化

单位：分

省份	2019 年	2020 年	2021 年	2022 年	2023 年	2023 年比 2019 年上升或下降
天　津	5. 58	5. 58	5. 58	9. 01	9. 01	3. 43
辽　宁	9. 61	9. 61	9. 61	8. 72	8. 72	－0. 89
上　海	6. 52	6. 52	6. 52	8. 59	8. 59	2. 07
北　京	7. 99	7. 99	7. 99	8. 35	8. 35	0. 36
广　东	6. 94	6. 94	6. 94	8. 28	8. 28	1. 33
宁　夏	2. 92	2. 92	2. 92	7. 98	7. 98	5. 06
吉　林	4. 52	4. 52	4. 52	7. 51	7. 51	2. 99
浙　江	7. 26	7. 26	7. 26	7. 31	7. 31	0. 05
河　北	6. 61	6. 61	6. 61	7. 28	7. 28	0. 67
河　南	8. 35	8. 35	8. 35	6. 77	6. 77	－1. 58
西　藏	8. 23	8. 23	8. 23	6. 76	6. 76	－1. 48
新　疆	5. 99	5. 99	5. 99	6. 73	6. 73	0. 74
福　建	9. 08	9. 08	9. 08	6. 62	6. 62	－2. 45
山　西	2. 99	2. 99	2. 99	6. 37	6. 37	3. 37
山　东	8. 68	8. 68	8. 68	5. 92	5. 92	－2. 76
重　庆	3. 16	3. 16	3. 16	5. 90	5. 90	2. 74
海　南	1. 25	1. 25	1. 25	5. 39	5. 39	4. 14
安　徽	5. 52	5. 52	5. 52	5. 06	5. 06	－0. 46
江　西	6. 74	6. 74	6. 74	5. 00	5. 00	－1. 73
内蒙古	2. 87	2. 87	2. 87	4. 75	4. 75	1. 88
甘　肃	3. 46	3. 46	3. 46	4. 70	4. 70	1. 24
贵　州	4. 23	4. 23	4. 23	4. 70	4. 70	0. 47
云　南	1. 96	1. 96	1. 96	4. 59	4. 59	2. 63
青　海	10. 00	10. 00	10. 00	4. 36	4. 36	－5. 64
江　苏	6. 12	6. 12	6. 12	4. 21	4. 21	－1. 91
陕　西	4. 36	4. 36	4. 36	4. 11	4. 11	－0. 25
湖　南	7. 67	7. 67	7. 67	4. 02	4. 02	－3. 64
广　西	1. 47	1. 47	1. 47	3. 97	3. 97	2. 49
四　川	2. 24	2. 24	2. 24	3. 90	3. 90	1. 66

续表

省份	2019 年	2020 年	2021 年	2022 年	2023 年	2023 年比 2019 年上升或下降
黑龙江	0.00	0.00	0.00	2.94	2.94	2.94
湖　北	5.17	5.17	5.17	2.45	2.45	-2.72

3b 减少商品市场上的地方保护

该分项指数的原始数据来自对全国超过 2000 家企业的抽样调查。我们在常规情况下依据样本企业在全国各地销售产品或从事其他经营活动时在各省份遇到的地方保护或行政性限制措施件数占总陈述件数的比例来衡量各省份的地方保护情况（较少的地方保护反映较高的市场化程度）。并用相应省份的相对经济规模对地方保护情况进行调整①。但我们在 2022 年的调查中发现，因为当时疫情的特殊情况，地方政府的行政活动受限，使得地方保护情况的发生率下降，指数评分异常上升。这与市场化程度提高无关。但另一方面，一些地方过度的防疫措施也妨碍了企业的正常营销活动。为尽量保持指数的客观性，我们使用各地受调查企业关于“当地各项防疫措施对防止疫病流行的必要性如何”的评价信息对地方保护指数进行调整，取权重 0.1。这与分项指数 1b 的调整有类似之处。详见第四部分的指标解释。

从表 2-12 中可以看出，2019—2023 年，“减少商品市场上的地方保护”分项指数，西藏改善幅度最明显，为 8.47 分，但仍排在全国末位。排名靠前的 5 个省份是云南、江西、浙江、江苏和湖南。云南在该分项指数中首次排第 1 位。

表 2-12　各省份“减少商品市场上的地方保护”分项指数评分及其变化

单位：分

省份	2019 年	2020 年	2021 年	2022 年	2023 年	2023 年比 2019 年上升或下降
云　南	9.76	9.76	9.76	9.92	9.92	0.16

① 这是因为在地方保护程度相同的情况下，经济规模越大的省份与全国各地的经济往来越多，发生保护措施案例的频率也会相应增大。通过调整可以剔除此类因素的影响。

续表

省份	2019 年	2020 年	2021 年	2022 年	2023 年	2023 年比 2019 年上升或下降
江　西	9. 68	9. 68	9. 68	9. 67	9. 67	-0. 01
浙　江	9. 74	9. 74	9. 74	9. 67	9. 67	-0. 07
江　苏	9. 97	9. 97	9. 97	9. 64	9. 64	-0. 32
湖　南	9. 65	9. 65	9. 65	9. 59	9. 59	-0. 05
广　西	9. 76	9. 76	9. 76	9. 54	9. 54	-0. 22
辽　宁	9. 39	9. 39	9. 39	9. 54	9. 54	0. 15
天　津	5. 44	5. 44	5. 44	9. 53	9. 53	4. 09
陕　西	9. 59	9. 59	9. 59	9. 52	9. 52	-0. 08
河　南	9. 57	9. 57	9. 57	9. 51	9. 51	-0. 06
湖　北	9. 76	9. 76	9. 76	9. 50	9. 50	-0. 26
福　建	9. 62	9. 62	9. 62	9. 50	9. 50	-0. 12
山　东	9. 76	9. 76	9. 76	9. 46	9. 46	-0. 31
上　海	9. 32	9. 32	9. 32	9. 45	9. 45	0. 13
河　北	7. 98	7. 98	7. 98	9. 44	9. 44	1. 46
广　东	10. 00	10. 00	10. 00	9. 38	9. 38	-0. 62
安　徽	9. 54	9. 54	9. 54	9. 35	9. 35	-0. 19
海　南	6. 97	6. 97	6. 97	9. 33	9. 33	2. 36
重　庆	9. 74	9. 74	9. 74	9. 32	9. 32	-0. 42
内蒙古	8. 20	8. 20	8. 20	9. 22	9. 22	1. 03
宁　夏	8. 26	8. 26	8. 26	9. 13	9. 13	0. 88
贵　州	9. 19	9. 19	9. 19	9. 11	9. 11	-0. 08
四　川	9. 91	9. 91	9. 91	9. 10	9. 10	-0. 82
吉　林	8. 16	8. 16	8. 16	9. 08	9. 08	0. 92
山　西	8. 03	8. 03	8. 03	9. 06	9. 06	1. 02
甘　肃	8. 82	8. 82	8. 82	9. 05	9. 05	0. 23
黑龙江	7. 76	7. 76	7. 76	9. 00	9. 00	1. 24
北　京	6. 74	6. 74	6. 74	8. 92	8. 92	2. 18
青　海	5. 66	5. 66	5. 66	8. 90	8. 90	3. 24
新　疆	7. 60	7. 60	7. 60	8. 71	8. 71	1. 11
西　藏	0. 00	0. 00	0. 00	8. 47	8. 47	8. 47

3c 公平的市场竞争条件

该分项指数的原始数据同样来自企业调查，我们依据样本企业负责人对“不同类型企业是否享有一视同仁公平竞争的条件”的评价数据，计算得到基础指数，用以反映各地政府是否平等对待不同类型的企业。

从表 2－13 可以看出，2019—2023 年，“公平的市场竞争条件”分项指数，宁夏提升幅度最大，为 4.96 分。重庆下降幅度最明显，为 6.00 分。排前 5 位的省份分别是江西、浙江、福建、广东和江苏，但江苏评分大幅下降 3.18 分。排后 5 位的省份是甘肃、青海、重庆、陕西和海南，评分均有不同程度的下降。

表 2－13 各省份“公平的市场竞争条件”分项指数评分及其变化 单位：分

省份	2019 年	2020 年	2021 年	2022 年	2023 年	2023 年比 2019 年上升或下降
江西	4.73	4.73	4.73	8.71	8.71	3.98
浙江	5.68	5.68	5.68	8.51	8.51	2.82
福建	6.39	6.39	6.39	8.14	8.14	1.76
广东	7.18	7.18	7.18	7.29	7.29	0.11
江苏	10.00	10.00	10.00	6.82	6.82	－3.18
安徽	5.00	5.00	5.00	6.48	6.48	1.49
湖北	4.05	4.05	4.05	6.39	6.39	2.34
贵州	4.25	4.25	4.25	5.64	5.64	1.38
上海	8.36	8.36	8.36	5.59	5.59	－2.77
宁夏	0.00	0.00	0.00	4.96	4.96	4.96
山东	5.57	5.57	5.57	4.93	4.93	－0.63
湖南	1.92	1.92	1.92	4.88	4.88	2.96
河北	4.05	4.05	4.05	4.64	4.64	0.59
四川	4.25	4.25	4.25	3.98	3.98	－0.27
黑龙江	3.56	3.56	3.56	3.74	3.74	0.18
云南	4.25	4.25	4.25	3.65	3.65	－0.61
北京	5.67	5.67	5.67	3.53	3.53	－2.13
广西	5.00	5.00	5.00	3.46	3.46	－1.54

续表

省份	2019 年	2020 年	2021 年	2022 年	2023 年	2023 年比 2019 年上升或下降
河　南	5.07	5.07	5.07	3.37	3.37	-1.70
辽　宁	4.60	4.60	4.60	2.76	2.76	-1.85
吉　林	3.30	3.30	3.30	2.67	2.67	-0.62
西　藏	0.24	0.24	0.24	2.37	2.37	2.12
内蒙古	4.02	4.02	4.02	1.49	1.49	-2.53
天　津	1.43	1.43	1.43	1.24	1.24	-0.19
山　西	4.09	4.09	4.09	0.74	0.74	-3.35
新　疆	4.01	4.01	4.01	0.24	0.24	-3.76
海　南	2.99	2.99	2.99	0.02	0.02	-2.96
陕　西	4.83	4.83	4.83	-0.15	-0.15	-4.98
重　庆	5.79	5.79	5.79	-0.20	-0.20	-6.00
青　海	0.91	0.91	0.91	-0.84	-0.84	-1.75
甘　肃	2.29	2.29	2.29	-3.32	-3.32	-5.61

（四） 要素市场的发育程度

2019—2023 年，“要素市场的发育程度”方面指数平均分从 3.79 分小幅下降至 3.69 分。该方面指数由三个分项指数构成，分别是“金融业的市场化”、“人力资源供应条件”和“技术成果市场化”。其中，“金融业的市场化”分项指数从 5.53 分微降至 5.52 分。2 个二级分项指数“金融业的竞争”和“信贷资金分配的市场化”1 降 1 升。“人力资源供应条件”分项指数从 4.59 分下降至 3.01 分。其下二级分项指数“技术人员、管理人员和熟练工人供应条件”评分大幅下降 4.04 分，另一个二级分项指数“常住人口/本地户籍人口”提高 0.87 分。“技术成果市场化”分项指数从 1.24 分提高至 2.53 分，是三个分项指数中唯一上升的指数，见图 2-7。

从表 2-14 可以看出，在“要素市场的发育程度”方面，2023 年，13 个省份评分上升，其中，陕西和安徽上升幅度超过 1.00 分。18 个省份的评

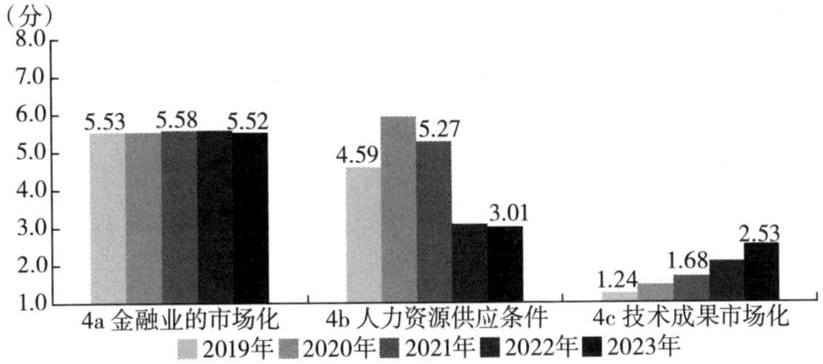

图 2－7 要素市场的发育程度：分项指数变化（2019—2023 年）

分下降，其中，青海和黑龙江的下降幅度超过 1.00 分。

2023 年，该方面指数排在前 5 位的全部是东部省份，分别是北京、上海、天津、浙江和广东。这说明 3 个直辖市在要素市场发育方面仍然保持优势。除广东外其他 4 个省份评分在 2019—2023 年有所提高。排在后 5 位的分别是西藏、青海、黑龙江、新疆和海南。其中只有西藏评分上升，其余 4 省份评分均有不同程度的下降，其中黑龙江和青海降幅很大，人力资源供应条件变差是其主因。

表 2－14 各省份“要素市场的发育程度”方面指数评分及其变化 单位：分

省份	2019 年	2020 年	2021 年	2022 年	2023 年	2023 年比 2019 年上升或下降
北 京	7.77	8.92	8.35	8.20	8.13	0.36
上 海	6.20	6.96	6.82	6.60	6.56	0.36
天 津	5.37	6.22	5.89	5.63	5.94	0.57
浙 江	5.34	6.07	5.95	5.35	5.68	0.34
广 东	5.46	6.01	5.63	5.08	4.88	－0.58
安 徽	3.70	4.25	4.75	4.67	4.87	1.17
陕 西	3.48	4.31	4.35	4.19	4.81	1.33
湖 北	4.08	4.57	4.53	4.05	4.62	0.54
重 庆	4.25	4.84	4.82	4.28	4.45	0.20
江 苏	4.94	5.40	5.32	4.40	4.41	－0.53
湖 南	3.50	3.91	3.75	3.86	4.36	0.86
江 西	3.92	4.44	4.39	3.84	4.33	0.41

续表

省份	2019 年	2020 年	2021 年	2022 年	2023 年	2023 年比 2019 年上升或下降
福　建	5.22	5.43	5.36	4.31	4.32	-0.91
山　东	4.22	4.72	4.65	4.01	4.15	-0.07
河　北	3.41	3.87	3.90	3.62	3.90	0.49
辽　宁	4.58	5.04	4.83	3.50	3.67	-0.91
四　川	3.70	4.07	3.86	3.51	3.57	-0.13
广　西	2.94	3.28	3.91	3.32	3.21	0.28
河　南	3.34	3.78	3.61	3.19	3.19	-0.16
宁　夏	3.17	3.96	3.75	2.88	3.02	-0.15
贵　州	3.09	3.37	3.21	2.74	2.83	-0.26
吉　林	3.76	4.50	3.45	2.67	2.81	-0.96
内蒙古	3.35	3.78	3.48	2.62	2.70	-0.66
云　南	2.73	2.76	2.92	2.53	2.54	-0.19
甘　肃	3.14	3.63	3.41	2.14	2.43	-0.71
山　西	3.05	3.39	3.54	2.03	2.11	-0.94
海　南	2.61	2.92	2.83	2.48	2.03	-0.58
新　疆	2.17	2.69	2.42	1.72	1.87	-0.30
黑龙江	2.55	3.27	3.06	1.97	1.39	-1.16
青　海	1.97	2.43	2.12	1.16	0.92	-1.05
西　藏	0.49	0.85	0.58	0.52	0.59	0.11

以下对各分项指数的变动情况做具体描述。

4a 金融业的市场化

2019—2023 年，“金融业的市场化”分项指数，全国各省份上升或下降幅度都不超过 1.00 分。陕西评分上升幅度最大，为 0.78 分。海南评分下降幅度最大，为 0.87 分。排前 5 位的省份是浙江、福建、江苏、广东和天津，全部是东部省份，除浙江外其余 4 个省份评分均有下降。排后 5 位的省份是西藏、青海、黑龙江、海南和甘肃，除甘肃外其余 4 个省份评分均有下降。见表 2－15。

表 2－15　各省份“金融业的市场化”分项指数评分及其变化　单位：分

省份	2019 年	2020 年	2021 年	2022 年	2023 年	2023 年比 2019 年上升或下降
浙　江	9.06	9.37	9.57	9.56	9.52	0.46
福　建	9.02	8.68	8.95	8.70	8.74	－0.27
江　苏	8.62	8.58	8.53	8.47	8.44	－0.18
广　东	8.28	8.26	7.99	7.85	7.70	－0.58
天　津	7.69	7.62	7.69	7.32	7.47	－0.22
江　西	6.80	7.02	7.10	7.22	7.17	0.36
上　海	6.98	7.25	6.92	7.00	6.90	－0.08
山　东	7.30	7.25	7.11	7.05	6.85	－0.45
辽　宁	7.00	6.86	6.72	6.65	6.78	－0.22
安　徽	6.06	6.40	6.45	6.63	6.75	0.69
重　庆	6.39	6.60	6.91	6.63	6.67	0.28
河　北	6.34	6.43	6.74	6.56	6.44	0.11
宁　夏	5.35	5.20	5.63	5.90	6.10	0.75
河　南	6.35	6.38	6.29	6.23	5.83	－0.52
广　西	5.30	5.47	5.67	5.62	5.65	0.35
湖　南	6.09	6.21	5.31	5.47	5.39	－0.71
湖　北	4.82	5.04	4.89	4.99	5.11	0.29
四　川	4.96	5.09	4.89	4.91	4.93	－0.02
内蒙古	4.78	4.11	4.30	4.50	4.70	－0.08
吉　林	4.63	5.13	4.71	4.63	4.67	0.05
贵　州	4.83	4.45	4.44	4.54	4.66	－0.17
新　疆	4.16	4.23	4.17	4.28	4.41	0.25
北　京	4.34	4.43	4.59	4.82	4.33	－0.01
陕　西	3.27	3.60	3.78	4.09	4.05	0.78
山　西	4.13	3.79	4.82	3.96	4.03	－0.10
云　南	3.56	2.98	3.60	3.92	3.96	0.40
甘　肃	3.83	3.89	3.75	3.80	3.88	0.05
海　南	4.61	4.13	4.60	4.64	3.74	－0.87
黑龙江	3.71	3.83	3.79	3.99	3.70	－0.01
青　海	1.88	2.03	1.76	2.25	1.56	－0.33

续表

省份	2019 年	2020 年	2021 年	2022 年	2023 年	2023 年比 2019 年上升或下降
西　藏	1. 41	1. 22	1. 17	0. 92	1. 08	-0. 33

该分项指数由两个二级分项指数构成，即“金融业的竞争”和“信贷资金分配的市场化”。“金融业的竞争”是用除几家大型国有银行外的较小金融机构资产占全部金融机构资产的比例来衡量。较小金融机构资产所占比例越高，说明行业集中度或垄断程度越低，市场竞争程度越高。“信贷资金分配的市场化”用各省份非国有企业负债占总负债的比例来衡量。历史上非国有企业在获得贷款方面一直处于相对较不利的地位，若它们占贷款份额上升，则反映信贷资金分配的市场化程度有提高。由于自 2015 年以后分国有企业和非国有企业的信贷数据无法获得，我们用两者在总负债中的占比数据代替。负债占比和贷款占比高度相关，基本可以反映贷款分配的情况。

如图 2 -8 所示，2019—2023 年，“金融业的竞争”二级分项指数从 6. 46 分降至 6. 22 分。“信贷资金分配的市场化”二级分项指数从 4. 61 分升至 4. 82 分。

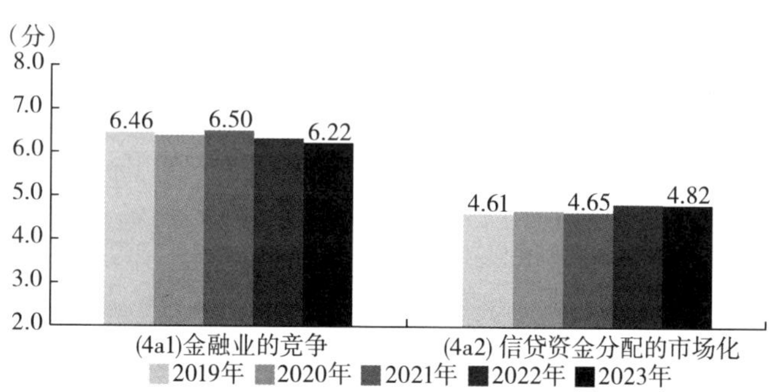

图 2 -8　金融业的市场化：二级分项指数变化（2019—2023 年）

2019—2023 年，从全国看，较小金融机构资产占全部金融机构资产的比例几乎没有变化，稳定在 50% 左右。非国有企业负债占总负债的比例维持在 52% ~53% 之间。考虑到全国非国有经济对 GDP 的贡献比例远高于国有经济，而非国有企业负债占总负债的比例仅在 53% 左右，说明信贷资金的分配仍然在一定程度上不利于非国有企业，在这方面还没有形成完全公平的市场竞争环境。

4b 人力资源供应条件

2019—2023 年，“人力资源供应条件”分项指数从 4.59 分降至 3.01 分，全国只有西藏和广西的市场化程度有提升，幅度在 0.50 分上下。有 9 个省份的下降幅度在 2.00 分以上，其中甘肃和辽宁降幅在 3.00 分以上。

排名靠前的 5 个省份是北京、上海、重庆、广东和浙江。排名靠后的 5 个省份包括黑龙江、西藏、青海、甘肃和新疆（见表 2-16）。

表 2-16　各省份“人力资源供应条件”分项指数评分及其变化　单位：分

省份	2019 年	2020 年	2021 年	2022 年	2023 年	2023 年比 2019 年上升或下降
北　京	8.97	11.39	9.83	7.86	7.92	-1.05
上　海	9.33	11.11	9.94	7.44	6.67	-2.66
重　庆	6.24	7.65	7.18	5.03	5.23	-1.01
广　东	6.84	7.96	6.87	5.50	5.18	-1.66
浙　江	6.10	7.52	6.77	4.58	4.29	-1.81
福　建	6.49	7.39	6.92	3.94	3.86	-2.62
广　西	3.31	4.16	3.77	3.85	3.83	0.51
四　川	4.55	5.54	5.12	3.84	3.80	-0.75
湖　北	5.48	6.28	6.12	3.62	3.44	-2.05
吉　林	4.17	6.06	5.17	3.25	3.40	-0.78
内蒙古	5.23	7.13	6.06	3.27	3.28	-1.96
江　苏	5.32	6.38	6.07	3.23	3.22	-2.10
天　津	4.42	6.21	5.00	3.21	3.19	-1.23
云　南	4.45	5.21	4.96	3.23	3.13	-1.32
安　徽	4.32	5.30	5.22	3.40	3.11	-1.21
陕　西	3.64	5.14	4.45	2.73	2.80	-0.84
江　西	4.62	5.77	5.23	2.86	2.78	-1.84
河　北	3.26	4.27	3.83	2.83	2.76	-0.50
湖　南	3.68	4.45	4.24	2.79	2.75	-0.94
山　东	4.40	5.32	5.00	2.73	2.55	-1.85

续表

省份	2019 年	2020 年	2021 年	2022 年	2023 年	2023 年比 2019 年上升或下降
宁　夏	3.95	6.45	5.32	2.36	2.52	-1.43
贵　州	3.62	4.83	4.30	2.51	2.42	-1.20
河　南	3.45	4.54	3.93	2.28	2.32	-1.12
海　南	3.15	4.43	3.66	2.54	1.94	-1.21
山　西	4.66	6.26	5.46	1.78	1.79	-2.87
辽　宁	5.37	6.71	6.10	1.78	1.61	-3.76
新　疆	2.34	3.81	3.05	0.81	1.00	-1.34
甘　肃	4.21	5.42	4.79	0.76	0.99	-3.23
青　海	3.87	5.07	4.38	0.97	0.92	-2.95
西　藏	0.05	1.33	0.55	0.49	0.52	0.47
黑龙江	2.90	4.79	3.94	0.15	0.06	-2.84

该分项指数由 2 个二级分项指数构成，即“技术人员、管理人员和熟练工人供应条件”和“常住人口/本地户籍人口”。前者的数据来源为企业调查，全国平均分从 2019 年的 7.08 分陡降至 2023 年的 3.04 分，说明在考察年份内，各地的人力资源供应状况不容乐观。后者基于统计数据计算。一个地区常住人口与当地户籍人口的比例高，反映人员流动性高，人力资源的市场供应充分。该分项指数在 2020 年一度比 2019 年有明显上升，但其后连续下降，2023 年为 2.98 分（见图 2-9）。

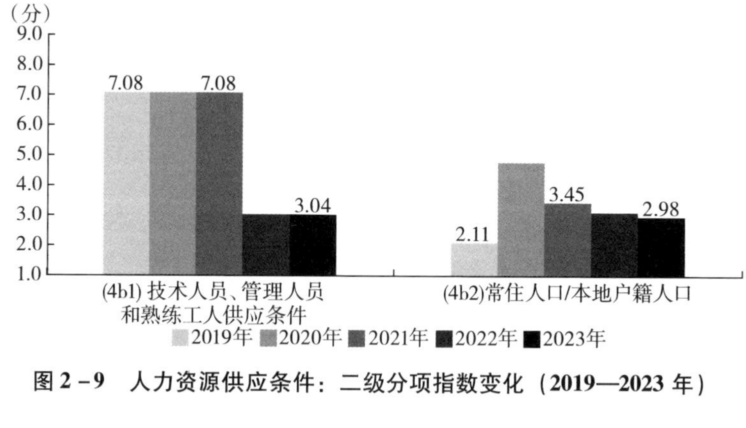

图 2-9　人力资源供应条件：二级分项指数变化（2019—2023 年）

4c 技术成果市场化

2019—2023 年，“技术成果市场化”分项指数平均分提高 1. 28 分，3 个省份下降，分别是广西、吉林、黑龙江。其中吉林下降幅度超过 2. 00 分。安徽、湖南和陕西 3 省上升幅度超 4. 00 分。湖北、上海、天津、江西、山东、浙江和北京上升幅度均超过 2. 00 分。排前 5 位的省份是北京、陕西、天津、上海和湖北。排后 5 位的全部是西部省份，分别是内蒙古、广西、西藏、新疆和青海，但多数省份评分有上升（见表 2 - 17）。

表 2 - 17　各省份“技术成果市场化”分项指数评分及其变化　　单位：分

省份	2019 年	2020 年	2021 年	2022 年	2023 年	2023 年比 2019 年上升或下降
北　京	10. 00	10. 94	10. 62	11. 91	12. 15	2. 15
陕　西	3. 52	4. 19	4. 82	5. 76	7. 58	4. 06
天　津	4. 00	4. 82	4. 97	6. 36	7. 16	3. 16
上　海	2. 30	2. 50	3. 61	5. 36	6. 11	3. 80
湖　北	1. 93	2. 38	2. 57	3. 53	5. 30	3. 37
湖　南	0. 73	1. 07	1. 69	3. 30	4. 95	4. 21
安　徽	0. 73	1. 05	2. 59	3. 99	4. 74	4. 01
浙　江	0. 85	1. 32	1. 53	1. 91	3. 24	2. 38
山　东	0. 95	1. 60	1. 83	2. 27	3. 05	2. 11
江　西	0. 34	0. 53	0. 82	1. 43	3. 04	2. 70
辽　宁	1. 37	1. 54	1. 68	2. 07	2. 63	1. 26
河　北	0. 65	0. 93	1. 12	1. 46	2. 50	1. 85
甘　肃	1. 37	1. 59	1. 68	1. 85	2. 41	1. 04
四　川	1. 60	1. 57	1. 57	1. 78	1. 98	0. 38
广　东	1. 25	1. 80	2. 02	1. 88	1. 74	0. 49
江　苏	0. 90	1. 23	1. 35	1. 49	1. 59	0. 69
重　庆	0. 11	0. 26	0. 38	1. 19	1. 45	1. 34
贵　州	0. 81	0. 84	0. 89	1. 18	1. 40	0. 59
河　南	0. 23	0. 40	0. 62	1. 06	1. 40	1. 17
云　南	0. 19	0. 09	0. 21	0. 44	0. 52	0. 34
山　西	0. 37	0. 12	0. 33	0. 36	0. 51	0. 14

续表

省份	2019 年	2020 年	2021 年	2022 年	2023 年	2023 年比 2019 年上升或下降
宁　夏	0. 21	0. 23	0. 31	0. 38	0. 44	0. 23
黑龙江	1. 04	1. 18	1. 44	1. 78	0. 41	-0. 63
海　南	0. 07	0. 19	0. 24	0. 25	0. 40	0. 33
吉　林	2. 49	2. 32	0. 48	0. 14	0. 35	-2. 14
福　建	0. 17	0. 20	0. 21	0. 28	0. 34	0. 17
青　海	0. 16	0. 18	0. 22	0. 24	0. 28	0. 12
新　疆	0. 00	0. 03	0. 04	0. 07	0. 20	0. 20
西　藏	0. 00	-0. 01	0. 02	0. 15	0. 18	0. 18
广　西	0. 19	0. 22	2. 29	0. 51	0. 17	-0. 02
内蒙古	0. 05	0. 09	0. 09	0. 10	0. 12	0. 07

全国平均来看，2019—2023 年每万元 GRP 对应的技术市场成交额从 221. 4 元上升至 468. 9 元，说明技术成果市场化的水平在逐年上升（见图 2 - 10）。

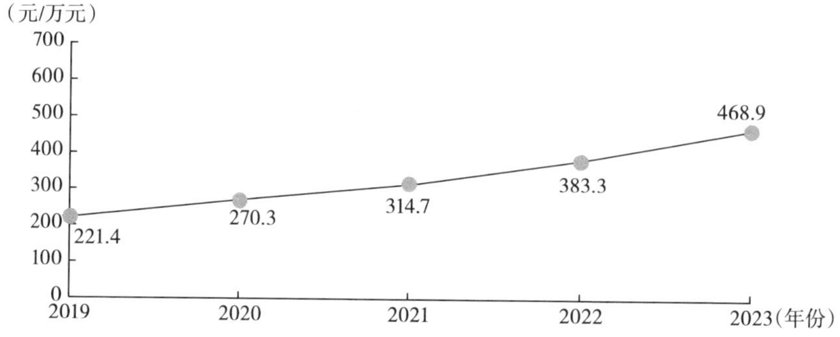

图 2 - 10　技术市场成交额/GRP（2019—2023 年）

（五）市场中介组织的发育和法治环境

2019—2023 年，“市场中介组织的发育和法治环境”方面指数平均分微降 0. 01 分。该方面指数由“市场中介组织的发育”、“维护市场的法治环境”和

“知识产权保护”三个分项指数构成。其中，“市场中介组织的发育”分项指数下降1.22分，是该方面指数下降的主要原因。“维护市场的法治环境”和“知识产权保护”分项指数均有程度不等的改善，前者上升0.23分，后者先升后降，但2023年仍比2019年提高0.96分（见图2－11）。

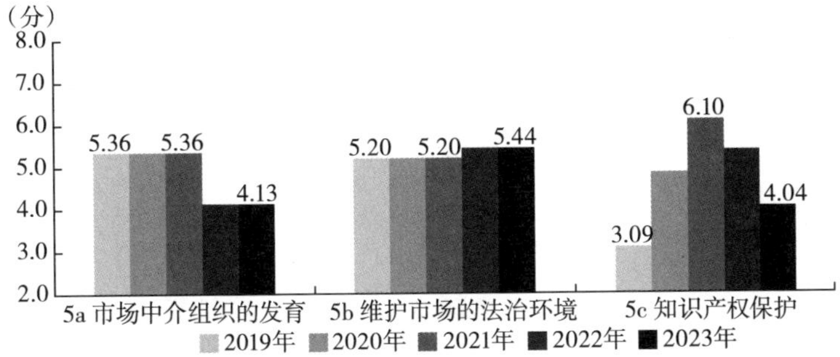

图2－11　市场中介组织的发育和法治环境：分项指数变化（2019—2023年）

从表2－18可以看出，2019—2023年，该方面指数有18个省份上升，其中，西藏、宁夏、山东和安徽上升幅度超过2.00分。13个省份下降，其中，重庆下降幅度超过4.00分，甘肃降幅超过3.00分。2023年评分靠前的5个省份分别是浙江、广东、江苏、上海和安徽，其中除上海外，指数比2019年都有提高。靠后的5个省份包括甘肃、山西、新疆、内蒙古、青海，其中除内蒙古外，指数比2019年都有下降。

表2－18　各省份“市场中介组织的发育和法治环境”方面指数评分及其变化

单位：分

省份	2019年	2020年	2021年	2022年	2023年	2023年比2019年上升或下降
浙　江	8.04	9.20	9.64	10.25	9.36	1.31
广　东	8.50	9.70	10.38	10.14	9.08	0.58
江　苏	7.59	8.91	9.59	8.98	8.04	0.45
上　海	8.26	9.01	9.53	8.21	7.71	－0.55
安　徽	5.18	5.87	6.32	7.78	7.38	2.20
山　东	4.92	5.85	6.55	7.97	7.17	2.25
天　津	7.68	8.60	9.50	7.91	7.15	－0.53

续表

省份	2019 年	2020 年	2021 年	2022 年	2023 年	2023 年比 2019 年上升或下降
北　京	7.53	8.17	8.61	7.06	6.70	-0.83
福　建	5.62	6.40	6.33	7.00	6.59	0.97
江　西	4.42	5.00	5.28	6.59	6.11	1.68
湖　南	4.24	4.65	4.90	6.33	5.97	1.73
宁　夏	2.83	3.22	4.09	6.22	5.73	2.89
云　南	4.17	4.35	4.66	5.55	5.31	1.14
广　西	3.78	4.17	4.49	5.31	4.93	1.14
湖　北	4.50	5.23	5.72	5.12	4.61	0.11
西　藏	1.29	1.55	1.59	4.34	4.17	2.89
四　川	4.48	4.86	5.30	4.59	4.17	-0.31
黑龙江	3.15	3.63	4.09	4.42	3.92	0.76
河　南	3.63	4.14	4.52	4.17	3.77	0.14
河　北	4.44	5.13	5.57	4.02	3.48	-0.96
辽　宁	4.39	5.01	5.50	3.67	3.29	-1.11
贵　州	2.78	3.19	3.25	3.45	3.11	0.33
陕　西	3.92	4.38	4.99	2.97	2.69	-1.24
吉　林	4.09	4.61	4.88	2.72	2.44	-1.65
海　南	1.64	2.20	2.72	2.37	1.98	0.35
重　庆	5.98	6.29	6.76	2.36	1.92	-4.06
青　海	3.70	4.12	4.52	1.90	1.54	-2.16
内蒙古	0.77	1.08	1.30	1.25	1.09	0.32
新　疆	2.94	3.15	3.54	1.05	0.92	-2.02
山　西	3.46	3.91	4.22	1.02	0.79	-2.67
甘　肃	3.05	3.53	3.82	-0.25	-0.47	-3.52

以下具体介绍三个分项指数的变动情况。

5a 市场中介组织的发育

该分项指数的原始数据来自企业调查。本报告中，我们有 2019 年和 2022 年的调查数据，2020—2021 年缺失数据用 2019 年数据代替，2023 年缺失数据用 2022 年数据代替（5b 同上）。

2019—2023 年，“市场中介组织的发育”分项指数从 5.36 分下降至 4.13 分。表 2－19 显示，全国 7 个省份评分上升，其中西藏上升幅度最明显，为 3.72 分，其次是湖南，为 1.47 分。重庆和上海下降幅度较大，前者为 5.18 分，后者为 4.41 分。排前 5 位的省份是浙江、广东、湖南、江苏、天津。排后 5 位的省份是青海、新疆、甘肃、山西和黑龙江。

表 2－19　各省份“市场中介组织的发育”分项指数评分及其变化　单位：分

省份	2019 年	2020 年	2021 年	2022 年	2023 年	2023 年比 2019 年上升或下降
浙　江	6.68	6.68	6.68	6.85	6.85	0.17
广　东	8.00	8.00	8.00	6.78	6.78	－1.22
湖　南	5.25	5.25	5.25	6.72	6.72	1.47
江　苏	7.25	7.25	7.25	6.68	6.68	－0.57
天　津	6.66	6.66	6.66	6.48	6.48	－0.19
北　京	7.70	7.70	7.70	6.20	6.20	－1.51
福　建	6.00	6.00	6.00	6.11	6.11	0.11
上　海	10.00	10.00	10.00	5.59	5.59	－4.41
安　徽	5.97	5.97	5.97	5.26	5.26	－0.71
山　东	5.69	5.69	5.69	5.18	5.18	－0.51
四　川	5.27	5.27	5.27	4.90	4.90	－0.37
湖　北	5.54	5.54	5.54	4.59	4.59	－0.95
广　西	4.48	4.48	4.48	4.51	4.51	0.03
宁　夏	5.13	5.13	5.13	4.03	4.03	－1.10
辽　宁	5.88	5.88	5.88	3.97	3.97	－1.91
江　西	4.89	4.89	4.89	3.97	3.97	－0.93
河　北	4.99	4.99	4.99	3.91	3.91	－1.07
西　藏	0.00	0.00	0.00	3.72	3.72	3.72
海　南	4.36	4.36	4.36	3.45	3.45	－0.90
贵　州	3.10	3.10	3.10	3.33	3.33	0.24
重　庆	8.47	8.47	8.47	3.29	3.29	－5.18
河　南	4.60	4.60	4.60	3.18	3.18	－1.42
云　南	5.64	5.64	5.64	3.17	3.17	－2.47
内蒙古	2.22	2.22	2.22	3.06	3.06	0.83

续表

省份	2019 年	2020 年	2021 年	2022 年	2023 年	2023 年比 2019 年上升或下降
吉　林	5. 47	5. 47	5. 47	2. 93	2. 93	-2. 54
陕　西	4. 70	4. 70	4. 70	2. 93	2. 93	-1. 77
黑龙江	4. 45	4. 45	4. 45	2. 79	2. 79	-1. 66
山　西	4. 41	4. 41	4. 41	1. 93	1. 93	-2. 48
甘　肃	4. 74	4. 74	4. 74	0. 94	0. 94	-3. 80
新　疆	3. 88	3. 88	3. 88	0. 92	0. 92	-2. 96
青　海	4. 60	4. 60	4. 60	0. 77	0. 77	-3. 84

5b 维护市场的法治环境

2019—2023 年，“维护市场的法治环境”分项指数从 5. 20 分小幅升至 5. 44 分。从表 2 -20 可以看出，上升省份 17 个，下降省份 14 个，其中，宁夏评分上升幅度最明显，达到 8. 00 分。江西升幅接近 7. 00 分。重庆和甘肃下降幅度较大，均超过 7. 00 分。山西降幅超过 6. 00 分。排名靠前的 5 个省份包括云南、江西、浙江、安徽和上海，评分均有提高。排名靠后的 5 个省份分别是甘肃、山西、内蒙古、重庆和海南，多数评分下降。

表 2 -20　各省份“维护市场的法治环境”分项指数评分及其变化　单位：分

省份	2019 年	2020 年	2021 年	2022 年	2023 年	2023 年比 2019 年上升或下降
云　南	6. 02	6. 02	6. 02	11. 45	11. 45	5. 42
江　西	4. 19	4. 19	4. 19	11. 12	11. 12	6. 94
浙　江	8. 18	8. 18	8. 18	11. 03	11. 03	2. 85
安　徽	5. 74	5. 74	5. 74	10. 91	10. 91	5. 18
上　海	10. 00	10. 00	10. 00	10. 48	10. 48	0. 48
山　东	5. 61	5. 61	5. 61	10. 40	10. 40	4. 79
江　苏	9. 48	9. 48	9. 48	10. 21	10. 21	0. 73
福　建	6. 80	6. 80	6. 80	9. 60	9. 60	2. 80
宁　夏	1. 32	1. 32	1. 32	9. 32	9. 32	8. 00
广　东	7. 51	7. 51	7. 51	9. 00	9. 00	1. 49
湖　南	5. 67	5. 67	5. 67	8. 99	8. 99	3. 32

续表

省份	2019 年	2020 年	2021 年	2022 年	2023 年	2023 年比 2019 年上升或下降
广　西	5.78	5.78	5.78	8.55	8.55	2.76
西　藏	3.87	3.87	3.87	8.18	8.18	4.31
天　津	8.18	8.18	8.18	7.76	7.76	-0.42
黑龙江	2.97	2.97	2.97	6.15	6.15	3.17
河　南	3.94	3.94	3.94	5.34	5.34	1.40
贵　州	3.20	3.20	3.20	4.83	4.83	1.63
湖　北	5.57	5.57	5.57	4.74	4.74	-0.83
四　川	5.44	5.44	5.44	4.36	4.36	-1.07
北　京	7.61	7.61	7.61	4.34	4.34	-3.28
河　北	5.87	5.87	5.87	2.84	2.84	-3.03
青　海	5.48	5.48	5.48	2.53	2.53	-2.95
辽　宁	4.95	4.95	4.95	1.74	1.74	-3.20
吉　林	5.10	5.10	5.10	1.12	1.12	-3.98
陕　西	4.48	4.48	4.48	1.07	1.07	-3.41
新　疆	4.86	4.86	4.86	0.57	0.57	-4.29
海　南	0.02	0.02	0.02	0.09	0.09	0.07
重　庆	6.52	6.52	6.52	-0.51	-0.51	-7.03
内蒙古	0.00	0.00	0.00	-0.90	-0.90	-0.90
山　西	5.10	5.10	5.10	-1.31	-1.31	-6.41
甘　肃	1.84	1.84	1.84	-5.48	-5.48	-7.32

5c 知识产权保护

我们利用分省份专利批准量（授权量）相对于地区生产总值（GRP）的比例来衡量知识产权保护的情况，并利用各省份 GRP 平减指数对 GRP 进行调整，以使数据跨年度可比。图 2-12 展示了全国每亿元国内生产总值（GDP）对应的专利批准量（授权量）。该数据从 2019 年的 2.50 件/亿元平稳上升至 2021 年的 3.90 件/亿元，然后掉头下降，至 2023 年的 2.81 件/亿元。

2019—2023 年，“知识产权保护”分项指数从 3.09 分升至 4.04 分。其

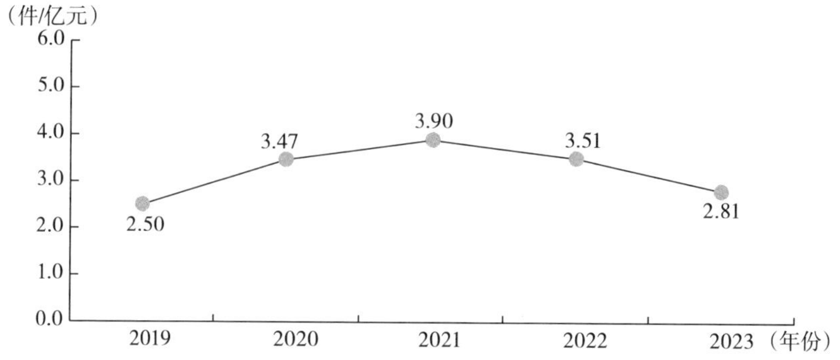

图 2－12　全国专利批准量（授权量）/GDP（2019—2023 年）

中，2019—2021 年评分不断改善，2021 年以后出现下降。

表 2－21 显示，2023 年比 2019 年有 27 个省份上升，北京、上海、安徽、山东和湖北上升幅度超过 2.00 分。只有贵州、江西、福建和天津 4 个省份评分下降。排前 5 位的是广东、浙江、北京、江苏和天津 5 个东部省份，其中天津出现下降。排后 5 位的分别是西藏、内蒙古、贵州、新疆和云南 5 个西部省份。其中，除贵州外，其他 4 个省份都有不同程度的改善。

表 2－21　各省份“知识产权保护”分项指数评分及其变化　　单位：分

省份	2019 年	2020 年	2021 年	2022 年	2023 年	2023 年比 2019 年上升或下降
广　东	10.00	13.60	15.65	14.65	11.47	1.47
浙　江	9.26	12.73	14.05	12.88	10.18	0.92
北　京	7.27	9.21	10.50	10.65	9.56	2.29
江　苏	6.04	9.99	12.03	10.04	7.23	1.19
天　津	8.20	10.95	13.64	9.48	7.23	－0.97
上　海	4.78	7.04	8.60	8.56	7.06	2.28
安　徽	3.83	5.91	7.26	7.16	5.97	2.14
山　东	3.45	6.23	8.34	8.33	5.93	2.49
湖　北	2.40	4.58	6.06	6.04	4.50	2.10
辽　宁	2.36	4.22	5.67	5.30	4.15	1.80
陕　西	2.59	3.96	5.77	4.91	4.06	1.47
福　建	4.06	6.40	6.19	5.30	4.05	－0.01

续表

省份	2019 年	2020 年	2021 年	2022 年	2023 年	2023 年比 2019 年上升或下降
宁　夏	2. 06	3. 22	5. 83	5. 31	3. 84	1. 78
河　北	2. 46	4. 53	5. 85	5. 32	3. 68	1. 22
吉　林	1. 70	3. 26	4. 06	4. 11	3. 27	1. 58
四　川	2. 73	3. 86	5. 19	4. 51	3. 25	0. 52
江　西	4. 19	5. 91	6. 75	4. 69	3. 23	-0. 96
甘　肃	2. 59	4. 01	4. 89	3. 80	3. 14	0. 55
重　庆	2. 94	3. 87	5. 29	4. 29	2. 97	0. 03
黑龙江	2. 04	3. 46	4. 86	4. 33	2. 82	0. 77
河　南	2. 35	3. 88	5. 01	3. 98	2. 78	0. 43
海　南	0. 53	2. 23	3. 78	3. 58	2. 40	1. 86
湖　南	1. 80	3. 04	3. 78	3. 27	2. 20	0. 40
山　西	0. 88	2. 22	3. 14	2. 45	1. 75	0. 87
广　西	1. 09	2. 25	3. 20	2. 87	1. 73	0. 64
青　海	1. 02	2. 27	3. 47	2. 41	1. 33	0. 32
云　南	0. 84	1. 40	2. 31	2. 01	1. 31	0. 47
新　疆	0. 08	0. 72	1. 88	1. 67	1. 28	1. 20
贵　州	2. 04	3. 26	3. 44	2. 18	1. 17	-0. 87
内蒙古	0. 10	1. 03	1. 69	1. 59	1. 12	1. 02
西　藏	0. 00	0. 77	0. 90	1. 11	0. 62	0. 62

三
东部、中部、西部及东北区域市场化进展

我国东部、中部、西部及东北4个区域的市场化进程历来差异显著。在本部分，我们分别报告这4个区域的市场化总体状况、最新进展，计算各区域的市场化方面指数和分项指数（均按各区域所有省份评分的算术平均值计算）。在本报告中，东部区域包括北京、天津、河北、上海、江苏、浙江、福建、山东、广东和海南10个省份；中部区域包括山西、安徽、江西、河南、湖北和湖南6个省份；西部区域包括内蒙古、广西、重庆、四川、贵州、云南、西藏、陕西、甘肃、青海、宁夏和新疆12个省份；东北区域包括辽宁、吉林和黑龙江3个省份。

（一） 分区域市场化总体进展

表3－1显示，2023年分区域市场化总指数由高到低依次是东部区域6.92分、中部区域6.09分、东北区域5.10分、西部区域4.44分。2023年与2019年相比，只有中部区域评分小幅上升0.10分，与东部区域的差距进一步缩小。其他区域均有下降，其中，东北区域降幅最大，为0.24分。西部区域下降0.15分，东部区域下降0.12分。

2023年，东部区域在市场化五个方面均仍然领先于其他3个区域，但相比2019年，在“政府与市场的关系”和“非国有经济的发展”方面评分降幅大于其他区域。2023年，中部区域在市场化五个方面评分均居第2位。

相比 2019 年，中部区域在“要素市场的发育程度”和“市场中介组织的发育和法治环境”方面表现较好，在“要素市场的发育程度”方面是 4 个区域当中唯一评分上升的地区，在“市场中介组织的发育和法治环境”方面是 4 个区域当中评分升幅最大的地区。2023 年，西部区域在“要素市场的发育程度”方面评分超过东北区域，居第 3 位，其余方面指数评分均排在末位。2023 年与 2019 年相比，在“政府与市场的关系”方面，东北是 4 个区域中唯一有改善的区域，“产品市场的发育程度”方面也表现不错，提高幅度超过其他区域，但在“要素市场的发育程度”和“市场中介组织的发育和法治环境”方面，下降幅度超过其他区域。

表 3－1　分区域市场化总体进展和各方面进展状况（2019—2023 年）

单位：分

区域	2019 年	2020 年	2021 年	2022 年	2023 年	2023 年比 2019 年评分增减
总指数						
全国	**5.73**	**5.96**	**6.02**	**5.71**	**5.62**	**－0.10**
东部	7.04	7.34	7.40	7.06	6.92	－0.12
中部	5.99	6.19	6.27	6.11	6.09	0.10
西部	4.59	4.78	4.87	4.50	4.44	－0.15
东北	5.34	5.62	5.57	5.22	5.10	－0.24
1. 政府与市场的关系						
全国	**7.25**	**7.26**	**7.31**	**6.87**	**6.87**	**－0.38**
东部	8.38	8.39	8.40	7.54	7.58	－0.80
中部	7.63	7.58	7.61	7.52	7.53	－0.10
西部	6.17	6.22	6.31	5.90	5.87	－0.30
东北	7.09	7.06	7.06	7.19	7.21	0.12
2. 非国有经济的发展						
全国	**6.96**	**7.03**	**7.01**	**6.85**	**6.75**	**－0.21**
东部	8.40	8.39	8.33	8.21	8.10	－0.30
中部	7.96	7.97	7.96	7.78	7.72	－0.24
西部	5.40	5.50	5.56	5.35	5.28	－0.12
东北	6.44	6.71	6.53	6.38	6.21	－0.23

续表

区域	2019 年	2020 年	2021 年	2022 年	2023 年	2023 年比 2019 年评分增减
			3. 产品市场的发育程度			
全国	**6.07**	**6.07**	**6.07**	**6.26**	**6.26**	**0.19**
东部	6.96	6.96	6.96	7.20	7.20	0.24
中部	6.53	6.53	6.53	6.50	6.50	-0.03
西部	5.20	5.20	5.20	5.38	5.38	0.18
东北	5.65	5.65	5.65	6.22	6.22	0.56
			4. 要素市场的发育程度			
全国	**3.79**	**4.31**	**4.18**	**3.58**	**3.69**	**-0.10**
东部	5.06	5.65	5.47	4.97	5.00	-0.06
中部	3.60	4.06	4.09	3.61	3.91	0.31
西部	2.87	3.33	3.24	2.63	2.75	-0.13
东北	3.63	4.27	3.78	2.71	2.62	-1.01
			5. 市场中介组织的发育和法治环境			
全国	**4.55**	**5.13**	**5.55**	**4.98**	**4.54**	**-0.01**
东部	6.42	7.32	7.84	7.39	6.73	0.30
中部	4.24	4.80	5.16	5.17	4.77	0.53
西部	3.31	3.66	4.03	3.23	2.93	-0.38
东北	3.88	4.42	4.82	3.60	3.22	-0.66

（二）分区域市场化各方面指数和分项指数进展

1. 政府与市场的关系

在“政府与市场的关系”方面，2023 年与 2019 年相比，全国平均分下降 0.38 分。4 个区域中，只有东北区域提高 0.12 分，其他区域均有不同程度的下降。其中，东部区域下降幅度最大，为 0.80 分。2023 年 4 个区域的平均分从高到低分别是：东部区域 7.58 分、中部区域 7.53 分、东北区域 7.21 分、西部区域 5.87 分（见表 3 - 1）。虽然整体来看，在“政府与市场的关系”方面，东部区域市场化程度仍然最高，但与各区域的差距正在缩小。

表3－2显示，2023年与2019年相比，该方面指数下属三个分项指数中，“市场分配经济资源的比重”分项指数4个区域都有提升，其中，西部区域从7.42分提高至7.88分，提升幅度最大，与其他区域的差距正在缩小。其他区域的提升幅度均小于全国平均升幅（0.32分）。“减少政府对企业的干预”分项指数，除东北区域提升0.21分外，其他区域均出现程度不等的下降，其中，东部区域下降幅度达到2.81分。西部区域降幅为1.61分。尽管如此，东部和西部区域在对企业的行政干预方面差异仍较大。“缩小政府规模”分项指数，中部区域微降0.02分，其他区域均有上升，其中西部区域升幅最大，从6.93分升至7.19分。

表3－2　分区域市场化进展：政府与市场的关系（2019—2023年） 单位：分

区域	2019年	2020年	2021年	2022年	2023年	2023年比2019年评分增减
1a市场分配经济资源的比重						
全国	**8.40**	**8.27**	**8.45**	**8.71**	**8.72**	**0.32**
东部	9.12	9.01	9.10	9.33	9.42	0.30
中部	9.07	8.92	9.02	9.24	9.29	0.22
西部	7.42	7.31	7.62	7.93	7.88	0.46
东北	8.56	8.32	8.39	8.67	8.63	0.07
1b减少政府对企业的干预						
全国	**5.17**	**5.17**	**5.17**	**3.57**	**3.57**	**－1.60**
东部	6.88	6.88	6.88	4.07	4.07	－2.81
中部	4.77	4.77	4.77	4.28	4.28	－0.49
西部	4.14	4.14	4.14	2.54	2.54	－1.61
东北	4.40	4.40	4.40	4.61	4.61	0.21
1c缩小政府规模						
全国	**8.19**	**8.35**	**8.31**	**8.32**	**8.33**	**0.14**
东部	9.14	9.28	9.22	9.24	9.25	0.10
中部	9.05	9.04	9.03	9.04	9.03	－0.02

续表

区域	2019 年	2020 年	2021 年	2022 年	2023 年	2023 年比 2019 年评分增减
西部	6.93	7.20	7.16	7.22	7.19	0.25
东北	8.32	8.46	8.40	8.30	8.41	0.09

2. 非国有经济的发展

在“非国有经济的发展”方面，2023 年与 2019 年相比，全国平均分下跌 0.21 分。4 个区域的该方面市场化程度均出现不同程度的下降。2023 年 4 个区域的平均分按高低排序分别是：东部区域 8.10 分、中部区域 7.72 分、东北区域 6.21 分、西部区域 5.28 分（见表 3－1）。

从表 3－3 可以看出，2023 年与 2019 年相比，该方面指数下属三个分项指数中，“非国有经济在工业企业营业收入中所占比例”分项指数的全国平均分下降 0.22 分。分区域看，只有东北区域有提升，但仍是 4 个区域中排名最靠后的。东部、中部、西部区域分别下降 0.46 分、0.34 分和 0.08 分。“非国有经济在全社会固定资产投资中所占比例”分项指数，4 个区域均有下降，其中，东北区域降幅最大，为 1.20 分。东部区域降幅也大于全国平均降幅（0.45 分）。“非国有经济就业人数占城镇总就业人数的比例”分项指数的全国平均分微升 0.02 分，是三个分项指数中唯一没有下降的指数。分区域看，中部小幅上升 0.07 分，西部微降 0.05 分，东部无显著变化，东北升幅相对较大，提高了 0.24 分。

表 3－3　分区域市场化进展：非国有经济的发展（2019—2023 年） 单位：分

区域	2019 年	2020 年	2021 年	2022 年	2023 年	2023 年比 2019 年评分增减
2a 非国有经济在工业企业营业收入中所占比例						
全国	**5.95**	**6.04**	**5.94**	**5.79**	**5.73**	**－0.22**
东部	7.73	7.71	7.61	7.43	7.27	－0.46
中部	7.43	7.61	7.48	7.10	7.10	－0.34
西部	4.31	4.39	4.33	4.25	4.23	－0.08
东北	3.61	3.97	3.72	3.86	3.88	0.26

续表

区域	2019 年	2020 年	2021 年	2022 年	2023 年	2023 年比 2019 年评分增减
2b 非国有经济在全社会固定资产投资中所占比例						
全国	**7.22**	**7.17**	**7.26**	**7.00**	**6.77**	**-0.45**
东部	8.51	8.42	8.41	8.24	8.04	-0.47
中部	8.23	8.07	8.14	7.96	7.78	-0.45
西部	5.30	5.36	5.60	5.26	5.06	-0.24
东北	8.53	8.49	8.31	7.88	7.33	-1.20
2c 非国有经济就业人数占城镇总就业人数的比例						
全国	**7.73**	**7.87**	**7.84**	**7.75**	**7.75**	**0.02**
东部	8.96	9.04	8.98	8.98	8.98	0.02
中部	8.22	8.23	8.27	8.29	8.29	0.07
西部	6.58	6.76	6.75	6.54	6.54	-0.05
东北	7.18	7.68	7.57	7.41	7.41	0.24

3. 产品市场的发育程度

在“产品市场的发育程度”方面，2023 年与 2019 年相比，除中部区域指数微降 0.03 分，其他区域均有上升。4 个区域从高到低排序分别是：东部区域 7.20 分、中部区域 6.50 分、东北区域 6.22 分、西部区域 5.38 分（见表 3-1）。

从表 3-4 可以看出，2023 年与 2019 年相比，该方面指数下属三个分项指数中，“价格由市场决定的程度”分项指数，中部区域从 6.07 分下降至 4.95 分，其他 3 个区域均有不同程度上升，其中，东北区域升幅达到 1.68 分。“减少商品市场上的地方保护”分项指数评分，西部区域改善幅度最明显，为 1.12 分。4 个区域在地方保护方面的市场化程度评分都有不同程度上升，差异不很明显。但“公平的市场竞争条件”分项指数，只有中部区域有明显提升，其他区域均有显著下降，其中，西部区域下降 1.55 分，与其他区域差距拉大。

表 3-4 分区域市场化进展：产品市场的发育程度（2019—2023 年）

单位：分

区域	2019 年	2020 年	2021 年	2022 年	2023 年	2023 年比 2019 年评分增减
3a 价格由市场决定的程度						
全国	**5.40**	**5.40**	**5.40**	**5.88**	**5.88**	**0.48**
东部	6.60	6.60	6.60	7.10	7.10	0.49
中部	6.07	6.07	6.07	4.95	4.95	-1.13
西部	4.24	4.24	4.24	5.20	5.20	0.96
东北	4.71	4.71	4.71	6.39	6.39	1.68
3b 减少商品市场上的地方保护						
全国	**8.50**	**8.50**	**8.50**	**9.31**	**9.31**	**0.81**
东部	8.55	8.55	8.55	9.43	9.43	0.88
中部	9.37	9.37	9.37	9.45	9.45	0.08
西部	8.04	8.04	8.04	9.17	9.17	1.12
东北	8.43	8.43	8.43	9.21	9.21	0.77
3c 公平的市场竞争条件						
全国	**4.31**	**4.31**	**4.31**	**3.60**	**3.60**	**-0.70**
东部	5.73	5.73	5.73	5.07	5.07	-0.66
中部	4.14	4.14	4.14	5.09	5.09	0.95
西部	3.32	3.32	3.32	1.77	1.77	-1.55
东北	3.82	3.82	3.82	3.06	3.06	-0.77

4. 要素市场的发育程度

在“要素市场的发育程度”方面，2023 年与 2019 年相比，中部区域是唯一指数提升的地区，东北下降至 2.62 分，低于西部，在 4 个区域中排末位。4 个区域的平均分按高低排序分别是东部 5.00 分、中部 3.91 分、西部 2.75 分、东北 2.62 分（见表 3-1）。东北和西部与东部的差距仍然很大。

表 3-5 显示，2023 年与 2019 年相比，“金融业的市场化”、“人力资源供应条件”和“技术成果市场化”3 个分项指数，东北区域均出现下降，特别在“人力资源供应条件”分项指数中，东北大幅下跌 2.46 分。东部的“金融业的市场化”和“人力资源供应条件”分项指数出现下降，前者降幅

超过东北。中部“技术成果市场化”分项指数表现突出，大幅提升2.60分。在“金融业的市场化”分项指数中，西部是唯一有改善的地区。

“金融业的市场化”分项指数下的二级分项指数“信贷资金分配的市场化”，2023年与2019年相比，全国平均分提高0.22分，但东部评分出现了下降。西部区域评分虽排在末位，但自2016年以来，与其他区域的差距逐步缩小。“金融业的竞争”二级分项指数，4个区域均有下降。

“人力资源供应条件”分项指数下的二级分项指数“技术人员、管理人员和熟练工人供应条件”，2023年与2019年相比，4个区域下降幅度均较大，其中，表现最不理想的是东北，从6.67分大幅降至0.82分，陡降5.85分，说明人力资源供应情况不容乐观。“常住人口/本地户籍人口”二级分项指数，西部升幅最大，为1.13分，而东部升幅只有0.43分，说明东部的外来人口有向西部区域回流的倾向。

表3-5　分区域市场化进展：要素市场的发育程度（2019—2023年）

单位：分

区域	2019年	2020年	2021年	2022年	2023年	2023年比2019年评分增减
4a 金融业的市场化						
全国	**5.53**	**5.53**	**5.58**	**5.58**	**5.52**	**-0.01**
东部	7.22	7.20	7.27	7.20	7.01	-0.21
中部	5.71	5.81	5.81	5.75	5.71	0.00
西部	4.14	4.07	4.17	4.28	4.30	0.16
东北	5.11	5.28	5.07	5.09	5.05	-0.06
（4a1）金融业的竞争						
全国	**6.46**	**6.39**	**6.50**	**6.33**	**6.22**	**-0.24**
东部	7.59	7.60	7.61	7.49	7.30	-0.29
中部	6.13	6.13	6.49	6.02	5.85	-0.28
西部	5.58	5.41	5.51	5.48	5.43	-0.15
东北	6.88	6.83	6.83	6.50	6.54	-0.35

续表

区域	2019 年	2020 年	2021 年	2022 年	2023 年	2023 年比 2019 年评分增减
（4a2）信贷资金分配的市场化						
全国	**4.61**	**4.67**	**4.65**	**4.84**	**4.82**	**0.22**
东部	6.85	6.80	6.93	6.91	6.73	-0.13
中部	5.29	5.48	5.14	5.48	5.58	0.29
西部	2.71	2.74	2.83	3.08	3.18	0.47
东北	3.34	3.73	3.32	3.67	3.56	0.22
4b 人力资源供应条件						
全国	**4.59**	**5.93**	**5.27**	**3.08**	**3.01**	**-1.59**
东部	5.83	7.20	6.39	4.39	4.16	-1.67
中部	4.37	5.44	5.03	2.79	2.70	-1.67
西部	3.79	5.14	4.49	2.49	2.54	-1.25
东北	4.15	5.85	5.07	1.73	1.69	-2.46
（4b1）技术人员、管理人员和熟练工人供应条件						
全国	**7.08**	**7.08**	**7.08**	**3.04**	**3.04**	**-4.04**
东部	7.64	7.64	7.64	3.87	3.87	-3.77
中部	7.87	7.87	7.87	3.48	3.48	-4.39
西部	6.32	6.32	6.32	2.68	2.68	-3.64
东北	6.67	6.67	6.67	0.82	0.82	-5.85
（4b2）常住人口/本地户籍人口						
全国	**2.11**	**4.78**	**3.45**	**3.13**	**2.98**	**0.87**
东部	4.02	6.76	5.14	4.91	4.45	0.43
中部	0.87	3.00	2.19	2.09	1.91	1.05
西部	1.26	3.97	2.67	2.29	2.39	1.13
东北	1.62	5.03	3.47	2.63	2.55	0.93
4c 技术成果市场化						
全国	**1.24**	**1.47**	**1.68**	**2.08**	**2.53**	**1.28**
东部	2.11	2.55	2.75	3.32	3.83	1.71
中部	0.72	0.93	1.44	2.28	3.32	2.60
西部	0.68	0.77	1.04	1.14	1.40	0.71
东北	1.63	1.68	1.20	1.33	1.13	-0.50

5. 市场中介组织的发育和法治环境

在“市场中介组织的发育和法治环境”方面，2023 年与 2019 年相比，全国平均分微降 0.01 分。东部、中部区域评分上升，中部升幅较大，为 0.53 分。西部和东北区域下降，东北降幅较大，为 0.66 分。2023 年 4 个区域的平均评分按高低排序依次是：东部 6.73 分、中部 4.77 分、东北 3.22 分、西部 2.93 分（见表 3－1）。东西差距进一步扩大。

从表 3－6 可以看出，2023 年与 2019 年相比，该方面指数下属三个分项指数中，“市场中介组织的发育”分项指数，4 个区域均有下降，其中，东北降幅达 2.04 分。“维护市场的法治环境”分项指数，仍然是东北降幅最大，从 4.34 分下降至 3.00 分，2023 年排名在西部之后。中部上升 1.60 分。总体看，西部和东北区域市场的法治环境远不及东部和中部，且差距在扩大。“知识产权保护”分项指数，东部继续保持领先，4 个区域都有改善，但东北改善幅度更大。西部改善相对较慢。

表 3－6　分区域市场化进展：市场中介组织的发育和法治环境（2019—2023 年）

单位：分

区域	2019 年	2020 年	2021 年	2022 年	2023 年	2023 年比 2019 年评分增减
5a 市场中介组织的发育						
全国	**5.36**	**5.36**	**5.36**	**4.13**	**4.13**	**－1.22**
东部	6.73	6.73	6.73	5.72	5.72	－1.01
中部	5.11	5.11	5.11	4.27	4.27	－0.84
西部	4.35	4.35	4.35	2.96	2.96	－1.39
东北	5.26	5.26	5.26	3.23	3.23	－2.04
5b 维护市场的法治环境						
全国	**5.20**	**5.20**	**5.20**	**5.44**	**5.44**	**0.23**
东部	6.93	6.93	6.93	7.58	7.58	0.65
中部	5.04	5.04	5.04	6.63	6.63	1.60
西部	4.07	4.07	4.07	3.66	3.66	－0.40
东北	4.34	4.34	4.34	3.00	3.00	－1.34

续表

区域	2019 年	2020 年	2021 年	2022 年	2023 年	2023 年比 2019 年评分增减
5c 知识产权保护						
全国	**3.09**	**4.84**	**6.10**	**5.38**	**4.04**	**0.96**
东部	5.60	8.29	9.86	8.88	6.88	1.27
中部	2.57	4.26	5.33	4.60	3.41	0.83
西部	1.51	2.55	3.65	3.06	2.15	0.65
东北	2.03	3.65	4.86	4.58	3.42	1.38

四 市场化指数的构造和计算方法

本部分介绍市场化指数体系的完整构造和计算方法，供数据使用者、研究者和感兴趣的读者参考。

（一）市场化指数的构造

我们的市场化指数体系于2000年创建，是包含多个指标的标准化指数体系，从各个不同方面系统衡量全国31个省份的市场化进展状况。数据起始年份是1997年，迄今已经积累了31个省份27年的数据，形成了一个拥有约2.1万个观察值、横向（省份之间）和纵向（年度之间）基本可比的面板数据库。

市场化指数由5个方面指数组成，每个方面指数反映市场化的某一特定方面。这5个方面分别是：

（1）政府与市场的关系；

（2）非国有经济的发展；

（3）产品市场的发育程度；

（4）要素市场的发育程度；

（5）市场中介组织的发育和法治环境。

每个方面指数包含若干分项指数，有的分项指数下面还有二级分项指数。我们称最下面一级的分项指数为基础指数，称与基础指数对应的原始数据为基础指标。本报告中的市场化指数体系由总指数、5 个方面指数、15 个一级分项指数总共 17 个基础指数构成。随着时间的推移，个别基础指标已不再具有重要意义，或者数据不再可获得，我们会在保持指数体系基本可比性的条件下，对指数的构成进行有限的调整。

在本报告中，指数计算的基期是 2019 年。更换计算基期的原因已经在前言里做了说明。同一计算基期的时间段指数跨年度可比，但不同计算基期的不同时间段指数并不直接可比。我们每隔一段时间，会对按不同基期计算的不同时间段数据进行技术处理，完成可比化衔接，形成整体跨年度可比的面板数据库。

指数体系的建立主要基于以下两个基本原则。

第一，由于一个指数只能从某一特定角度反映市场化的程度，我们对以上提到的每一个方面都采用两个或两个以上的分项指数从不同角度进行度量。所选择的每个基础指标至少能在一定程度上、一定时期内近似反映市场化某一方面的一些基本特征。如果该指标同时还受到其他与市场化程度无关因素的影响，我们尽可能使用一定的技术手段将这些无关因素剔除。

第二，所有基础指数所依据的指标必须是可度量的，数据是可获得的，不采用靠少数专家根据主观判断打分的方法。有些指标虽然理论上有意义，但缺乏可靠的数据来源，则宁可暂缺。在有些情况下，某些数据经过验证发现其可信程度较低，也尽量避免采用。数据主要来自权威机构的各类统计指标。某些方面在缺乏统计数据的情况下，使用全国范围的企业抽样调查数据。

以下是中国分省份市场化指数的构成和对这些指数的说明。

1. 政府与市场的关系

政府与市场的关系是影响市场化程度的一个最重要的方面。在目前的指数体系中用以下 3 个分项指数来衡量政府与市场的关系。

1a 市场分配经济资源的比重

市场化改革一个最重要的方面就是从原来由政府以计划方式分配经济资源，转向主要由市场来分配经济资源。改革前，政府财政和国有企业是分配经济资源的主渠道。自1978年开始经济体制改革后的一段时期，我国政府财政收入和支出在国内生产总值（GDP）中所占比重显著下降。政府支出（早期包括财政预算支出、预算外资金支出和政府土地出让收入形成的支出，2010年后包括一般公共预算支出和政府性基金支出）占比由1978年的40%下降到1995年的15%，大体上反映了经济资源配置市场化的变化。此后该比重在较长一段时期持续回升，其中一部分是民生支出增加，还有较大的部分涉及经济资源的配置。2020年全国该比重为36%，其后有所下降，2023年为30%。

应当说明，政府支出比重与市场化程度之间的关系并不是简单的线性负相关关系，不能离开特定的历史条件和市场化发展阶段，而简单地认为政府支出比重越低，市场化程度就越高。在市场经济条件下，如果政府支出低到了不能维持其必要的公共职能（包括必要的基础设施建设、社会保障、公共教育、医疗卫生、必要的政府行政管理支出等），市场体系的正常运转当然也会受到影响。

但从国际经验来看，市场化程度较高的发达国家，在剔除政府直接用于民生的支出后，政府收入和支出在GDP中所占的比重都相对较低。例如，经济合作与发展组织（OECD）的12个较大发达国家，政府的公共教育、公共医疗卫生和社会保障这三项民生支出平均高达政府支出总额的56%，比我国高20个百分点以上；而政府的其他支出只约占总额的44%，比我国低20个百分点以上。从国内的历史经验看，改革期间通过放权让利，国民收入从大量集中于政府转向由市场分配，是经济的市场化转型中最关键的一步。且由于市场配置资源的效率高于政府配置资源的效率，对推动经济发展起到至关重要的作用。改革期间，国内市场化程度相对较高、经济发展较快的地区，政府收入和支出占地区生产总值（GRP）的比重也都相对较低。这种情况至今没有改变，即使不扣除民生支出也是如此。这大体上反映了在资源分配方面的市场化程度。

因此，我们采用各地的地方政府支出（包括地方一般公共预算支出和由政府性基金形成的支出）在地区生产总值（GRP）中所占比重来近似反映政府配置资源的比重，而以它的剩余项反映市场配置资源的比重。为了消除偶发因素导致的年度异常波动，我们使用地区生产总值的 2 年移动平均值代替当年值[①]。在此基础上形成指数。

在理想的情况下，应当对政府支出进行分类，区分用于资源配置和不属于资源配置和并非必要的公共支出。但目前可获得的政府支出数据不支持作这种区分。因此上述比重只是对资源配置市场化程度的近似反映。

1b 减少政府对企业的干预

在市场经济条件下，廉洁、高效、守法、自律的政府是市场正常运转的必要条件。这至少包括以下几方面内容：政府对企业不设置过多的限制、不提出过多的要求，官员不对企业进行过度干预，让企业能够遵循市场规则从事经营。政府的行政审批应当仅限于必要的情况，手续应当方便简捷，减少政府工作人员滥用职权向企业寻租的机会，减轻企业的额外负担，便利企业经营。从上一个报告开始，我们使用受调查企业对“政府在行政审批、执法检查、行业准入、投资和其他方面有无过多干预”的评价来反映政府对企业的干预程度。新冠疫情期间，过度的防疫措施也对企业经营造成影响，是另一种形式的行政干预。因此在本报告中，关于 2022 年政府对企业的干预程度，我们依据企业负责人对“当地各项防疫措施对防止疫病流行的必要性如何”的评价对“政府在行政审批、执法检查、行业准入、投资和其他方面有无过多干预”的评价进行调整，前者取权重 0.2（2023 年沿用 2022 年数据）。

1c 缩小政府规模

一些地方党政机关机构臃肿、人员膨胀，增加了社会的负担，这是影响正常市场活动的一个突出问题。我们以分省“公共管理、社会保障和社会组织城镇单位就业人数占本省常住人口的比例”作为基础指标来反映政府的相对规模，通过计算形成指数。应该说明，一定规模的政府是必要的，但政府规模过大就会导致对正常市场活动的不良影响。较小的政府相对规

---

① 在较早的市场化指数报告中使用的是 3 年移动平均值。

模在一定意义上反映较高的市场化程度。

该分项指数根据国家统计局公布的分省份“公共管理、社会保障和社会组织城镇单位就业人数”占分省份人口的比例计算。

2. 非国有经济的发展

改革开放以来，市场导向的非国有经济（主要是民营经济）部门的迅速发展对我国的市场化转型和经济增长做出了主要贡献。因此，衡量各地区非国有经济的发展程度，对于各地市场化程度的测度有重要意义。在目前的指数体系中包括以下 3 个分项指数。

2a 非国有经济在工业企业营业收入中所占比例

在计划经济体制下，国有企业在非农业经济部门中占绝对统治地位。改革开放以来发生的一个最显著的变化就是市场导向的非国有经济取得了重大发展，使得市场调节在整个经济中的比重迅速提高，并且保证了经济的持续高速增长。但这方面的变化在各地的进展程度很不一致。我们采用“1 – 国有及国有控股工业企业营业收入/规模以上工业企业营业收入”来近似代表非国有经济在工业中的比例（2018 年以前为工业企业主营业务收入，但两者口径差异不大），在此基础上形成指数。在这方面，更全面的统计应当是非国有经济在 GRP 中的比例，但目前没有这一统计数据。

需要说明的是，该指数只在一定时期内反映市场化的进展状况。即使是一些发达市场经济国家，在一些提供公共产品或存在经济外部性的部门，国有企业仍然有存在的必要并占有一定的位置。因此这一比例同市场化程度并非简单的线性负相关关系。未来当市场化程度高度发展时该指数有可能需要调整，但在目前阶段仍然适用。

2b 非国有经济在全社会固定资产投资中所占比例

设置这个分项指数是为了弥补分项指数 2a 的不足。由于上一个指数只反映了工业中非国有经济的发展情况，因此我们采用这个基础指标形成指数是从投入方面反映整个经济部门中非国有经济的进展状况。不过该分项指数和下一个分项指数都未能从非国有经济中剔除国有控股的股份制企业和有限责任公司，在统计口径上有缺陷。同时我们也发现全社会固定资产投资数据误差较大。另外，自2018年起，统计局不再公布省级固定资产投资的数值，本报告根据统计局公布的分省份投资增速推算得到分省份全部固定资产投资及国有固定资产投资的水平，从而得到非国有经济在固定资产投资中的占比。读者在使用这两个分项指数时应加以注意。

2c 非国有经济就业人数占城镇总就业人数的比例

采用此分项指数也是为了弥补分项指数2a的不足，从劳动力投入方面衡量包括非工业部门在内的各部门中非国有经济的发展状况，但该指标也存在与2b相似的缺陷，即未能从非国有经济就业中剔除国有控股的股份制企业和有限责任公司从业人员。

以上3个统计指标都有不够全面的地方，三者联合使用有助于比较全面地反映非国有经济发展方面的市场化进展情况。

3. 产品市场的发育程度

在目前的指数体系中，我们用以下3个分项指数衡量产品市场的发育程度。

3a 价格由市场决定的程度

产品价格是由市场形成还是由政府决定，是反映市场化程度的一个重要指标。“价格由市场决定的程度”较早根据有关部门公布的分省份“社会零售商品中价格由市场决定的部分所占比重”、“生产资料中价格由市场决定的部分所占比重”和“农产品中价格由市场决定的部分所占比重”这3项统计数据计算。自2009年起，有关部门不再公布这几项统计数据。此后一个时期我们暂时沿用了2008年的数据。从2019年开始，我们使用企业抽样调查中各地企业负责人提供的“由政府定价或限价的产品在企业销售额中所占比例”这一信息来计算该指数。

3b 减少商品市场上的地方保护

作为市场经济国家，我国需要保持一个无壁垒的统一国内市场。但在现实经济运行中，有些地方政府出于对地方经济利益的考虑，往往会为保护本地低效率的企业而对进入本地市场的外来企业设置障碍，例如限制销售、实行有差别的质量检验标准等。对外地企业、外地产品人为设置障碍的做法降低了资源配置效率，阻碍了商品的自由流通，违背了市场经济的公平竞争原则。因此，减少地方保护是市场化进程的一个重要因素。

从 2019 年开始，我们使用企业抽样调查得到的“各地样本企业在某省份销售产品或从事其他经营活动时遇到的地方保护发生率”来衡量该省份的地方保护情况，并用该省份的相对经济规模（本省 GRP 占全国 GDP 的比例）进行可比化调整，即 X 省的地方保护程度 =（样本企业在 X 省遇到的地方保护发生数合计/全部有效样本企业数）/（X 省 GRP/全国 GDP）。使用各省份相对经济规模进行调整是因为在保护程度相同的情况下，经济规模较大的省份面临的跨省经贸活动较多，外来企业遇到地方保护的情况也会相应较多，调整后得到的是标准化的发生率。该比值越小，说明地方保护越少，因此相关市场化评分越高。在以前有些年份的报告中，因缺乏上述数据，曾经使用过被调查企业对“市场准入限制过多的情况”的评价作为替代指标。

新冠疫情期间，地方政府活动包括主动的地方保护措施相对减少，但一些地方过度的防疫措施又影响了企业的跨区域正常经营，形成与地方保护相同的负面影响。因此，本报告中 2020—2023 年地方保护情况，我们依据企业负责人关于“当地各项防疫措施对防止疫病流行的必要性如何”的评价对“各地样本企业在某省份销售产品或从事其他经营活动时遇到的地方保护发生率”进行调整，前者取权重 0.1。

3c 公平的市场竞争条件

不同地区、不同所有制、不同规模的企业是否能够得到平等的对待，是衡量市场发育程度的重要方面。2019 年首次引入该分项指数，原始数据来自企业调查中各地样本企业负责人对“不同类型企业是否享有一视同仁公平竞争的条件”的评价。

4. 要素市场的发育程度

在目前的指数体系中，我们用 3 个分项指数衡量要素市场的发育程度，分别是“金融业的市场化”、“人力资源供应条件”和“技术成果市场化”。在以前的报告中还使用过“引进外资的程度”和“劳动力流动性”两个分项指数（后者用“城镇单位新增就业中农村劳动力所占比重”来反映劳动力流动性），但随着各地的经济发展和要素市场的发育，这两个指标不能反映要素市场发育的整体状况。自 2010 年起我们停止使用这两个分项指数，并用企业对“人力资源供应条件”的评价来反映人力资源要素的发育情况。该项信息直接来自各地企业，对人力资源供应状况是直接的反映。但我们也发现其缺点是容易受到经济景气程度变化影响（经济增长加快时对人力资源需求增加，会使短缺情况加剧，反之供应条件会改善），故自 2016 年起，在“人力资源供应条件”分项指数下分设 2 个二级分项指数，分别是“技术人员、管理人员和熟练工人供应条件”和“常住人口/本地户籍人口”，以便更全面地反映各省份人力资源的供应情况。外来人口较多，说明人力资源市场的流动性好，当地的人力资源供应条件会明显改善。

4a 金融业的市场化

我国目前金融市场的发育程度还远低于产品市场的发育程度。虽然近年来金融业的竞争有所加强，但几家大型国有控股银行仍然占有很高的市场份额，市场集中度过高，影响了金融业的市场竞争，而且信贷资金的分配仍在某种程度上受非市场因素的影响。在目前的指数体系中，我们用以下 2 个二级分项指数近似地衡量各地金融领域的市场化程度。

（4a1）金融业的竞争。以前我们曾使用各省份几家大型国有或国有控股银行吸收存款额占当地全部金融机构吸收存款额的比例来反映当地金融市场集中度，以该比例的剩余项反映金融业的市场竞争程度。但从 2015 年起该数据不可得，我们采用各省份几家大型国有或国有控股银行（工商银行、农业银行、中国银行、建设银行、交通银行、邮政储蓄银行、国家开发银行及其他政策性银行）资产占全部金融机构资产的比例来反映市场集中度，剩余项（即其余的较小金融机构占比）则反映金融市场竞争程度。该比例较高，反映较低的市场集中度和较高的市场竞争程度。数据分析显示，这两个指标高度相关，具有可替代性。

（4a2）信贷资金分配的市场化。改革期间，计划经济时期遗留的国有（或国有控股）金融机构和国有企业之间的超经济联系仍然部分存在，这就造成国有企业和非国有企业在资金可获得性和银行贷款条件上存在着事实上的不平等，国有企业虽然对总产出的贡献比例相对较小，但仍然占有更大比例的银行信贷资源，而且导致了较高的不良债务率，而非国有企业（主要是民营企业）则常常面临贷款难的问题。因此，过低的非国有企业贷款比例大体上说明信贷资金分配的市场化程度较低。这一状况与市场决定资源配置的原则不相称，也不利于经济发展。早期我们曾采用“非国有企业贷款占当地贷款总额比例”来反映这一状况，但从 2015 年起该数据不可得，我们采用了非国有工业企业负债在工业企业总负债中的比例来代替。由于企业负债的主要部分是贷款，两者相关度很高，具有可替代性。

4b 人力资源供应条件

在目前的指数体系中，我们用以下 2 个二级分项指数进行衡量。

（4b1）技术人员、管理人员和熟练工人供应条件。我们使用抽样调查数据中企业对“技术人员供应条件”、“管理人员供应条件”和“熟练工人供应条件”的评价来反映技术人员、管理人员和熟练工人的供应情况，以此作为衡量劳动力市场发育程度的重要指标。

（4b2）常住人口/本地户籍人口。设置这个分项指数是为了弥补 4b1 的不足。因为 4b1 不仅反映人力资源供给状况，也与人力资源需求状况相关，比较容易受到经济景气程度的影响。常住人口相对于本地户籍人口比率较高的省份，说明人力资源的市场供应比较充分，可以部分对冲经济景气程度对前一个分项指数的影响。

4c 技术成果市场化

我们早期曾使用各地技术市场成交额与本地科技人员数（或国有企事业单位专业技术人员数）的比例来近似表示技术成果的市场化程度。后来各地科技人员数不再可得。我们从 2018 年起使用“技术市场成交额与地区生产总值之比”来反映技术成果的市场化情况，并更新了 2016 年以来的数据。经济规模较大的省份，通常技术市场的规模也相应较大，但不一定意味着其技术市场发育程度更高。在排除了经济规模的因素后得到的上述比例，基本可以反映各地技术市场的活跃程度。

5. 市场中介组织的发育和法治环境

该方面指数包括以下 3 个分项指数。

5a 市场中介组织的发育

任何一个比较完善的市场都不能仅由生产型企业和消费者组成，还必须有为企业提供财务、法律、技术、信息等各种服务的中介组织，也包括行业协会。市场中介组织的发育是市场完善程度的重要内容。在较早期的报告中，我们用“律师和会计师占人口的比重”来表示市场中介组织发育的程度，但我们发现上述数据口径偏窄并存在一定的偏颇。从 2009 年报告开始，我们使用各地受调查企业对“律师、会计师等市场中介组织服务条件”和“行业协会对企业的帮助程度”两个问题的评价进行代替，以反映市场中介组织的发育程度。从 2021 年报告开始，我们将这两个二级分项指数合二为一，用样本企业对“当地律师、会计师、技术服务、物流服务、行业协会服务等条件如何”的评价来代替。

5b 维护市场的法治环境

市场中生产者的合法权益受到有效的保护是市场正常运行的必要条件。我们较早采用企业抽样调查提供的各地企业对“当地司法和行政执法机关公正执法和执法效率”的评价来度量各地企业所面临的法治环境，并使用了“对生产者合法权益的保护”这一分项指数名称。自 2016 年报告起，使用各地企业对“公检法机关是否公正有效执法保护企业和经营者合法权益”的评价进行度量，并将指数更名为“维护市场的法治环境”。

5c 知识产权保护

保护知识产权是维护市场秩序、保障技术进步和创新的重要条件，是法治环境的重要组成部分。我们较早使用各地三种专利授权数与科技人员数的比例衡量知识产权保护的状况。后改用各地的国内专利授权量与不变价格的地区生产总值之比进行衡量。

表 4 –1 列出了本报告市场化指数的全部构成情况。目前市场化指数包括市场化总指数、5 个方面指数、15 个一级分项指数，其中 2 个一级分项指数各下设 2 个二级分项指数，按基础指数计算为 17 个。

表 4－1 市场化指数构成一览（2023 年）

指数名称	指数类别
市场化总指数	**总指数**
1. **政府与市场的关系**	**方面指数**
1a 市场分配经济资源的比重	分项指数
1b 减少政府对企业的干预	分项指数
1c 缩小政府规模	分项指数
2. **非国有经济的发展**	**方面指数**
2a 非国有经济在工业企业营业收入中所占比例	分项指数
2b 非国有经济在全社会固定资产投资中所占比例	分项指数
2c 非国有经济就业人数占城镇总就业人数的比例	分项指数
3. **产品市场的发育程度**	**方面指数**
3a 价格由市场决定的程度	分项指数
3b 减少商品市场上的地方保护	分项指数
3c 公平的市场竞争条件	分项指数
4. **要素市场的发育程度**	**方面指数**
4a 金融业的市场化	分项指数
（4a1）金融业的竞争	二级分项指数
（4a2）信贷资金分配的市场化	二级分项指数
4b 人力资源供应条件	分项指数
（4b1）技术人员、管理人员和熟练工人供应条件	二级分项指数
（4b2）常住人口/本地户籍人口	二级分项指数
4c 技术成果市场化	分项指数
5. **市场中介组织的发育和法治环境**	**方面指数**
5a 市场中介组织的发育	分项指数
5b 维护市场的法治环境	分项指数
5c 知识产权保护	分项指数

（二）市场化指数的计算方法

这一节介绍市场化各级指数的计算方法、计算公式、权重的选取，以及市场化指数的可比性、应用性。读者了解这些计算方法，有利于准确地理解指数的数值及其变化的含义，也有利于研究者合理地使用这套市场化指数进行进一步的研究。

1. 基础指数的形成方法和评分公式

在这套指数体系中，我们称最低一级分项指数为基础指数。每个基础指数的原始数据来自统计数据、企业调查数据或在统计和调查数据基础上计算的结果。我们称这些用于计算基础指数的原始数据为基础指标。由于不同的统计指标、调查指标互相之间缺乏可比性，不能用一个统一的尺度进行度量和比较，因此需要按照统一的计算方法将它们转换为一套可比的指数。这套指数目前由 17 个基础指数构成。每个指数的各省份评分显示各省份在该领域市场化进程的相对位置。下面先叙述基期年份基础指数的计算。

为了使市场化指数跨年度可比，必须先就基础指数设定基期年份（本报告的计算以 2019 年为基期），并设定基期年份各基础指数的最大值和最小值分别为 10 和 0。也就是说，就一个基础指数而言，在基期年份基础指标市场化程度相对最高的省份评分为 10 分，相对最低的省份评分为 0 分。然后根据其他各省份在基期年份的指标值确定它们在 0 分和 10 分之间的评分。属于同一方面的几个基础指数（或一级分项指数）合成方面指数。在少数情况下，一级分项指数由二级分项指数合成；先由基础指数（二级分项指数）合成一级分项指数，再由一级分项指数合成方面指数。最后，由 5 个方面指数合成市场化总指数。

由于市场化指数的计算以一个特定年份为基期，基期年份以后各年基础指数的计算，仍以基期年份的最大值为 10，最小值为 0。随着时间的变化，有些省份在基期年份以后的基础指数评分可能大于 10 分或小于 0 分，这是允许的。而各省份的市场化方面指数和总指数是由若干基础指数合成的，因此它们在市场化各方面指数和市场化总指数的评分，在基期年份以后也有可能超过 10 分或小于 0 分。通过这样的计算，我们就不仅能对各省份的相对市场化程度进行比较，而且能在确定时间段内对每个省份在市场化各方面跨年度的进步或退步进行度量。

计算指数的方法如下。

根据基础指标数值高低与市场化程度高低的理论关系，计算指数的公式可分为两类。当指数对应的原始数据高低与市场化程度高低正相关时，这些指数采用第一个公式计算，即原始数据越高，指数越高，指数所体现的市场化程度越高。计算公式如下：

$$第\ i\ 个省份的指数 = \frac{V_i - V_{min}}{V_{max} - V_{min}} \times 10$$

其中，V_i 是该指标第 i 个省份的原始数据，V_{max} 是所有 31 个省份中，该指标基期年份原始数据数值最大的一个，V_{min} 是基期年份原始数据数值最小的一个。

例如，基础指数 4a2 “信贷资金分配的市场化”，其基础指标为“非国有企业负债占分省份负债比例”。2019 年（基期年份）各省份中，浙江的原始数据为最大值（84.19%），青海的原始数据为最小值（24.23%），根据上述公式得到浙江 2019 年“信贷资金分配的市场化”指数为 10 分（$V_i = V_{max}$），青海为 0 分（$V_i = V_{min}$）。其余省份指数的计算，以北京为例，2019 年的原始数据 $V_i = 32.56\%$，介于浙江和青海之间，将该数据代入上述公式，就得到北京 2019 年“信贷资金分配的市场化”指数为 1.39 分。其他省份的指数以此类推。

当指数对应的原始数据值高低与市场化程度高低负相关时，则这些指数采用第二个公式计算，即原始数据越高，指数越低，该指数所体现的市场化程度越低。计算公式如下：

$$第\ i\ 个省份的指数 = \frac{V_{max} - V_i}{V_{max} - V_{min}} \times 10$$

例如，基础指数 1c “缩小政府规模”，其基础指标为分省份“公共管理、社会保障和社会组织城镇单位就业人数/常住人口数”。2019 年（基期年份）各省份中，西藏的原始数据为最大值（4.79%），安徽的原始数据为最小值（0.98%），根据上述公式得到西藏 2019 年“缩小政府规模”指数为 0 分（$V_i = V_{max}$），安徽为 10 分（$V_i = V_{min}$）。其余省份指数的计算，仍以北京为例，2019 年的原始数据 $V_i=1.67\%$，介于西藏和安徽之间，将该数据代入上述公式，就得到北京 2019 年“缩小政府规模”指数为 8.19 分。其他省份以此类推。

经过上述处理，各项指数（包括二级分项指数、一级分项指数、方面指数）均与市场化程度正相关，即指数越高，市场化程度越高；指数越低，市场化程度越低。而且在基期年份，各省份基础指数都在 0 ~ 10 分的范围内。

为了使各地区的指数可以同以前年份相比，从而反映市场化的跨年度进展情况，对于基期以后年份单项指数的计算，我们采取了如下公式（适用于指数对应的原始数据值高低与市场化程度高低正相关时）：

$$t\text{ 年第 } i \text{ 个省份的指数} = \frac{V_{i,t}-V_{\min(0)}}{V_{\max(0)}-V_{\min(0)}}\times 10$$

其中，脚标（t）代表所计算的年份，脚标（0）代表基期年份。

例如，2020 年，浙江省基础指数 4a2“信贷资金分配的市场化”的原始数据提高到 85.40%。将 $V_{i,t}=85.40\%$ 代入公式，仍分别以 2019 年的最大值和最小值为 $V_{\max(0)}$ 和 $V_{\min(0)}$，得到浙江省 2020 年该指数为 10.20 分。其他省份以此类推。

在指数对应的原始数据值高低与市场化程度高低负相关时，基期以后年份的指数计算采用如下公式：

$$t\text{ 年第 } i \text{ 个省份的指数} = \frac{V_{\max(0)}-V_{i,t}}{V_{\max(0)}-V_{\min(0)}}\times 10$$

例如，2020 年，西藏基础指数 1c“缩小政府规模”的原始数据为 4.04%，将 $V_{i,t}=4.04\%$ 代入公式，仍分别以 2019 年的最大值和最小值为 $V_{\max(0)}$ 和 $V_{\min(0)}$，得到西藏 2020 年该指数为 1.96 分。其他省份以此类推。

2. 方面指数和总指数的形成以及权重的选取

各基础指数的计算结果为合成市场化各方面指数和总指数提供了基础，而后者的关键是如何为各基础指数选取权重。在较早的市场化指数计算中，我们曾采用主成分分析法（Principal Components Analysis）来确定各基础指数在方面指数中的权重，以此来合成方面指数，并用同样的方法确定各方面指数在总指数中的权重，以合成总指数。主成分分析法是将多个变量的问题简化为少数变量问题的一种多元统计分析方法。这种方法可以在尽可能保留原有数据所含信息的前提下更为简洁明了地揭示变量间的关系。采用这种方法的优势在于客观性，即权重由数据自身的特征所确定。

但采用这种方法也会导致一些问题，主要是随着时间的推移和数据的变化，各因素的权重也将发生变化，而这将导致市场化指数失去跨年度可比性，从而在对市场化进展进行跨年度分析时造成困难。此外，受到统计数据精确度等因素的影响，有时也会出现所生成的个别权重偏离正常区间的情况。

鉴于上述情况，我们从2004年报告开始，用算术平均法代替主成分分析法对市场化指数进行计算。分析发现，用两种方法计算的全国各省份市场化排序很接近，说明两种方法可以互相替代。这是因为在一个指数体系由较多的有用变量构成、所包含的信息比较充分的情况下，不同变量间具有一定程度的可替代性。在这种情况下，单个变量的权重大小（在一定的区间内）不再对排序结果产生重要影响，这样就解决了指数跨年度可比性的问题。

（三） 市场化指数的可应用性

市场化指数不仅能够比较某一年份31个省份的相对市场化程度和排序，也能够在所考察的时期内，观察各省份市场化程度的变化和全国平均的变化趋势。除了观察市场化总指数的全国变化情况和分省份排序及变化情况，还可以观察市场化不同方面的全国变化和分省份变化及排序，并具体观察每个方面下面各分项指数的全国变化和分省份排序及变化。这为了解各省份的市场化改革进展状况、历史演变、面临的问题，以及不同省份的互相比较提供了一个衡量尺度，为企业界、投资者、政策部门和关心相关问题的读者提供了有用的信息，已受到社会各界的广泛欢迎。

市场化指数也为有关市场化改革的研究提供了一个有效的数量分析工具。本报告公布的2019—2023年市场化指数，形成了横向包括31个省份、纵向包括5个年份的面板数据库。

由于某些技术需要，我们在计算市场化指数时，采用了间隔数年更换一次计算基期年份的做法。原因在前言中已作了简单说明。这首先是因为有些官方公布的统计指标常常发生口径变化，或某些指标不再公布，或更换为新的统计指标，这导致某些分项指数经过一段时间后无法衔接。此外，随着某些实际情况变化，时间跨度过大的指数计算会使某些省份、某些分项指数大幅度偏离0～10分的基期年份评分区间，无形中加大（或缩小）了个别分项指数在方面指数和总指数计算中的权重，使方面指数和总指数评分出现失真①。我们称这种情况为指数的“漂移”。为了解决某些基础指标不衔接的问题和指数漂移带来的失真问题，需要经过一定时间后更换计算基期。但更换基期也导致不同时间段的指数不直接可比，限制了市场化指数在计量模型分析中的应用。

因此，我们在每次更换计算基期后，需要进行进一步的技术处理和换算，将不同时间段的指数进行可比化衔接。此前我们已经实现了1997—2019年的市场化指数跨年度可比化转换，形成了包括横向31个省份、纵向23个年份，共25个指数（包括总指数、方面指数、一级和二级分项指数）的面板数据库，总共拥有超过1.7万个观察值。该面板数据库为学术界进行有关市场化改革的计量模型分析提供了十分有用的工具。②

本报告公布的2019—2023年市场化指数以2019年为基期计算。我们将尽快完成新数据与原有数据的衔接，以期为学术研究界提供时间跨度长达27年、横跨31个省份的市场化指数面板数据库。

① 举例说明，假定方面指数1由1a和1b两个分项指数组成，经过10年的变化后，1a的各省平均分从5分上升到30分，而1b的平均分仅从4分上升到6分，那么在计算方面指数1时，分项指数1a对方面指数1的影响就扩大到1b的5倍，方面指数1就主要反映了分项指数1a的分布和变化情况，从而导致偏差。方面指数对总指数的影响也会发生类似的情况。

② 需要长期跨年度可比的市场化指数面板数据和其中部分数据的读者，可以从社会科学文献出版社网站的“数字融合”—“中国市场化指数数据库”获得，或直接和我们联系（邮箱地址：neri@neri.org.cn）。

五
分省份市场化进展状况

为了详细说明各省份市场化进展状况，本部分将分别给出全国31个省份（省、自治区、直辖市）2019—2023年市场化各方面指数、各分项指数的评分及排序，并在图中将其2019—2023年市场化评分与全国最高分、平均分进行比较，读者可以直观地看出各省份的市场化进展在全国的相对位置。然后，我们还根据市场化指数的计算结果，对各省份市场化的进展状况进行评析。

1. 北京市

2019年市场化排名：6　　评分：7.20

2020年市场化排名：5　　评分：7.62

2021年市场化排名：5　　评分：7.64

2022年市场化排名：9　　评分：6.93

2023年市场化排名：9　　评分：6.84

北京市市场化各方面指数和分项指数的排名及评分

指数	2019年		2020年		2021年		2022年		2023年	
	排名	评分	排名	评分	排名	评分	排名	评分	排名	评分
1. 政府与市场的关系	**13**	**7.94**	**12**	**8.01**	**12**	**8.04**	**24**	**6.28**	**25**	**6.30**
1a 市场分配经济资源的比重	11	9.13	10	9.17	6	9.31	7	9.53	5	9.60
1b 减少政府对企业的干预	6	6.51	6	6.51	6	6.51	27	0.97	27	0.97
1c 缩小政府规模	21	8.19	23	8.35	22	8.31	21	8.32	22	8.33

续表

指数	2019 年		2020 年		2021 年		2022 年		2023 年	
	排名	评分	排名	评分	排名	评分	排名	评分	排名	评分
2. 非国有经济的发展	**22**	**5.97**	**22**	**6.22**	**21**	**6.41**	**22**	**6.19**	**22**	**6.15**
2a 非国有经济在工业企业营业收入中所占比例	28	2.96	28	3.04	27	3.53	29	2.92	29	2.74
2b 非国有经济在全社会固定资产投资中所占比例	18	7.91	14	8.02	12	8.11	13	8.00	6	8.07
2c 非国有经济就业人数占城镇总就业人数的比例	23	7.06	21	7.61	21	7.59	19	7.65	19	7.65
3. 产品市场的发育程度	**10**	**6.80**	**10**	**6.80**	**10**	**6.80**	**10**	**6.94**	**10**	**6.94**
3a 价格由市场决定的程度	7	7.99	7	7.99	7	7.99	4	8.35	4	8.35
3b 减少商品市场上的地方保护	28	6.74	28	6.74	28	6.74	28	8.92	28	8.92
3c 公平的市场竞争条件	7	5.67	7	5.67	7	5.67	17	3.53	17	3.53
4. 要素市场的发育程度	**1**	**7.77**	**1**	**8.92**	**1**	**8.35**	**1**	**8.20**	**1**	**8.13**
4a 金融业的市场化	23	4.34	21	4.43	22	4.59	19	4.82	23	4.33
(4a1) 金融业的竞争	9	7.29	7	7.45	8	7.73	5	8.18	7	7.13
(4a2) 信贷资金分配的市场化	27	1.39	26	1.42	26	1.45	29	1.46	29	1.54
4b 人力资源供应条件	2	8.97	1	11.39	2	9.83	1	7.86	1	7.92
(4b1) 技术人员、管理人员和熟练工人供应条件	5	8.91	5	8.91	5	8.91	3	5.79	3	5.79
(4b2) 常住人口/本地户籍人口	2	9.03	1	13.86	2	10.75	2	9.93	1	10.05
4c 技术成果市场化	1	10.00	1	10.94	1	10.62	1	11.91	1	12.15
5. 市场中介组织的发育和法治环境	**6**	**7.53**	**6**	**8.17**	**6**	**8.61**	**8**	**7.06**	**8**	**6.70**
5a 市场中介组织的发育	4	7.70	4	7.70	4	7.70	6	6.20	6	6.20
5b 维护市场的法治环境	5	7.61	5	7.61	5	7.61	20	4.34	20	4.34
5c 知识产权保护	4	7.27	5	9.21	5	10.50	3	10.65	3	9.56

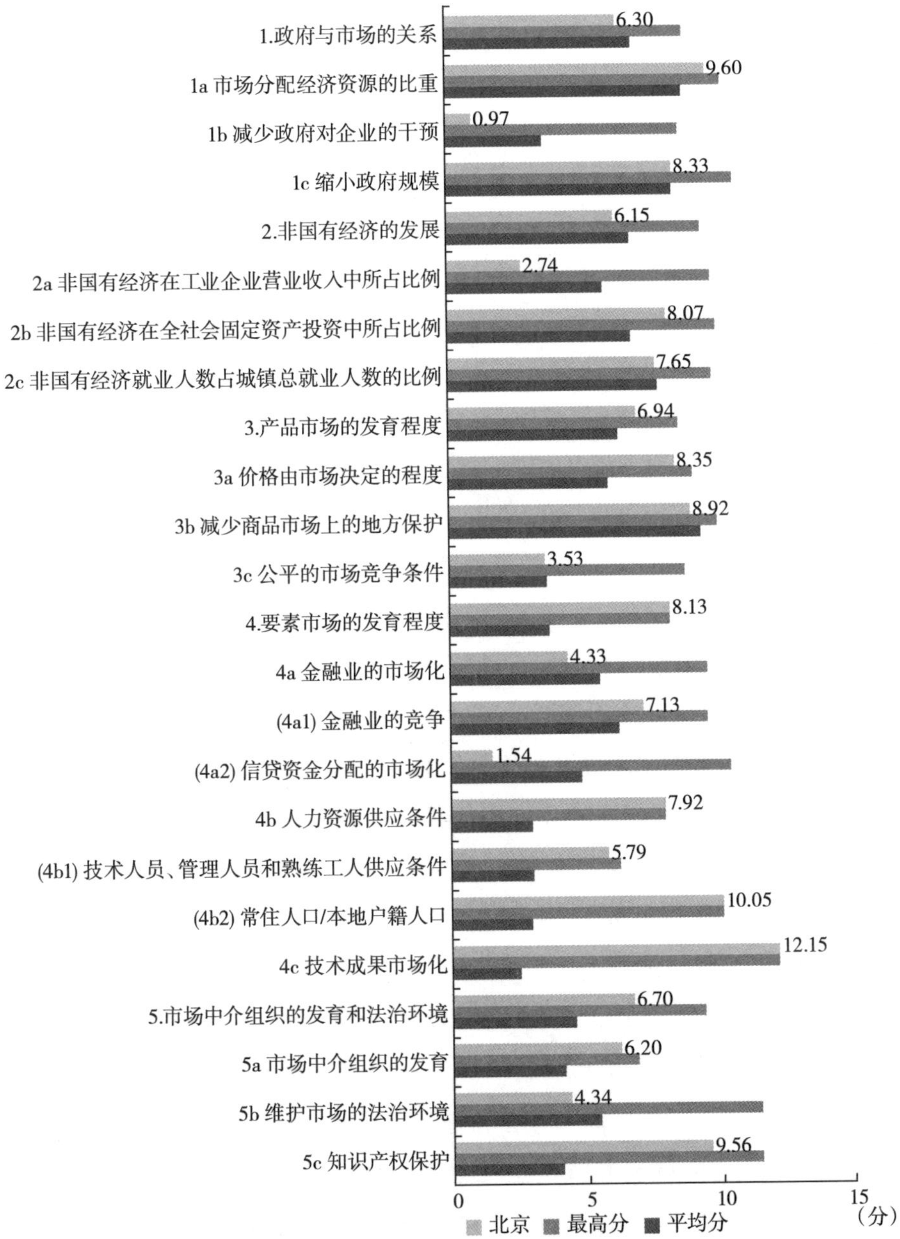

2023 年北京市市场化各方面指数和分项指数与全国最高分及平均分的比较

北京市场化进展状况

2019—2023 年，北京市场化总指数评分从 7.20 分降至 6.84 分。市场化进程排名从第 6 位降至第 9 位。

在市场化进展的 5 个方面指数中，2023 年，3 个方面指数排在全国上游位置（1~10 位之间），其中“要素市场的发育程度”方面指数排名仍然居全国首位。“政府与市场的关系”和“非国有经济的发展”两个方面指数处于全国下游位置（21~31 位之间）。与 2019 年相比，“非国有经济的发展”、“产品市场的发育程度”和“要素市场的发育程度”方面指数评分上升，但排名维持不变。“政府与市场的关系”评分和排名有明显下降，“市场中介组织的发育和法治环境”评分和排名也有下降。

政府与市场的关系

北京“政府与市场的关系”方面指数，2023 年与 2019 年相比，评分从 7.94 分降至 6.30 分，排名从第 13 位大幅下跌至第 25 位。其下降主要受下属分项指数“减少政府对企业的干预”拖累，该分项指数评分从 6.51 分骤降至 0.97 分，排名大幅下降 21 位，至第 27 位。“缩小政府规模”变化不大。“市场分配经济资源的比重”排名从第 11 位升至第 5 位，评分提高 0.47 分，在 3 个分项指数中表现最好。

非国有经济的发展

北京“非国有经济的发展”方面指数，2023 年与 2019 年相比，评分上升 0.18 分，排名维持在第 22 位。下属 3 个分项指数中，“非国有经济在工业企业营业收入中所占比例”评分和排名都有小幅下跌，排名从第 28 位微降至第 29 位。“非国有经济在全社会固定资产投资中所占比例”评分从 7.91 分小幅升至 8.07 分，排名则大幅提升 12 位，至第 6 位。“非国有经济就业人数占城镇总就业人数的比例”评分上升 0.59 分，排名提升 4 位。

产品市场的发育程度

北京“产品市场的发育程度”方面指数，2023 年与 2019 年相比，评分微升 0.14 分，排名维持在第 10 位。下属 3 项分项指数中，“价格由市场决定的程度”和“减少商品市场上的地方保护”评分分别提高 0.36 分和 2.18 分，前者排名从第 7 位升至第 4 位，后者排名仍维持在第 28 位，仅排在西藏、新疆、青海之前。“公平的市场竞争条件”排名和评分均下降。评分从 5.67 分跌至 3.53 分，排名下降 10 位，至第 17 位。

要素市场的发育程度

北京“要素市场的发育程度”方面指数，2019—2023 年，评分提高 0.36 分，排名继续维持在全国第 1 位，是 5 个方面指数中表现最好的指数。下属 3 个分项指数中，“人力资源供应条件”和“技术成果市场化”，2023 年排名均全国第 1。其中，“技术成果市场化”，2023 年与 2019 年相比，评分从 10.00 分升至 12.15 分，该分项指数评分上升在一定程度上得益于其作为首都的独特优势，因为许多科技成果的交易在北京进行。“人力资源供应条件”分项指数，评分下跌 1.05 分，主要受二级分项指数“技术人员、管理人员和熟练工人供应条件”影响，该项指数评分大幅下降。另一个二级分项指数“常住人口/本地户籍人口”评分提升 1.02 分，排名从第 2 位升至第 1 位。“金融业的市场化”分项指数在 3 个分项指数中表现最不理想，2023 年与 2019 年相比，评分基本持平（微降 0.01 分），排名维持在第 23 位，处在全国下游位置。下属 2 个二级分项指数“金融业的竞争”和“信贷资金分配的市场化”评分一降一升，但前者排名升至第 7 位，后者排名降至第 29 位。

市场中介组织的发育和法治环境

北京“市场中介组织的发育和法治环境”方面指数，2023 年与 2019 年相比，评分从 7.53 分降至 6.70 分，排名下跌 2 位，至第 8 位。下属 3 个分项指数中，“维护市场的法治环境”排名和评分下跌幅度最大，下降 3.27 分，排名急跌 15 位，至第 20 位。“市场中介组织的发育”评分下跌 1.50 分，排名下跌 2 位，至第 6 位。“知识产权保护”排名最靠前，2023 年为第 3 位，评分从 7.27 分升至 9.56 分。

2. 天津市

2019 年市场化排名：7　　评分：6. 78

2020 年市场化排名：7　　评分：7. 17

2021 年市场化排名：7　　评分：7. 25

2022 年市场化排名：5　　评分：7. 25

2023 年市场化排名：5　　评分：7. 16

天津市市场化各方面指数和分项指数的排名及评分

指数	2019 年		2020 年		2021 年		2022 年		2023 年	
	排名	评分	排名	评分	排名	评分	排名	评分	排名	评分
1. 政府与市场的关系	**11**	**8. 05**	**10**	**8. 06**	**13**	**8. 03**	**11**	**7. 57**	**11**	**7. 61**
1a 市场分配经济资源的比重	22	8. 37	22	8. 32	18	8. 78	9	9. 33	9	9. 40
1b 减少政府对企业的干预	5	6. 56	5	6. 56	5	6. 56	9	4. 64	9	4. 64
1c 缩小政府规模	12	9. 23	9	9. 29	16	8. 75	17	8. 74	16	8. 78
2. 非国有经济的发展	**5**	**8. 62**	**5**	**8. 83**	**5**	**8. 69**	**5**	**8. 55**	**5**	**8. 49**
2a 非国有经济在工业企业营业收入中所占比例	14	7. 26	11	7. 71	11	7. 63	12	7. 22	12	7. 05
2b 非国有经济在全社会固定资产投资中所占比例	1	10. 00	1	9. 99	1	10. 01	1	9. 92	1	9. 91
2c 非国有经济就业人数占城镇总就业人数的比例	10	8. 61	9	8. 79	13	8. 44	11	8. 50	11	8. 50
3. 产品市场的发育程度	**27**	**4. 15**	**27**	**4. 15**	**27**	**4. 15**	**13**	**6. 59**	**13**	**6. 59**
3a 价格由市场决定的程度	16	5. 58	16	5. 58	16	5. 58	1	9. 01	1	9. 01
3b 减少商品市场上的地方保护	30	5. 44	30	5. 44	30	5. 44	8	9. 53	8	9. 53
3c 公平的市场竞争条件	28	1. 43	28	1. 43	28	1. 43	24	1. 24	24	1. 24
4. 要素市场的发育程度	**4**	**5. 37**	**3**	**6. 22**	**4**	**5. 89**	**3**	**5. 63**	**3**	**5. 94**
4a 金融业的市场化	5	7. 69	5	7. 62	5	7. 69	5	7. 32	5	7. 47
（4a1）金融业的竞争	2	9. 44	2	9. 28	2	9. 05	4	8. 60	4	8. 58
（4a2）信贷资金分配的市场化	9	5. 94	11	5. 96	9	6. 33	9	6. 03	9	6. 36
4b 人力资源供应条件	15	4. 42	13	6. 21	17	5. 00	15	3. 21	13	3. 19

续表

指数	2019年		2020年		2021年		2022年		2023年	
	排名	评分	排名	评分	排名	评分	排名	评分	排名	评分
（4b1）技术人员、管理人员和熟练工人供应条件	27	5.31	27	5.31	27	5.31	21	2.60	21	2.60
（4b2）常住人口/本地户籍人口	7	3.53	6	7.10	7	4.68	9	3.81	10	3.78
4c 技术成果市场化	2	4.00	2	4.82	2	4.97	2	6.36	3	7.16
5. 市场中介组织的发育和法治环境	**4**	**7.68**	**5**	**8.60**	**5**	**9.50**	**6**	**7.91**	**7**	**7.15**
5a 市场中介组织的发育	7	6.66	7	6.66	7	6.66	5	6.48	5	6.48
5b 维护市场的法治环境	3	8.18	3	8.18	3	8.18	14	7.76	14	7.76
5c 知识产权保护	3	8.20	3	10.95	3	13.64	5	9.48	5	7.23

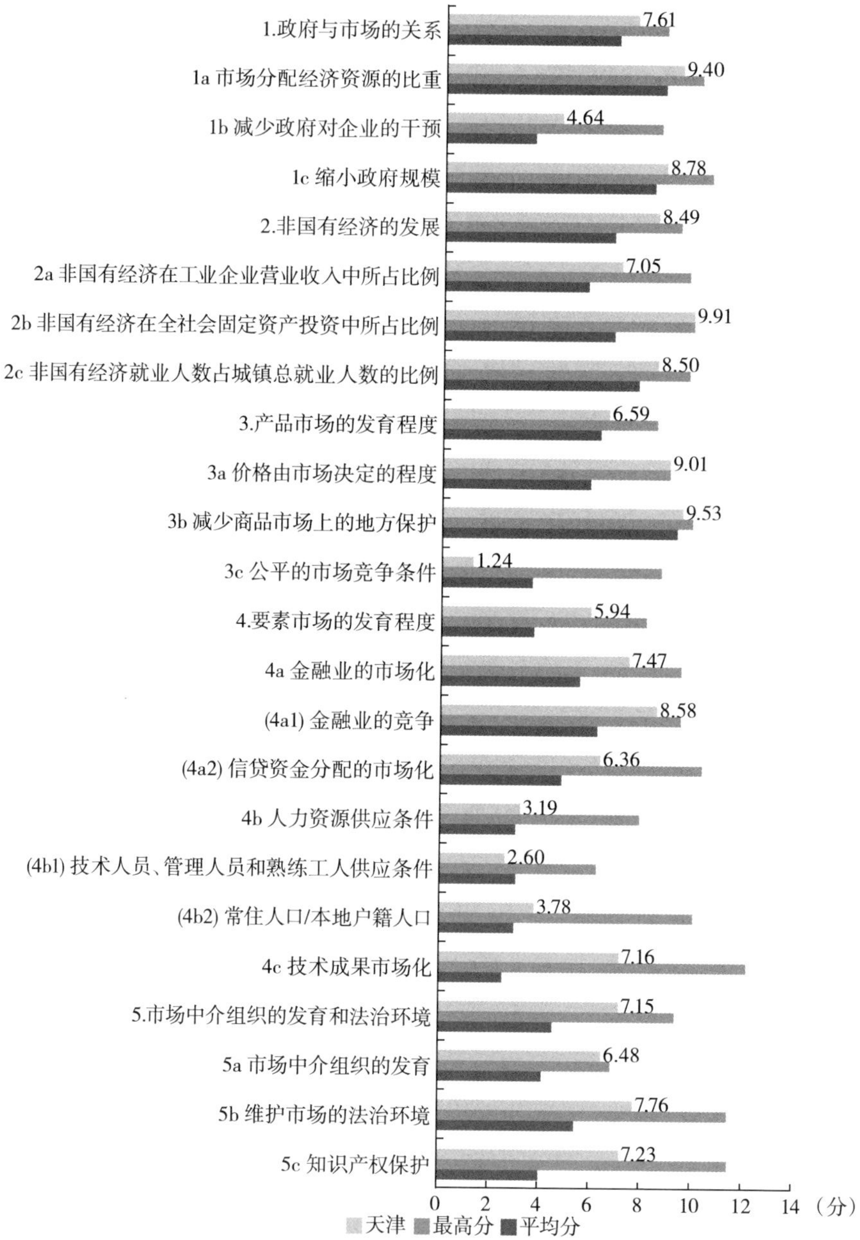

2023 年天津市市场化各方面指数和分项指数与全国最高分及平均分的比较

天津市场化进展状况

2019—2023 年，天津市场化总指数评分从 6.78 分升至 7.16 分，市场化进程排名由第 7 位提升至第 5 位，在 4 个直辖市中，不及上海，但超过北京和重庆。

在市场化进展的 5 个方面指数中，2023 年，3 个排在全国上游位置，“政府与市场的关系”和“产品市场的发育程度”两个方面指数排在全国中游位置。与 2019 年相比，“产品市场的发育程度”和“要素市场的发育程度”方面指数评分和排名都上升。“政府与市场的关系”和“非国有经济的发展”方面指数排名保持不变，评分下降。“市场中介组织的发育和法治环境”方面指数排名和评分都下降。

政府与市场的关系

天津“政府与市场的关系”方面指数，2023 年与 2019 年相比，排名维持在第 11 位，评分从 8.05 分下降至 7.61 分。下属 3 个分项指数中，“市场分配经济资源的比重”表现较好，评分从 8.37 分升至 9.40 分，排名从第 22 位跃升至第 9 位。“减少政府对企业的干预”和“缩小政府规模”评分和排名都有下跌，前者评分大跌 1.92 分，后者评分下跌 0.45 分。排名均下跌 4 位，分别至第 9 位和第 16 位。

非国有经济的发展

天津“非国有经济的发展”方面指数，2023 年与 2019 年相比，评分微降 0.13 分，至 8.49 分，排名稳定在第 5 位。下属 3 个分项指数中，“非国有经济在工业企业营业收入中所占比例”评分小幅下降，排名提升 2 位，至第 12 位。“非国有经济在全社会固定资产投资中所占比例”表现较好，排名稳定在全国第 1 位，评分略降 0.09 分。“非国有经济就业人数占城镇总就业人数的比例”评分和排名均有小幅下降。

产品市场的发育程度

天津“产品市场的发育程度”方面指数，2023 年与 2019 年相比，评分从4.15分升至6.59分，排名跃升14位，至第13位，在5个方面指数中改善幅度最大。下属3个分项指数中，“减少商品市场上的地方保护”有显著改善，评分也大幅提升4.09分，至9.53分，排名从第30位陡升至第8位。“价格由市场决定的程度”表现也不错，排名提升15位，至全国第1位，评分提升3.43分，至9.01分。“公平的市场竞争条件”排名从第28位上升至第24位，但评分从1.43分降至1.24分。

要素市场的发育程度

天津“要素市场的发育程度”方面指数，2023年与2019年相比，评分从5.37分提升至5.94分，排名从第4位升至第3位，排在北京和上海之后，是5个方面指数中排名最靠前的指数。下属3个分项指数中，“技术成果市场化”评分上升3.16分，至7.16分，排名从第2位微降至第3位。“金融业的市场化”分项指数评分小幅下降，排名稳定在第5位。其下属2个二级分项指数“金融业的竞争”和“信贷资金分配的市场化”排名仍保持在全国上游位置。“人力资源供应条件”分项指数评分下降1.23分，但降幅小于全国平均降幅（1.59分），排名从第15位升至第13位。其下2个二级分项指数“技术人员、管理人员和熟练工人供应条件”和“常住人口/本地户籍人口”评分一降一升，排名一升一降。

市场中介组织的发育和法治环境

天津“市场中介组织的发育和法治环境”方面指数，2023年与2019年相比，评分下跌0.53分，排名下降3位，至第7位。下属3个分项指数评分都有不同程度的下降，其中“市场中介组织的发育”排名提高2位，至第5位。“维护市场的法治环境”和“知识产权保护”评分和排名都有明显下降，前者从第3位急降至第14位，后者从第3位降至第5位，但仍处于全国前列。

3. 河北省

2019 年市场化排名：15　　　评分：6.03

2020 年市场化排名：15　　　评分：6.25

2021 年市场化排名：15　　　评分：6.36

2022 年市场化排名：13　　　评分：6.04

2023 年市场化排名：13　　　评分：5.95

河北省市场化各方面指数和分项指数的排名及评分

指数	2019 年		2020 年		2021 年		2022 年		2023 年	
	排名	评分	排名	评分	排名	评分	排名	评分	排名	评分
1. 政府与市场的关系	**14**	**7.85**	**14**	**7.81**	**14**	**7.86**	**14**	**7.46**	**14**	**7.39**
1a 市场分配经济资源的比重	16	8.74	16	8.57	19	8.73	20	9.00	20	9.01
1b 减少政府对企业的干预	13	5.73	13	5.73	13	5.73	13	4.33	13	4.33
1c 缩小政府规模	14	9.07	11	9.14	10	9.14	13	9.04	15	8.82
2. 非国有经济的发展	**11**	**8.25**	**12**	**8.23**	**11**	**8.24**	**13**	**7.98**	**13**	**7.86**
2a 非国有经济在工业企业营业收入中所占比例	12	7.62	9	7.97	8	7.94	8	7.37	10	7.21
2b 非国有经济在全社会固定资产投资中所占比例	5	8.76	12	8.20	11	8.17	11	8.05	10	7.85
2c 非国有经济就业人数占城镇总就业人数的比例	12	8.35	13	8.53	9	8.60	10	8.52	10	8.52
3. 产品市场的发育程度	**16**	**6.21**	**16**	**6.21**	**16**	**6.21**	**7**	**7.12**	**7**	**7.12**
3a 价格由市场决定的程度	12	6.61	12	6.61	12	6.61	9	7.28	9	7.28
3b 减少商品市场上的地方保护	24	7.98	24	7.98	24	7.98	15	9.44	15	9.44
3c 公平的市场竞争条件	20	4.05	20	4.05	20	4.05	13	4.64	13	4.64
4. 要素市场的发育程度	**18**	**3.41**	**19**	**3.87**	**16**	**3.90**	**15**	**3.62**	**15**	**3.90**
4a 金融业的市场化	12	6.34	11	6.43	10	6.74	12	6.56	12	6.44
（4a1）金融业的竞争	13	6.74	13	6.81	14	6.67	13	6.53	14	6.39
（4a2）信贷资金分配的市场化	10	5.94	10	6.04	7	6.81	8	6.59	8	6.50
4b 人力资源供应条件	27	3.26	28	4.27	27	3.83	17	2.83	18	2.76

续表

指数	2019 年		2020 年		2021 年		2022 年		2023 年	
	排名	评分	排名	评分	排名	评分	排名	评分	排名	评分
(4b1) 技术人员、管理人员和熟练工人供应条件	22	6. 24	22	6. 24	22	6. 24	8	4. 27	8	4. 27
(4b2) 常住人口/本地户籍人口	29	0. 28	29	2. 30	29	1. 43	26	1. 40	28	1. 25
4c 技术成果市场化	18	0. 65	17	0. 93	17	1. 12	16	1. 46	12	2. 50
5. 市场中介组织的发育和法治环境	**13**	**4. 44**	**12**	**5. 13**	**12**	**5. 57**	**20**	**4. 02**	**20**	**3. 48**
5a 市场中介组织的发育	18	4. 99	18	4. 99	18	4. 99	17	3. 91	17	3. 91
5b 维护市场的法治环境	10	5. 87	10	5. 87	10	5. 87	21	2. 84	21	2. 84
5c 知识产权保护	15	2. 46	12	4. 53	12	5. 85	10	5. 32	14	3. 68

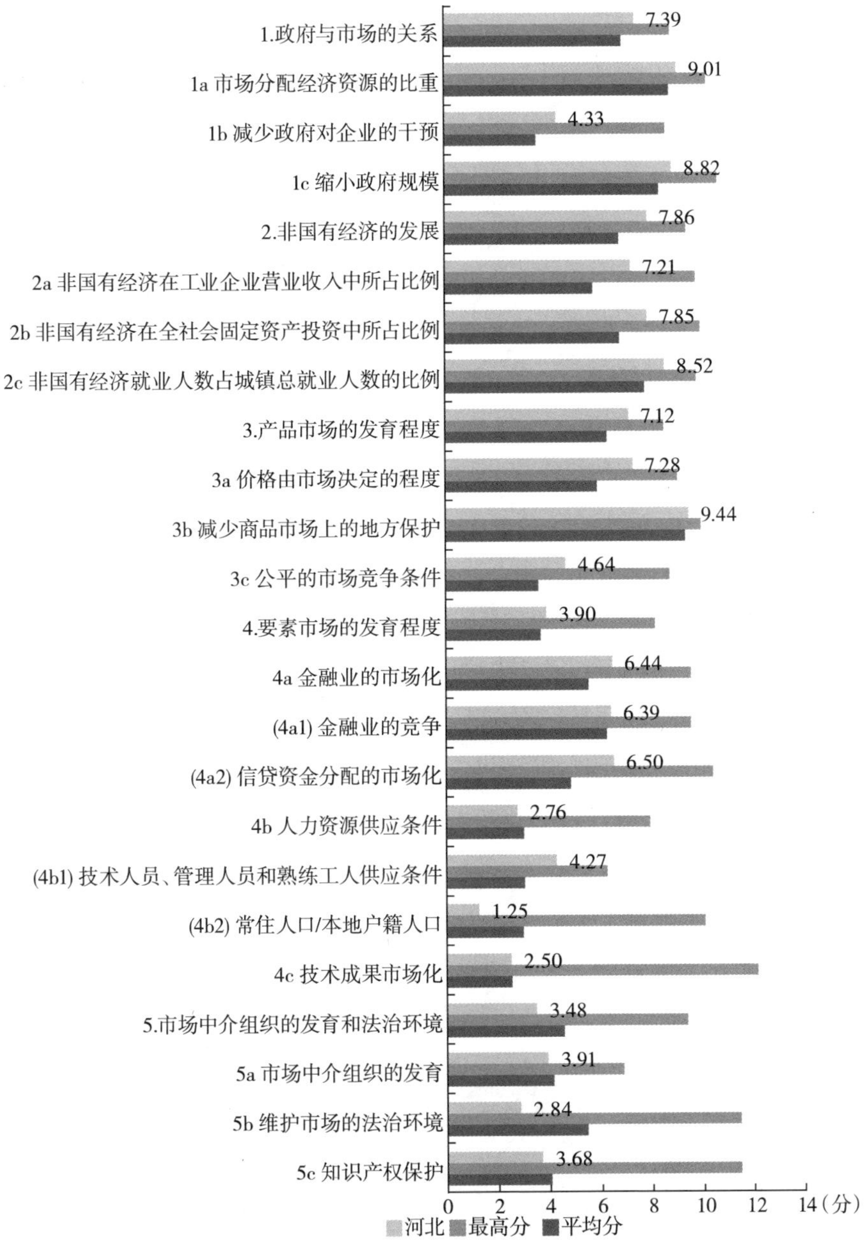

2023 年河北省市场化各方面指数和分项指数与全国最高分及平均分的比较

河北市场化进展状况

2019—2023 年，河北市场化进程排名由第 15 位提升至第 13 位，但市场化总指数评分从 6.03 分小幅下降至 5.95 分。

在市场化进展的 5 个方面指数中，2023 年与 2019 年相比，“产品市场的发育程度”和“要素市场的发育程度”方面指数排名和评分都有提升，其中“产品市场的发育程度”改善明显，进入全国上游水平。其他 4 个方面指数均处于全国中游水平。“政府与市场的关系”、“非国有经济的发展”和“市场中介组织的发育和法治环境”三个方面指数评分都有下降，排名一平两降。

政府与市场的关系

河北“政府与市场的关系”方面指数，2023 年与 2019 年相比，排名稳定在第 14 位，评分降 0.46 分。下属 3 个分项指数中，只有“市场分配经济资源的比重”评分小幅提升，但排名下跌 4 位，至第 20 位。其他 2 个分项指数“减少政府对企业的干预”和“缩小政府规模”评分均有不同程度的下跌，前者评分下跌 1.40 分，排名维持在第 13 位。后者评分下跌 0.25 分，排名下降 1 位，至第 15 位。

非国有经济的发展

河北“非国有经济的发展”方面指数，2023 年与 2019 年相比，评分从 8.25 分降至 7.86 分，排名下降 2 位，至第 13 位。下属 3 个分项指数中，“非国有经济在工业企业营业收入中所占比例”和“非国有经济在全社会固定资产投资中所占比例”评分均有不同程度的下降，排名前者提升 2 位，至第 10 位，后者下跌 5 位，至第 10 位。“非国有经济就业人数占城镇总就业人数的比例”表现相对较好，评分从 8.35 分提高至 8.52 分，排名提升 2 位，至第 10 位。

产品市场的发育程度

河北“产品市场的发育程度”方面指数，2023 年与 2019 年相比，排名提升9位，至第7位，在5个方面指数中排名最靠前，升幅也最大。下属3个分项指数中，“减少商品市场上的地方保护”评分从7.98分提高至9.44分，排名从第24位升至第15位。“公平的市场竞争条件”评分从4.05分提高至4.64分，排名提升7位，至第13位。“价格由市场决定的程度”评分从6.61分升至7.28分，排名提升3位，至第9位。

要素市场的发育程度

河北“要素市场的发育程度”方面指数，2023年与2019年相比，评分提高0.49分，至3.90分，排名从第18位升至第15位。下属3个分项指数中，“技术成果市场化”表现最佳，评分从0.65分大幅提高至2.50分，排名提升6位，至第12位。“人力资源供应条件”分项指数评分从3.26分降至2.76分，但降幅小于全国平均降幅（1.59分），排名提升9位，至第18位。其下2个二级分项指数“技术人员、管理人员和熟练工人供应条件”和“常住人口/本地户籍人口”评分一降一升。但前者排名有较大幅度上升。“金融业的市场化”分项指数排名维持在第12位，评分微升0.10分。下属2个二级分项指数中，“信贷资金分配的市场化”评分有提升，排名提升2位，至第8位。“金融业的竞争”评分下降，排名下跌1位，至第14位。

市场中介组织的发育和法治环境

河北“市场中介组织的发育和法治环境”方面指数，2023年与2019年相比，评分下降0.96分，排名从第13位跌至第20位，在5个方面指数中排名最不理想。下属3个分项指数中，“维护市场的法治环境”表现不佳，评分从5.87分骤降至2.84分，排名大幅下跌11位，至第21位。“知识产权保护”表现相对较好，评分提高1.22分，排名提升1位，至第14位。“市场中介组织的发育”评分下降1.08分，降幅小于全国平均降幅（1.22分），排名从第18位微升至第17位。

4. 山西省

2019 年市场化排名：22　　评分：4.90

2020 年市场化排名：21　　评分：5.08

2021 年市场化排名：20　　评分：5.21

2022 年市场化排名：27　　评分：4.14

2023 年市场化排名：27　　评分：4.10

山西省市场化各方面指数和分项指数的排名及评分

指数	2019 年		2020 年		2021 年		2022 年		2023 年	
	排名	评分	排名	评分	排名	评分	排名	评分	排名	评分
1. 政府与市场的关系	**23**	**6.72**	**23**	**6.69**	**23**	**6.82**	**27**	**5.86**	**27**	**5.82**
1a 市场分配经济资源的比重	19	8.68	19	8.46	15	8.82	13	9.25	17	9.19
1b 减少政府对企业的干预	26	3.84	26	3.84	26	3.84	29	0.55	29	0.55
1c 缩小政府规模	26	7.63	25	7.77	25	7.80	26	7.77	26	7.70
2. 非国有经济的发展	**20**	**6.24**	**21**	**6.36**	**20**	**6.45**	**19**	**6.42**	**18**	**6.42**
2a 非国有经济在工业企业营业收入中所占比例	21	4.38	21	4.61	21	4.67	21	4.75	20	4.84
2b 非国有经济在全社会固定资产投资中所占比例	20	7.46	20	7.45	20	7.51	20	7.18	19	7.07
2c 非国有经济就业人数占城镇总就业人数的比例	24	6.89	26	7.03	25	7.17	22	7.33	22	7.33
3. 产品市场的发育程度	**24**	**5.04**	**24**	**5.04**	**24**	**5.04**	**23**	**5.39**	**23**	**5.39**
3a 价格由市场决定的程度	24	2.99	24	2.99	24	2.99	14	6.37	14	6.37
3b 减少商品市场上的地方保护	23	8.03	23	8.03	23	8.03	25	9.06	25	9.06
3c 公平的市场竞争条件	18	4.09	18	4.09	18	4.09	25	0.74	25	0.74
4. 要素市场的发育程度	**24**	**3.05**	**23**	**3.39**	**21**	**3.54**	**27**	**2.03**	**26**	**2.11**
4a 金融业的市场化	25	4.13	27	3.79	19	4.82	27	3.96	25	4.03
（4a1）金融业的竞争	15	6.52	18	6.44	6	8.50	15	6.45	15	6.33
（4a2）信贷资金分配的市场化	26	1.73	27	1.15	29	1.15	28	1.48	28	1.74
4b 人力资源供应条件	11	4.66	12	6.26	11	5.46	25	1.78	25	1.79

续表

指数	2019年		2020年		2021年		2022年		2023年	
	排名	评分	排名	评分	排名	评分	排名	评分	排名	评分
(4b1) 技术人员、管理人员和熟练工人供应条件	11	8.17	11	8.17	11	8.17	24	1.05	24	1.05
(4b2) 常住人口/本地户籍人口	17	1.14	12	4.36	14	2.74	17	2.51	13	2.53
4c 技术成果市场化	19	0.37	27	0.12	23	0.33	24	0.36	21	0.51
5. 市场中介组织的发育和法治环境	**23**	**3.46**	**23**	**3.91**	**23**	**4.22**	**30**	**1.02**	**30**	**0.79**
5a 市场中介组织的发育	26	4.41	26	4.41	26	4.41	28	1.93	28	1.93
5b 维护市场的法治环境	18	5.10	18	5.10	18	5.10	30	-1.31	30	-1.31
5c 知识产权保护	26	0.88	27	2.22	27	3.14	25	2.45	24	1.75

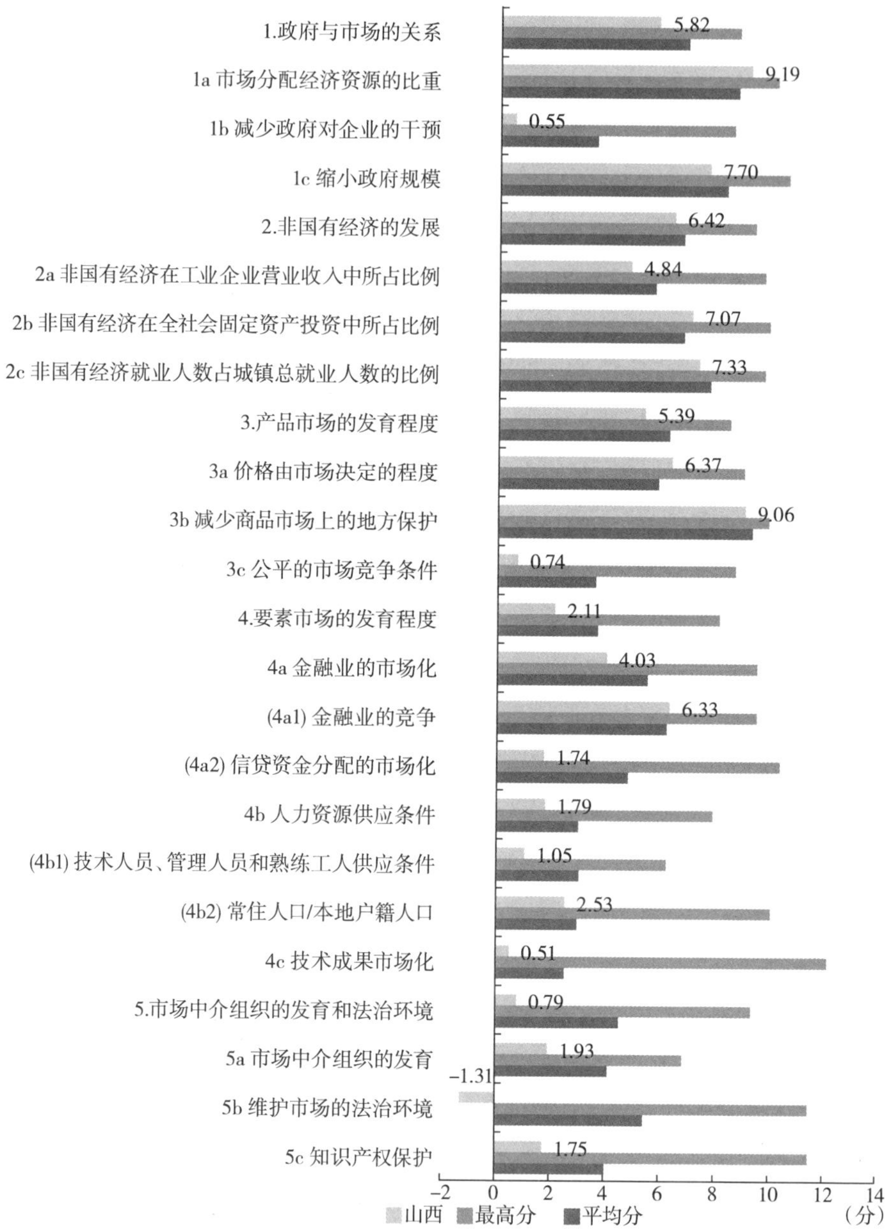

2023 年山西省市场化各方面指数和分项指数与全国最高分及平均分的比较

山西市场化进展状况

2019—2023 年，山西市场化总指数评分从 4.90 分跌至 4.10 分，市场化进程排名从第 22 位降至第 27 位，排在全国下游位置。

在市场化进展的 5 个方面指数中，2023 年与 2019 年相比，“非国有经济的发展”和“产品市场的发育程度”方面指数排名和评分均有不同程度的提升，“政府与市场的关系”、“要素市场的发育程度”和“市场中介组织的发育和法治环境”方面指数排名和评分均有显著下降。其中“市场中介组织的发育和法治环境”降幅最大。目前“非国有经济的发展”排在全国中游水平，其他 4 个方面指数均处于全国下游水平。

政府与市场的关系

山西“政府与市场的关系”方面指数，2023 年与 2019 年相比，评分从 6.72 分降至 5.82 分，排名下降 4 位，至第 27 位。下属 3 个分项指数中，“减少政府对企业的干预”评分大幅下跌 3.29 分，至 0.55 分，排名下降 3 位，至第 29 位。“市场分配经济资源的比重”评分从 8.68 分提高至 9.19 分，排名从第 19 位升至第 17 位。“缩小政府规模”评分微升 0.07 分，至 7.70 分，排名维持在第 26 位。

非国有经济的发展

山西“非国有经济的发展”方面指数，2023 年与 2019 年相比，评分从 6.24 分小幅提高至 6.42 分，排名从第 20 位升至第 18 位，在 5 个方面指数中情况相对较好。下属 3 个分项指数排名均有一两位的小幅提升，排在第 19～22 位之间。评分有升有降。其中，“非国有经济在工业企业营业收入中所占比例”和“非国有经济就业人数占城镇总就业人数的比例”评分分别提高 0.46 分和 0.44 分，“非国有经济在全社会固定资产投资中所占比例”评分下跌 0.39 分。

产品市场的发育程度

山西“产品市场的发育程度”方面指数，2023 年与 2019 年相比，评分从 5.04 分提高至 5.39 分，排名提升 1 位，至第 23 位。下属 3 个分项指数表现不一。“价格由市场决定的程度”改善明显，排名提升 10 位，至第 14 位，处于全国中游水平，评分从 2.99 分跃升至 6.37 分。“公平的市场竞争条件”表现最不理想，评分从 4.09 分骤降至 0.74 分，排名急跌 7 位，至第 25 位，排在全国下游位置。“减少商品市场上的地方保护”评分从 8.03 分升至 9.06 分，但排名下降 2 位，至第 25 位。

要素市场的发育程度

山西“要素市场的发育程度”方面指数，2023 年与 2019 年相比，评分从 3.05 分降至 2.11 分，排名从第 24 位降至第 26 位。下属 3 个分项指数中，“人力资源供应条件”排名和评分均出现大幅下跌，排名从第 11 位急跌至第 25 位，评分从 4.66 分骤降至 1.79 分，其主要受二级分项指数“技术人员、管理人员和熟练工人供应条件”影响，该项指数评分从 8.17 分陡降至 1.05 分。“技术成果市场化”分项指数评分提升 0.14 分，但排名从第 19 位降至第 21 位。“金融业的市场化”分项指数评分从 4.13 分微降至 4.03 分，排名维持在第 25 位。其下属 2 个二级分项指数“金融业的竞争”和“信贷资金分配的市场化”2023 年排名分别为第 15 位和第 28 位。

市场中介组织的发育和法治环境

山西“市场中介组织的发育和法治环境”方面指数，2023 年与 2019 年相比，评分从 3.46 分大幅下跌至 0.79 分，排名下跌 7 位，至第 30 位，成为 5 个方面指数中排名最靠后的指数。下属 3 个分项指数中，“维护市场的法治环境”表现最不理想，排名从第 18 位骤降至第 30 位，评分从 5.10 分大幅降至 -1.31 分，说明在考察年份内，山西在维护市场的法治环境方面不尽如人意。“市场中介组织的发育”评分从 4.41 分急跌至 1.93 分，排名下跌 2 位，至第 28 位。“知识产权保护”相对表现较好，排名从第 26 位升至第 24 位，评分也提升 0.87 分，至 1.75 分。

5. 内蒙古自治区

2019 年市场化排名：27　　评分：4.28

2020 年市场化排名：27　　评分：4.44

2021 年市场化排名：27　　评分：4.51

2022 年市场化排名：26　　评分：4.34

2023 年市场化排名：26　　评分：4.30

内蒙古自治区市场化各方面指数和分项指数的排名及评分

指数	2019 年		2020 年		2021 年		2022 年		2023 年	
	排名	评分	排名	评分	排名	评分	排名	评分	排名	评分
1. 政府与市场的关系	**26**	**6.36**	**26**	**6.29**	**26**	**6.45**	**23**	**6.35**	**24**	**6.30**
1a 市场分配经济资源的比重	17	8.71	17	8.51	17	8.81	12	9.27	19	9.13
1b 减少政府对企业的干预	24	4.15	24	4.15	24	4.15	20	3.28	20	3.28
1c 缩小政府规模	28	6.22	28	6.21	28	6.39	28	6.52	28	6.51
2. 非国有经济的发展	**24**	**5.86**	**23**	**6.00**	**23**	**6.31**	**20**	**6.31**	**21**	**6.28**
2a 非国有经济在工业企业营业收入中所占比例	20	4.61	22	4.52	19	5.06	19	5.13	19	5.32
2b 非国有经济在全社会固定资产投资中所占比例	25	6.18	25	6.42	24	6.66	21	6.74	21	6.46
2c 非国有经济就业人数占城镇总就业人数的比例	26	6.80	25	7.05	24	7.21	25	7.06	25	7.06
3. 产品市场的发育程度	**25**	**5.03**	**25**	**5.03**	**25**	**5.03**	**26**	**5.15**	**26**	**5.15**
3a 价格由市场决定的程度	26	2.87	26	2.87	26	2.87	20	4.75	20	4.75
3b 减少商品市场上的地方保护	21	8.20	21	8.20	21	8.20	20	9.22	20	9.22
3c 公平的市场竞争条件	21	4.02	21	4.02	21	4.02	23	1.49	23	1.49
4. 要素市场的发育程度	**19**	**3.35**	**20**	**3.78**	**22**	**3.48**	**23**	**2.62**	**23**	**2.70**
4a 金融业的市场化	20	4.78	24	4.11	24	4.30	23	4.50	19	4.70
（4a1）金融业的竞争	20	6.20	24	5.22	28	5.02	27	4.98	27	4.98
（4a2）信贷资金分配的市场化	20	3.36	22	3.01	20	3.58	19	4.02	18	4.42
4b 人力资源供应条件	10	5.23	7	7.13	10	6.06	11	3.27	11	3.28

续表

指数	2019年		2020年		2021年		2022年		2023年	
	排名	评分	排名	评分	排名	评分	排名	评分	排名	评分
(4b1)技术人员、管理人员和熟练工人供应条件	17	6.92	17	6.92	17	6.92	23	2.04	23	2.04
(4b2)常住人口/本地户籍人口	6	3.55	4	7.35	5	5.21	5	4.49	5	4.51
4c 技术成果市场化	29	0.05	28	0.09	29	0.09	30	0.10	31	0.12
5. 市场中介组织的发育和法治环境	**31**	**0.77**	**31**	**1.08**	**31**	**1.30**	**28**	**1.25**	**28**	**1.09**
5a 市场中介组织的发育	30	2.22	30	2.22	30	2.22	24	3.06	24	3.06
5b 维护市场的法治环境	31	0.00	31	0.00	31	0.00	29	-0.90	29	-0.90
5c 知识产权保护	29	0.10	29	1.03	30	1.69	30	1.59	30	1.12

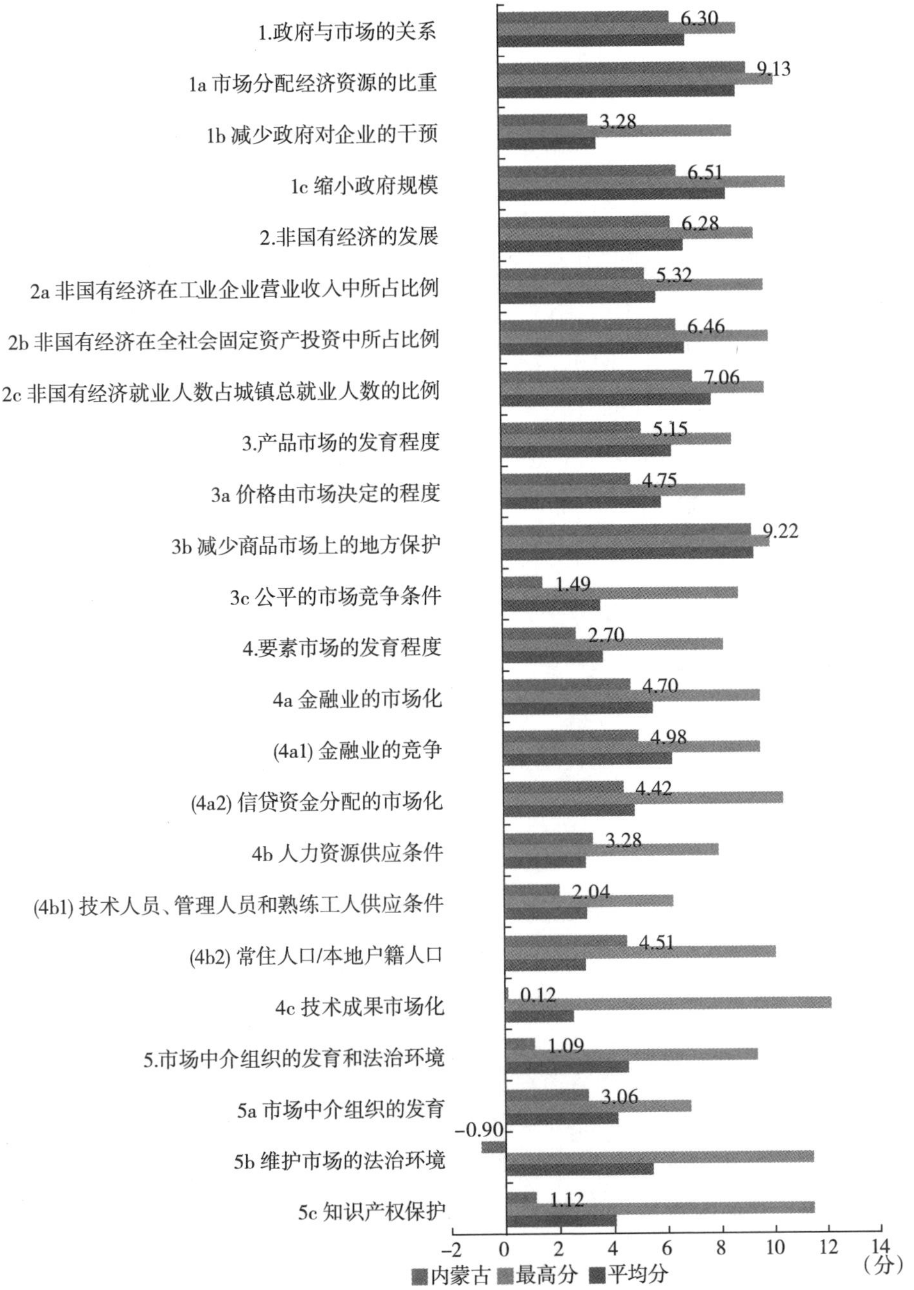

2023 年内蒙古自治区市场化各方面指数和分项指数与全国最高分及平均分的比较

内蒙古市场化进展状况

2019—2023年，内蒙古市场化进程排名从第27位升至第26位，仍然处于全国下游水平。市场化总指数评分从4.28分微升至4.30分。

2023年，内蒙古市场化进展的5个方面指数排名仍然都处于全国下游水平。其中，与2019年相比，“非国有经济的发展”、“市场中介组织的发育和法治环境”和“产品市场的发育程度”方面指数有不同程度的改善，前两者评分和排名都有提高。“政府与市场的关系”和“要素市场的发育程度”方面指数评分均有下降，但前者排名有提升。

政府与市场的关系

内蒙古“政府与市场的关系”方面指数，2023年与2019年相比，排名上升2位，至第24位，评分从6.36分微降至6.30分。下属3个分项指数中，“市场分配经济资源的比重”和“缩小政府规模”评分均有上升，但排名前者下降2位，至第19位，后者维持不变，为第28位。“减少政府对企业的干预”排名从第24位升至第20位，但评分下降0.87分，至3.28分。

非国有经济的发展

内蒙古“非国有经济的发展”方面指数，2023年与2019年相比，排名从第24位升至第21位，评分从5.86分升至6.28分，在5个方面指数中，排名相对最靠前。但评分仍低于全国平均水平（6.75分）。下属3个分项指数排名和评分均有提高。其中，“非国有经济在工业企业营业收中所占比例”和“非国有经济就业人数占城镇总就业人数的比例”排名均提升1位，分别至第19位和第25位。“非国有经济在全社会固定资产投资中所占比例”排名提升4位，至第21位，评分提高0.28分，至6.46分。

产品市场的发育程度

内蒙古“产品市场的发育程度”方面指数，2023年与2019年相比，评分小幅上升至5.15分，排名下降1位，至第26位。下属3个分项指数中，“价格由市场决定的程度”和“减少商品市场上的地方保护”改善明显，评分分别提升 1.88 分和 1.02 分，排名均有提升，均排在第 20 位。但“公平的市场竞争条件”评分急跌 2.53 分至 1.49 分，排名下降 2 位，至第 23 位。

要素市场的发育程度

内蒙古“要素市场的发育程度”方面指数，2023 年与 2019 年相比有退步，评分从 3.35 分降至 2.70 分，排名下降 4 位，至第 23 位。下属 3 个分项指数中，“金融业的市场化”评分微降，排名微升 1 位，至第 19 位。其下 2 个二级分项指数表现各异，“金融业的竞争”评分和排名有明显下降，而“信贷资金分配的市场化”评分和排名均有明显上升。“人力资源供应条件”分项指数下降明显，评分从 5.23 分降至 3.28 分，排名下降 1 位，至第 11 位。其下二级分项指数“技术人员、管理人员和熟练工人供应条件”评分和排名均有显著下降，而“常住人口/本地户籍人口”有显著改善，目前排名在第 5 位。“技术成果市场化”分项指数评分略升，但排名跌至全国末位。

市场中介组织的发育和法治环境

内蒙古“市场中介组织的发育和法治环境”方面指数，2023 年与 2019 年相比，评分从 0.77 分升至 1.09 分，有所改善，排名从第 31 位升至第 28 位，但在 5 个方面指数中排名仍相对较低。下属 3 个分项指数中，“市场中介组织的发育”评分有明显提升，排名从第 30 位升至第 24 位。“维护市场的法治环境”排名虽提升 2 位，至第 29 位，但评分下跌至 -0.90 分。“知识产权保护”评分从 0.10 分升至 1.12 分，但排名从第 29 位跌至第 30 位。

6. 辽宁省

2019 年市场化排名：10　　评分：6.47

2020 年市场化排名：10　　评分：6.70

2021 年市场化排名：11　　评分：6.74

2022 年市场化排名：17　　评分：5.78

2023 年市场化排名：16　　评分：5.71

辽宁省市场化各方面指数和分项指数的排名及评分

指数	2019 年		2020 年		2021 年		2022 年		2023 年	
	排名	评分	排名	评分	排名	评分	排名	评分	排名	评分
1. 政府与市场的关系	**12**	**7.98**	**13**	**7.95**	**11**	**8.04**	**16**	**7.28**	**16**	**7.31**
1a 市场分配经济资源的比重	8	9.37	8	9.19	8	9.26	8	9.47	8	9.49
1b 减少政府对企业的干预	9	6.28	9	6.28	9	6.28	16	3.80	16	3.80
1c 缩小政府规模	19	8.28	21	8.38	19	8.59	19	8.56	17	8.64
2. 非国有经济的发展	**17**	**7.52**	**15**	**7.62**	**16**	**7.45**	**15**	**7.47**	**15**	**7.27**
2a 非国有经济在工业企业营业收入中所占比例	19	5.13	19	5.20	20	4.89	18	5.56	16	5.73
2b 非国有经济在全社会固定资产投资中所占比例	3	9.10	3	9.11	3	8.89	7	8.44	13	7.68
2c 非国有经济就业人数占城镇总就业人数的比例	13	8.33	10	8.56	10	8.59	12	8.42	12	8.42
3. 产品市场的发育程度	**6**	**7.87**	**6**	**7.87**	**6**	**7.87**	**8**	**7.00**	**8**	**7.00**
3a 价格由市场决定的程度	2	9.61	2	9.61	2	9.61	2	8.72	2	8.72
3b 减少商品市场上的地方保护	16	9.39	16	9.39	16	9.39	7	9.54	7	9.54
3c 公平的市场竞争条件	14	4.60	14	4.60	14	4.60	20	2.76	20	2.76
4. 要素市场的发育程度	**8**	**4.58**	**8**	**5.04**	**8**	**4.83**	**17**	**3.50**	**16**	**3.67**
4a 金融业的市场化	7	7.00	9	6.86	11	6.72	9	6.65	9	6.78
（4a1）金融业的竞争	3	9.24	3	9.05	3	8.83	6	8.01	5	8.08
（4a2）信贷资金分配的市场化	15	4.77	16	4.68	18	4.60	15	5.29	13	5.48
4b 人力资源供应条件	8	5.37	8	6.71	8	6.10	26	1.78	26	1.61

续表

指数	2019年		2020年		2021年		2022年		2023年	
	排名	评分	排名	评分	排名	评分	排名	评分	排名	评分
(4b1) 技术人员、管理人员和熟练工人供应条件	4	9.00	4	9.00	4	9.00	26	0.54	26	0.54
(4b2) 常住人口/本地户籍人口	12	1.73	11	4.41	12	3.21	11	3.02	11	2.68
4c 技术成果市场化	9	1.37	11	1.54	12	1.68	9	2.07	11	2.63
5. 市场中介组织的发育和法治环境	**15**	**4.39**	**13**	**5.01**	**13**	**5.50**	**21**	**3.67**	**21**	**3.29**
5a 市场中介组织的发育	10	5.88	10	5.88	10	5.88	15	3.97	15	3.97
5b 维护市场的法治环境	20	4.95	20	4.95	20	4.95	23	1.74	23	1.74
5c 知识产权保护	17	2.36	13	4.22	15	5.67	13	5.30	10	4.15

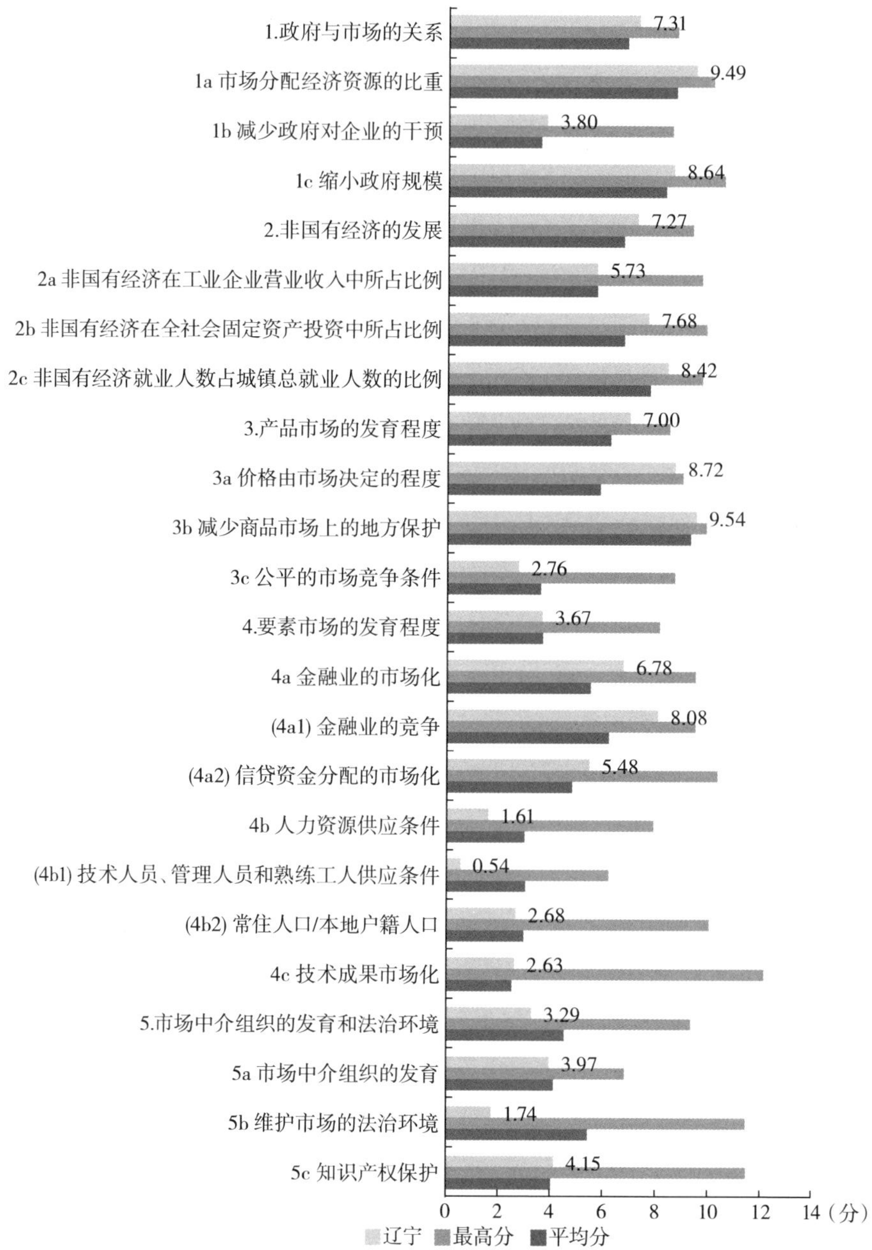

2023 年辽宁省市场化各方面指数和分项指数与全国最高分及平均分的比较

辽宁市场化进展状况

2019—2023 年，辽宁市场化总指数评分从 6.47 分降至 5.71 分，市场化进程排名从第 10 位跌至第 16 位。

2023 年与 2019 年相比，市场化的 5 个方面指数评分均出现明显下降，4 个方面排名下降。2023 年，只有“产品市场的发育程度”方面指数仍排在全国上游位置（第 8 位），3 个方面指数排在全国中游位置，“市场中介组织的发育和法治环境”方面指数降幅最大，排到全国下游位置（第 21 位）。

政府与市场的关系

辽宁“政府与市场的关系”方面指数，2023 年与 2019 年相比，评分从 7.98 分降至 7.31 分，排名从第 12 位下跌至第 16 位。其下降主要受分项指数“减少政府对企业的干预”的影响，该分项指数评分下降 2.48 分，排名下跌 7 位，至第 16 位。“市场分配经济资源的比重”评分微升，排名稳定在第 8 位，在 3 个分项指数中排名最靠前。“缩小政府规模”评分小幅上升，排名提升 2 位，至第 17 位。

非国有经济的发展

辽宁“非国有经济的发展”方面指数，2023 年与 2019 年相比，评分下降 0.25 分，至 7.27 分，排名从第 17 位升至第 15 位。下属 3 个分项指数中，“非国有经济在全社会固定资产投资中所占比例”评分大幅下跌 1.42 分，排名从第 3 位陡降至第 13 位。“非国有经济在工业企业营业收入中所占比例”和“非国有经济就业人数占城镇总就业人数的比例”评分和排名均有不同程度的提升，其中，前者排名提高 3 位，至第 16 位；后者排名提高 1 位，至第 12 位。

产品市场的发育程度

辽宁“产品市场的发育程度”方面指数，2023 年与 2019 年相比，评分从 7.87 分降至 7.00 分，排名从第 6 位降至第 8 位，在 5 个方面指数中，排名最靠前。下属 3 个分项指数中，“减少商品市场上的地方保护”排名改善幅度最大，从第16位升至第7位，评分略升至9.54分。“价格由市场决定的程度”评分下跌0.89分，至8.72分，但排名仍最靠前，保持在全国第2位。“公平的市场竞争条件”评分从4.60分大幅跌至2.76分，排名下降6位，至第20位。

要素市场的发育程度

辽宁“要素市场的发育程度”方面指数，2023年与2019年相比，评分从4.58分降至3.67分，下降0.91分，排名下跌8位，至第16位，在5个方面指数中跌幅最大。下属3个分项指数排名均出现不同程度的下降，其中，“人力资源供应条件”下降幅度最大，评分大幅下降3.76分，至1.61分，排名从第8位陡降至第26位。这主要受二级分项指数“技术人员、管理人员和熟练工人供应条件”的拖累，该二级分项指数评分从9.00分的高位陡降至0.54分。另一个二级分项指数“常住人口/本地户籍人口”评分从1.73分升至2.68分，排名略升至第11位。“金融业的市场化”分项指数评分从7.00分略降至6.78分，排名从第7位跌至第9位，但仍处于全国上游位置。其下属2个二级分项指数排名和评分有升有降，其中，“金融业的竞争”二级分项指数排名下跌2位，至第5位，评分从9.24分降至8.08分。“信贷资金分配的市场化”二级分项指数排名上升2位，至第13位，评分从4.77分升至5.48分。“技术成果市场化”分项指数评分上升1.26分，但排名从第9位降至第11位。

市场中介组织的发育和法治环境

辽宁“市场中介组织的发育和法治环境”方面指数，2023年与2019年相比，评分从4.39分降至3.29分，排名下跌6位，至第21位，在5个方面指数中，降幅最大，排名也最靠后。下属3个分项指数中，“知识产权保护”改善显著，评分从2.36分大幅提高至4.15分，排名提升7位，至第10位。“市场中介组织的发育”和“维护市场的法治环境”排名和评分均有大幅下降，其中，“维护市场的法治环境”评分大幅下跌3.21分，至1.74分，排名下跌3位，至第23位。“市场中介组织的发育”排名下跌5位至第15位，评分从5.88分降至3.97分。

7. 吉林省

2019 年市场化排名：21　评分：4.96

2020 年市场化排名：20　评分：5.28

2021 年市场化排名：22　评分：5.10

2022 年市场化排名：23　评分：4.78

2023 年市场化排名：24　评分：4.71

吉林省市场化各方面指数和分项指数的排名及评分

指数	2019 年		2020 年		2021 年		2022 年		2023 年	
	排名	评分	排名	评分	排名	评分	排名	评分	排名	评分
1. 政府与市场的关系	**27**	**6.04**	**27**	**6.10**	**27**	**6.06**	**22**	**6.45**	**21**	**6.45**
1a 市场分配经济资源的比重	24	8.15	23	7.92	24	7.99	25	8.18	26	8.09
1b 减少政府对企业的干预	29	2.00	29	2.00	29	2.00	21	3.04	21	3.04
1c 缩小政府规模	23	7.98	22	8.37	24	8.20	24	8.12	23	8.22
2. 非国有经济的发展	**26**	**5.57**	**24**	**5.87**	**26**	**5.78**	**25**	**5.63**	**25**	**5.42**
2a 非国有经济在工业企业营业收入中所占比例	30	1.72	29	2.23	30	2.19	30	2.41	30	2.32
2b 非国有经济在全社会固定资产投资中所占比例	15	8.10	15	8.02	16	7.93	19	7.34	20	6.80
2c 非国有经济就业人数占城镇总就业人数的比例	25	6.88	23	7.37	23	7.22	23	7.14	23	7.14
3. 产品市场的发育程度	**22**	**5.33**	**22**	**5.33**	**22**	**5.33**	**16**	**6.42**	**16**	**6.42**
3a 价格由市场决定的程度	19	4.52	19	4.52	19	4.52	7	7.51	7	7.51
3b 减少商品市场上的地方保护	22	8.16	22	8.16	22	8.16	24	9.08	24	9.08
3c 公平的市场竞争条件	24	3.30	24	3.30	24	3.30	21	2.67	21	2.67
4. 要素市场的发育程度	**13**	**3.76**	**12**	**4.50**	**23**	**3.45**	**22**	**2.67**	**22**	**2.81**
4a 金融业的市场化	21	4.63	17	5.13	20	4.71	21	4.63	20	4.67
（4a1）金融业的竞争	17	6.38	17	6.44	18	6.55	14	6.53	12	6.56
（4a2）信贷资金分配的市场化	22	2.87	20	3.82	22	2.88	23	2.73	22	2.78
4b 人力资源供应条件	19	4.17	14	6.06	15	5.17	12	3.25	10	3.40

续表

指数	2019 年		2020 年		2021 年		2022 年		2023 年	
	排名	评分	排名	评分	排名	评分	排名	评分	排名	评分
(4b1) 技术人员、管理人员和熟练工人供应条件	26	5. 75	26	5. 75	26	5. 75	20	3. 01	20	3. 01
(4b2) 常住人口/本地户籍人口	8	2. 59	8	6. 36	8	4. 59	10	3. 49	9	3. 78
4c 技术成果市场化	4	2. 49	6	2. 32	21	0. 48	29	0. 14	25	0. 35
5. 市场中介组织的发育和法治环境	**18**	**4. 09**	**17**	**4. 61**	**18**	**4. 88**	**24**	**2. 72**	**24**	**2. 44**
5a 市场中介组织的发育	14	5. 47	14	5. 47	14	5. 47	25	2. 93	25	2. 93
5b 维护市场的法治环境	18	5. 10	18	5. 10	18	5. 10	24	1. 12	24	1. 12
5c 知识产权保护	23	1. 70	20	3. 26	21	4. 06	19	4. 11	15	3. 27

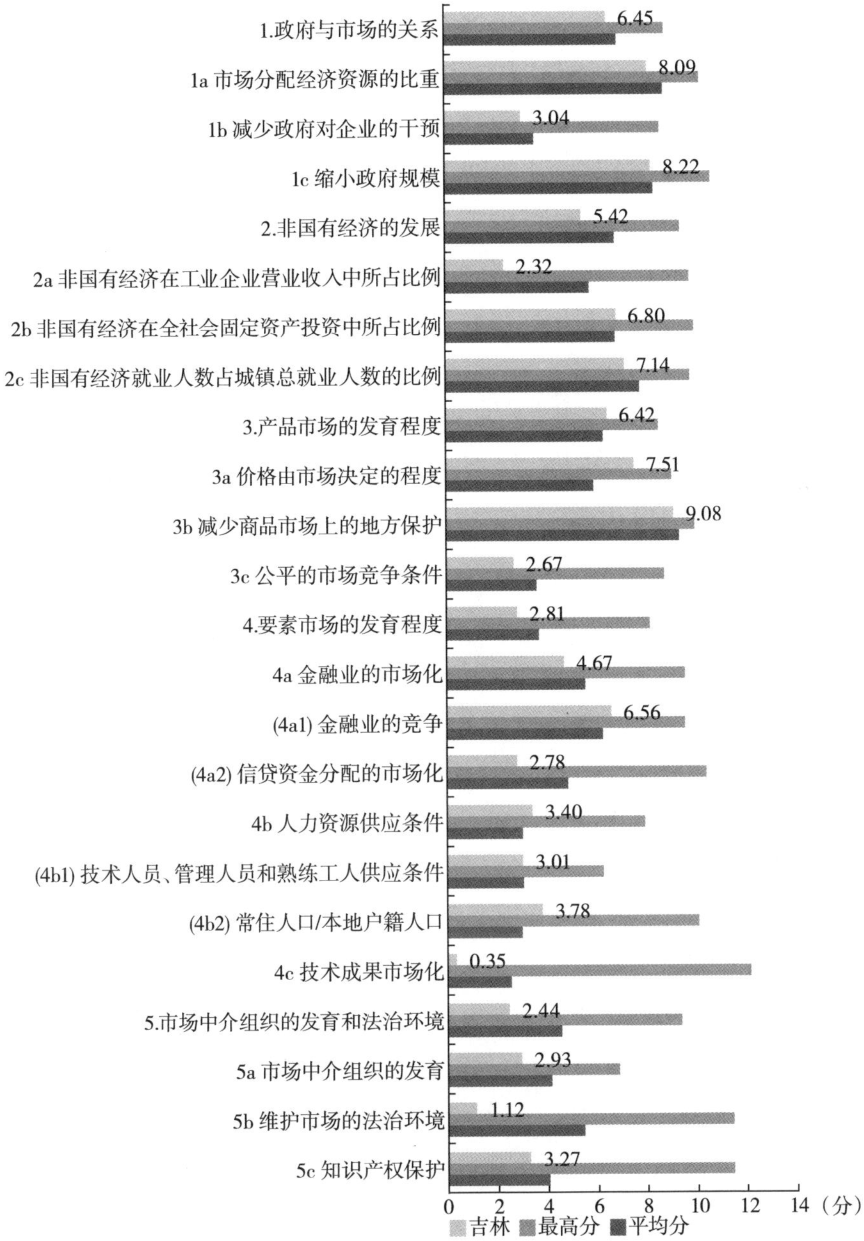

2023 年吉林省市场化各方面指数和分项指数与全国最高分及平均分的比较

吉林市场化进展状况

2019—2023 年，吉林市场化总指数出现一定程度的下降，评分从 4. 96 分降至 4. 71 分，排名下降 3 位至第 24 位。

在市场化进展的 5 个方面指数中，2023 年与 2019 年相比，“产品市场的发育程度”改善显著，评分和排名都有较大幅度上升，进入全国中游水平，其余 4 个方面指数均处于全国下游水平（第 20 位以后）。其中“政府与市场的关系”有一定程度改善，排名提高 6 位。“非国有经济的发展”评分小幅下降，但排名略有上升。“要素市场的发育程度”和“市场中介组织的发育和法治环境”方面指数评分和排名均出现显著下降。

政府与市场的关系

吉林“政府与市场的关系”方面指数，2023 年与 2019 年相比有改善，评分从 6. 04 分升至 6. 45 分，排名提升 6 位，至第 21 位。下属 3 个分项指数中，“减少政府对企业的干预”评分从 2. 00 分显著提高至 3. 04 分，排名从第 29 位升至第 21 位。“市场分配经济资源的比重”评分和排名微降，“缩小政府规模”评分微升。

非国有经济的发展

吉林“非国有经济的发展”方面指数，2023 年与 2019 年相比，评分从 5. 57 分小幅下降至 5. 42 分，但排名提升 1 位，至第 25 位。下属 3 个分项指数中，“非国有经济在工业企业营业收入中所占比例”和“非国有经济就业人数占城镇总就业人数的比例”评分都有上升，但在全国排名仍然靠后，2023 年分别排在第 30 位和第 23 位。“非国有经济在全社会固定资产投资中所占比例”评分大幅下降 1. 30 分，排名从第 15 位降至第 20 位。

产品市场的发育程度

吉林“产品市场的发育程度”方面指数，2023 年与 2019 年相比，评分从 5. 33 分大幅提高至 6. 42 分，排名从第 22 位升至第 16 位，是 5 个方面指数中改善显著的方面。下属 3 个分项指数中，“价格由市场决定的程度”改善最突出，评分从 4.52 分大幅升至 7.51 分，排名陡升 12 位，至第 7 位。“减少商品市场上的地方保护”评分上升 0.92 分，但排名下跌 2 位，至第 24 位。“公平的市场竞争条件”评分下降 0.63 分，至 2.67 分，但其他有些省份降幅更大，使吉林排名提升 3 位，至第 21 位。

要素市场的发育程度

吉林“要素市场的发育程度”方面指数，2023 年与 2019 年相比，评分从 3.76 分降至 2.81 分，排名下跌 9 位，至第 22 位。在 5 个方面指数中，排名下降幅度最大，主要原因是分项指数“技术成果市场化”评分大幅下降 2.14 分，排名从第 4 位大幅下降至第 25 位。“金融业的市场化”分项指数评分和排名都有小幅上升，排名从第 21 位升至第 20 位。其下二级分项指数“金融业的竞争”评分和排名都有所提高，二级分项指数“信贷资金分配的市场化”变化不大，排名维持在第 22 位。“人力资源供应条件”分项指数评分从 4.17 分降至 3.40 分，因降幅小于全国大部分省份，使得排名上升 9 位，至第 10 位。其下二级分项指数“技术人员、管理人员和熟练工人供应条件”和“常住人口/本地户籍人口”评分一降一升，后者仍然排在第 9 位。

市场中介组织的发育和法治环境

吉林“市场中介组织的发育和法治环境”方面指数，2023 年与 2019 年相比，评分从 4.09 分急跌至 2.44 分，排名从第 18 位降至第 24 位。下属 3 个分项指数进展状况差异较大。其中，“知识产权保护”排名和评分均上升，排名从第 23 位跃升至第 15 位，评分从 1.70 分提高至 3.27 分，逐渐接近全国平均评分（4.04 分）。“市场中介组织的发育”和“维护市场的法治环境”评分和排名均有大幅度下跌。两者评分分别急降 2.54 分和 3.98 分，排名分别下跌 11 位和 6 位，分别排在第 25 位和第 24 位。

8. 黑龙江省

2019 年市场化排名：24　　评分：4. 59

2020 年市场化排名：24　　评分：4. 89

2021 年市场化排名：25　　评分：4. 87

2022 年市场化排名：21　　评分：5. 10

2023 年市场化排名：21　　评分：4. 87

黑龙江省市场化各方面指数和分项指数的排名及评分

指数	2019 年		2020 年		2021 年		2022 年		2023 年	
	排名	评分	排名	评分	排名	评分	排名	评分	排名	评分
1. 政府与市场的关系	**20**	**7. 26**	**20**	**7. 13**	**20**	**7. 08**	**7**	**7. 85**	**7**	**7. 88**
1a 市场分配经济资源的比重	23	8. 17	25	7. 85	25	7. 93	24	8. 35	24	8. 30
1b 减少政府对企业的干预	19	4. 92	19	4. 92	19	4. 92	2	6. 98	2	6. 98
1c 缩小政府规模	17	8. 70	19	8. 62	21	8. 40	23	8. 22	21	8. 37
2. 非国有经济的发展	**21**	**6. 23**	**19**	**6. 64**	**22**	**6. 36**	**23**	**6. 05**	**23**	**5. 92**
2a 非国有经济在工业企业营业收入中所占比例	24	3. 99	23	4. 46	24	4. 08	24	3. 61	24	3. 58
2b 非国有经济在全社会固定资产投资中所占比例	11	8. 37	9	8. 34	13	8. 11	14	7. 85	14	7. 50
2c 非国有经济就业人数占城镇总就业人数的比例	27	6. 33	24	7. 11	27	6. 89	27	6. 69	27	6. 69
3. 产品市场的发育程度	**28**	**3. 77**	**28**	**3. 77**	**28**	**3. 77**	**25**	**5. 23**	**25**	**5. 23**
3a 价格由市场决定的程度	31	0. 00	31	0. 00	31	0. 00	30	2. 94	30	2. 94
3b 减少商品市场上的地方保护	25	7. 76	25	7. 76	25	7. 76	27	9. 00	27	9. 00
3c 公平的市场竞争条件	23	3. 56	23	3. 56	23	3. 56	15	3. 74	15	3. 74
4. 要素市场的发育程度	**28**	**2. 55**	**26**	**3. 27**	**26**	**3. 06**	**28**	**1. 97**	**29**	**1. 39**
4a 金融业的市场化	27	3. 71	26	3. 83	26	3. 79	26	3. 99	29	3. 70
（4a1）金融业的竞争	26	5. 03	28	4. 99	26	5. 11	28	4. 98	28	4. 97
（4a2）信贷资金分配的市场化	24	2. 39	23	2. 68	23	2. 47	22	3. 00	24	2. 42
4b 人力资源供应条件	29	2. 90	24	4. 79	25	3. 94	31	0. 15	31	0. 06

续表

指数	2019年		2020年		2021年		2022年		2023年	
	排名	评分	排名	评分	排名	评分	排名	评分	排名	评分
(4b1) 技术人员、管理人员和熟练工人供应条件	28	5.26	28	5.26	28	5.26	31	-1.09	31	-1.09
(4b2) 常住人口/本地户籍人口	27	0.54	13	4.32	17	2.62	28	1.38	29	1.20
4c 技术成果市场化	11	1.04	14	1.18	15	1.44	13	1.78	23	0.41
5. 市场中介组织的发育和法治环境	**24**	**3.15**	**24**	**3.63**	**24**	**4.09**	**17**	**4.42**	**18**	**3.92**
5a 市场中介组织的发育	25	4.45	25	4.45	25	4.45	27	2.79	27	2.79
5b 维护市场的法治环境	27	2.97	27	2.97	27	2.97	15	6.15	15	6.15
5c 知识产权保护	20	2.04	19	3.46	20	4.86	17	4.33	20	2.82

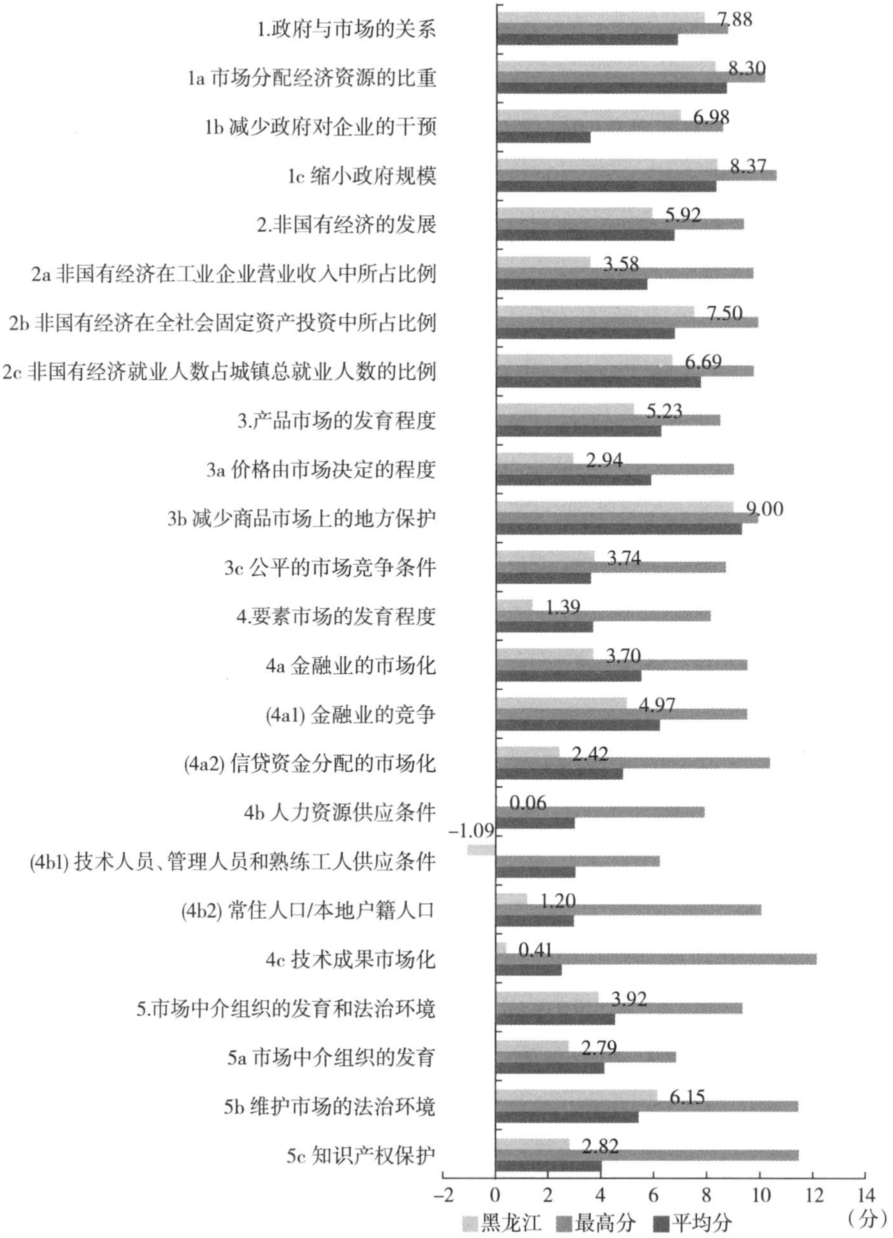

2023 年黑龙江省市场化各方面指数和分项指数与全国最高分及平均分的比较

黑龙江市场化进展状况

2019—2023 年，黑龙江市场化进程有所提高，总指数评分从 4.59 分升至 4.87 分，市场化进程排名从第 24 位上升至第 21 位。

在市场化进展的 5 个方面指数中，2023 年与 2019 年相比，“政府与市场的关系”、“产品市场的发育程度”和“市场中介组织的发育和法治环境”方面指数评分和排名都有上升，其中“产品市场的发育程度”评分改善显著，“政府与市场的关系”排名升幅更大，进入全国上游位置（第 7 位）。“市场中介组织的发育和法治环境”进入全国中游位置（第 18 位），其他 3 个方面指数仍排在全国下游位置（第 23 ~ 29 位）。“非国有经济的发展”和“要素市场的发育程度”方面指数评分和排名均有不同程度的下降，其中“要素市场的发育程度”评分下跌明显。

政府与市场的关系

黑龙江“政府与市场的关系”方面指数，2023 年与 2019 年相比，评分从 7.26 分升至 7.88 分，排名大幅上升 13 位，至第 7 位，在 5 个方面指数中，排名升幅最大，这主要得益于下属分项指数“减少政府对企业的干预”评分和排名的改善，该分项指数评分从 4.92 分大幅升至 6.98 分，排名从第 19 位跃升至第 2 位，步入全国上游行列。“市场分配经济资源的比重”和“缩小政府规模”分项指数，前者评分微升 0.13 分，后者评分下降 0.33 分，排名均有下降。

非国有经济的发展

黑龙江“非国有经济的发展”方面指数，2023 年与 2019 年相比，评分从 6.23 分降至 5.92 分，排名小幅降至第 23 位。下属 3 个分项指数中，“非国有经济在全社会固定资产投资中所占比例”评分下跌 0.87 分，排名下降 3 位，至第 14 位。“非国有经济在工业企业营业收入中所占比例”和“非国有经济就业人数占城镇总就业人数的比例”排名维持不变，评分一降一升。

产品市场的发育程度

黑龙江“产品市场的发育程度”方面指数，2023 年与 2019 年相比，评分从 3.77 分大幅提高至 5.23 分，排名从第 28 位升至第 25 位。下属 3 个分项指数中，“价格由市场决定的程度”和“减少商品市场上的地方保护”评分分别大幅提升 2.94 分和 1.24 分，排名一升一降。“公平的市场竞争条件”评分小幅上升 0.18 分，排名从第 23 位大幅提升至第 15 位。

要素市场的发育程度

黑龙江“要素市场的发育程度”方面指数，2023 年与 2019 年相比，评分从 2.55 分陡降至 1.39 分，排名微降至第 29 位，排在西藏、青海之前。下属 3 个分项指数评分和排名均有程度不等的下降。其中，“人力资源供应条件”评分从 2.90 分骤降至 0.06 分，排名降至第 31 位，其下二级分项指数“技术工人、管理人员和熟练工人供应条件”评分断崖式下降 6.35 分。二级分项指数“常住人口/本地户籍人口”评分上升，排名下降。“技术成果市场化”分项指数评分下降 0.63 分，排名降幅很大，从第 11 位陡降至第 23 位。“金融业的市场化”分项指数评分和排名小幅下降，其下二级分项指数“金融业的竞争”和“信贷资金分配的市场化”排名和评分变化不大。

市场中介组织的发育和法治环境

黑龙江“市场中介组织的发育和法治环境”方面指数，2023 年与 2019 年相比，评分从 3.15 分提高至 3.92 分，排名从第 24 位升至第 18 位。下属 3 个分项指数中，“维护市场的法治环境”评分上升幅度高达 3.18 分，对方面指数的贡献最大，排名从第 27 位大幅提高至第 15 位。“市场中介组织的发育”评分从 4.45 分陡降至 2.79 分，排名略降。“知识产权保护”评分提高 0.78 分，排名仍维持在第 20 位。

9. 上海市

2019 年市场化排名：3　　评分：7.90

2020 年市场化排名：3　　评分：8.35

2021 年市场化排名：2　　评分：8.39

2022 年市场化排名：3　　评分：7.79

2023 年市场化排名：3　　评分：7.66

上海市市场化各方面指数和分项指数的排名及评分

指数	2019 年		2020 年		2021 年		2022 年		2023 年	
	排名	评分	排名	评分	排名	评分	排名	评分	排名	评分
1. 政府与市场的关系	**2**	**9.20**	**2**	**9.54**	**2**	**9.57**	**4**	**8.23**	**4**	**8.24**
1a 市场分配经济资源的比重	9	9.20	9	9.17	9	9.21	14	9.25	12	9.28
1b 减少政府对企业的干预	2	8.98	2	8.98	2	8.98	7	4.86	7	4.86
1c 缩小政府规模	6	9.42	1	10.46	1	10.53	1	10.57	1	10.58
2. 非国有经济的发展	**15**	**7.75**	**13**	**8.20**	**13**	**7.95**	**11**	**8.03**	**11**	**7.91**
2a 非国有经济在工业企业营业收入中所占比例	17	5.45	15	6.55	15	6.00	15	6.32	15	6.10
2b 非国有经济在全社会固定资产投资中所占比例	17	8.03	13	8.06	14	8.07	12	8.01	9	7.87
2c 非国有经济就业人数占城镇总就业人数的比例	3	9.77	1	9.98	2	9.79	2	9.74	2	9.74
3. 产品市场的发育程度	**3**	**8.07**	**3**	**8.07**	**3**	**8.07**	**4**	**7.87**	**4**	**7.87**
3a 价格由市场决定的程度	13	6.52	13	6.52	13	6.52	3	8.59	3	8.59
3b 减少商品市场上的地方保护	17	9.32	17	9.32	17	9.32	14	9.45	14	9.45
3c 公平的市场竞争条件	2	8.36	2	8.36	2	8.36	9	5.59	9	5.59
4. 要素市场的发育程度	**2**	**6.20**	**2**	**6.96**	**2**	**6.82**	**2**	**6.60**	**2**	**6.56**
4a 金融业的市场化	8	6.98	6	7.25	8	6.92	8	7.00	7	6.90
（4a1）金融业的竞争	4	9.06	4	8.99	4	8.83	2	8.76	2	8.83
（4a2）信贷资金分配的市场化	14	4.90	13	5.52	13	5.02	16	5.24	16	4.98
4b 人力资源供应条件	1	9.33	2	11.11	1	9.94	2	7.44	2	6.67

续表

指数	2019 年		2020 年		2021 年		2022 年		2023 年	
	排名	评分	排名	评分	排名	评分	排名	评分	排名	评分
(4b1) 技术人员、管理人员和熟练工人供应条件	7	8. 66	7	8. 66	7	8. 66	14	3. 66	14	3. 66
(4b2) 常住人口/本地户籍人口	1	10. 00	2	13. 57	1	11. 22	1	11. 21	2	9. 67
4c 技术成果市场化	5	2. 30	4	2. 50	4	3. 61	4	5. 36	4	6. 11
5. 市场中介组织的发育和法治环境	**2**	**8. 26**	**3**	**9. 01**	**4**	**9. 53**	**4**	**8. 21**	**4**	**7. 71**
5a 市场中介组织的发育	1	10. 00	1	10. 00	1	10. 00	8	5. 59	8	5. 59
5b 维护市场的法治环境	1	10. 00	1	10. 00	1	10. 00	5	10. 48	5	10. 48
5c 知识产权保护	6	4. 78	6	7. 04	6	8. 60	6	8. 56	6	7. 06

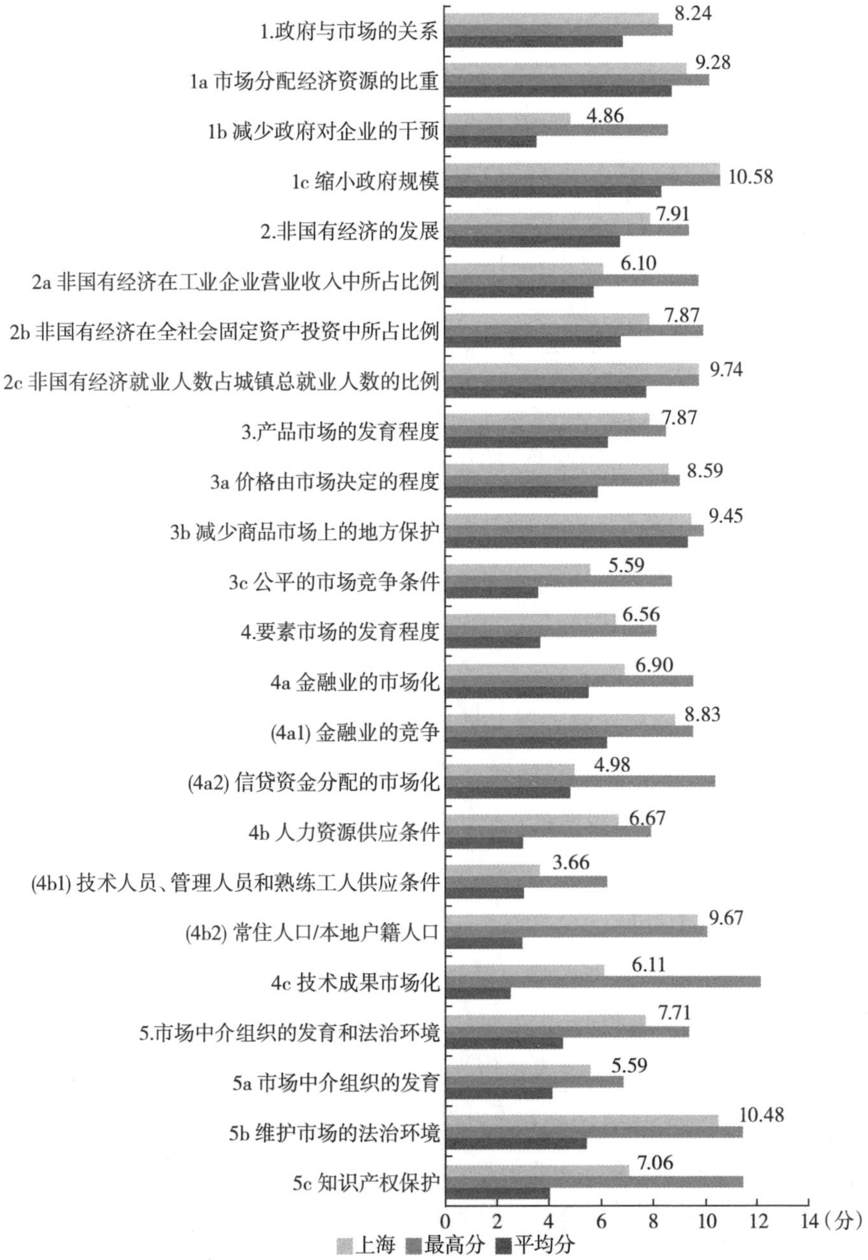

2023 年上海市市场化各方面指数和分项指数与全国最高分及平均分的比较

上海市场化进展状况

2019—2023 年，上海市场化总指数评分从 7.90 分降至 7.66 分。市场化进展排名仍继续保持在第 3 位。2023 年，市场化程度落后于浙江和广东。

2023 年，在市场化进展的 5 个方面指数中，除“非国有经济的发展”处于全国中游位置（第 11 位），其他 4 个方面指数均处于全国上游位置（第 2～4 位）。与 2019 年相比，“非国有经济的发展”和“要素市场的发育程度”方面指数评分上升，排名一升一平。“政府与市场的关系”、“产品市场的发育程度”和“市场中介组织的发育和法治环境”方面指数评分和排名均有下降。

政府与市场的关系

上海“政府与市场的关系”方面指数，2023 年与 2019 年相比，评分从 9.20 分大幅降至 8.24 分，排名小幅下跌 2 位，至第 4 位。下属 3 个分项指数中，“减少政府对企业的干预”评分从 8.98 分急跌至 4.86 分，排名从第 2 位降至第 7 位。“缩小政府规模”表现相对较好，评分显著上升 1.16 分，排名从第 6 位跃升至全国榜首。“市场分配经济资源的比重”评分微升，但排名下降 3 位。

非国有经济的发展

上海“非国有经济的发展”方面指数，2023 年与 2019 年相比，评分小幅上升至 7.91 分，排名从第 15 位升至第 11 位。下属 3 个分项指数中，“非国有经济在工业企业营业收入中所占比例”评分从 5.45 分提高至 6.10 分，排名小幅提升。“非国有经济在全社会固定资产投资中所占比例”和“非国有经济就业人数占城镇总就业人数的比例”评分均小幅下降，前者排名提高 8 位，至第 9 位，后者排名提高 1 位，至第 2 位。

产品市场的发育程度

上海“产品市场的发育程度”方面指数，2023 年与 2019 年相比，评分和排名均有小幅下降，排名微降至第 4 位，排在浙江、广东和福建之后，其下降主要受“公平的市场竞争条件”拖累，该分项指数评分从 8. 36 分大幅降至 5. 59 分，排名从第 2 位降至第 9 位。“价格由市场决定的程度”表现理想，评分从 6. 52 分大幅提高至 8. 59 分，排名从第 13 位跃升至第 3 位。“减少商品市场上的地方保护”评分微升，排名上升 3 位。

要素市场的发育程度

上海“要素市场的发育程度”方面指数，2023 年与 2019 年相比，评分上升 0. 36 分，排名仍稳定在第 2 位，排在北京之后。下属 3 个分项指数中，“技术成果市场化”评分上升幅度高达 3. 81 分，至 6. 11 分，排名提升 1 位，至第 4 位。“人力资源供应条件”评分陡降 2. 66 分，至 6. 67 分，排名下降 1 位，至第 2 位。其下二级分项指数“技术人员、管理人员和熟练工人供应条件”评分大幅下跌 5. 00 分。“常住人口/本地户籍人口”二级分项指数排名和评分微降。“金融业的市场化”分项指数评分略有下降，排名上升 1 位，其下二级分项指数“金融业的竞争”和“信贷资金分配的市场化”变化不明显，评分一降一升。

市场中介组织的发育和法治环境

上海“市场中介组织的发育和法治环境”方面指数，2023 年与 2019 年相比，评分下降 0. 55 分，排名从第 2 位降至第 4 位，市场化进程排在浙江、广东和江苏之后。下属 3 个分项指数中，“市场中介组织的发育”评分大幅下跌 4. 41 分，至 5. 59 分，排名从第 1 位陡降至第 8 位，是影响该方面指数下跌的主要因素。“知识产权保护”评分从 4. 78 分大幅升至 7. 06 分，排名仍稳定在第 6 位。“维护市场的法治环境”评分微升 0. 48 分，至 10. 48 分，排名从第 1 位下跌至第 5 位。

10. 江苏省

2019 年市场化排名：1　　评分：8.11

2020 年市场化排名：1　　评分：8.46

2021 年市场化排名：1　　评分：8.56

2022 年市场化排名：4　　评分：7.60

2023 年市场化排名：4　　评分：7.42

江苏省市场化各方面指数和分项指数的排名及评分

指数	2019 年		2020 年		2021 年		2022 年		2023 年	
	排名	评分	排名	评分	排名	评分	排名	评分	排名	评分
1. 政府与市场的关系	**1**	**9.86**	**1**	**9.81**	**1**	**9.76**	**2**	**8.31**	**3**	**8.40**
1a 市场分配经济资源的比重	3	9.77	3	9.63	3	9.60	3	9.76	3	9.90
1b 减少政府对企业的干预	1	10.00	1	10.00	1	10.00	4	5.50	4	5.50
1c 缩小政府规模	2	9.83	3	9.81	3	9.69	3	9.68	3	9.78
2. 非国有经济的发展	**1**	**9.48**	**1**	**9.48**	**1**	**9.45**	**1**	**9.41**	**1**	**9.37**
2a 非国有经济在工业企业营业收入中所占比例	4	9.34	4	9.50	3	9.49	2	9.50	2	9.54
2b 非国有经济在全社会固定资产投资中所占比例	2	9.23	2	9.16	2	9.17	2	9.06	2	8.89
2c 非国有经济就业人数占城镇总就业人数的比例	2	9.86	3	9.77	4	9.69	4	9.67	4	9.67
3. 产品市场的发育程度	**1**	**8.70**	**1**	**8.70**	**1**	**8.70**	**11**	**6.89**	**11**	**6.89**
3a 价格由市场决定的程度	14	6.12	14	6.12	14	6.12	25	4.21	25	4.21
3b 减少商品市场上的地方保护	2	9.97	2	9.97	2	9.97	4	9.64	4	9.64
3c 公平的市场竞争条件	1	10.00	1	10.00	1	10.00	5	6.82	5	6.82
4. 要素市场的发育程度	**7**	**4.94**	**7**	**5.40**	**7**	**5.32**	**7**	**4.40**	**10**	**4.41**
4a 金融业的市场化	3	8.62	3	8.58	3	8.53	3	8.47	3	8.44
(4a1) 金融业的竞争	6	7.84	6	7.66	9	7.58	8	7.31	8	7.13
(4a2) 信贷资金分配的市场化	3	9.40	3	9.50	2	9.49	2	9.63	2	9.74
4b 人力资源供应条件	9	5.32	10	6.38	9	6.07	14	3.23	12	3.22

续表

指数	2019年		2020年		2021年		2022年		2023年	
	排名	评分	排名	评分	排名	评分	排名	评分	排名	评分
(4b1) 技术人员、管理人员和熟练工人供应条件	6	8.72	6	8.72	6	8.72	12	3.81	12	3.81
(4b2) 常住人口/本地户籍人口	11	1.91	14	4.03	11	3.42	14	2.66	12	2.63
4c 技术成果市场化	13	0.90	13	1.23	16	1.35	15	1.49	16	1.59
5. 市场中介组织的发育和法治环境	**5**	**7.59**	**4**	**8.91**	**3**	**9.59**	**3**	**8.98**	**3**	**8.04**
5a 市场中介组织的发育	5	7.25	5	7.25	5	7.25	4	6.68	4	6.68
5b 维护市场的法治环境	2	9.48	2	9.48	2	9.48	7	10.21	7	10.21
5c 知识产权保护	5	6.04	4	9.99	4	12.03	4	10.04	4	7.23

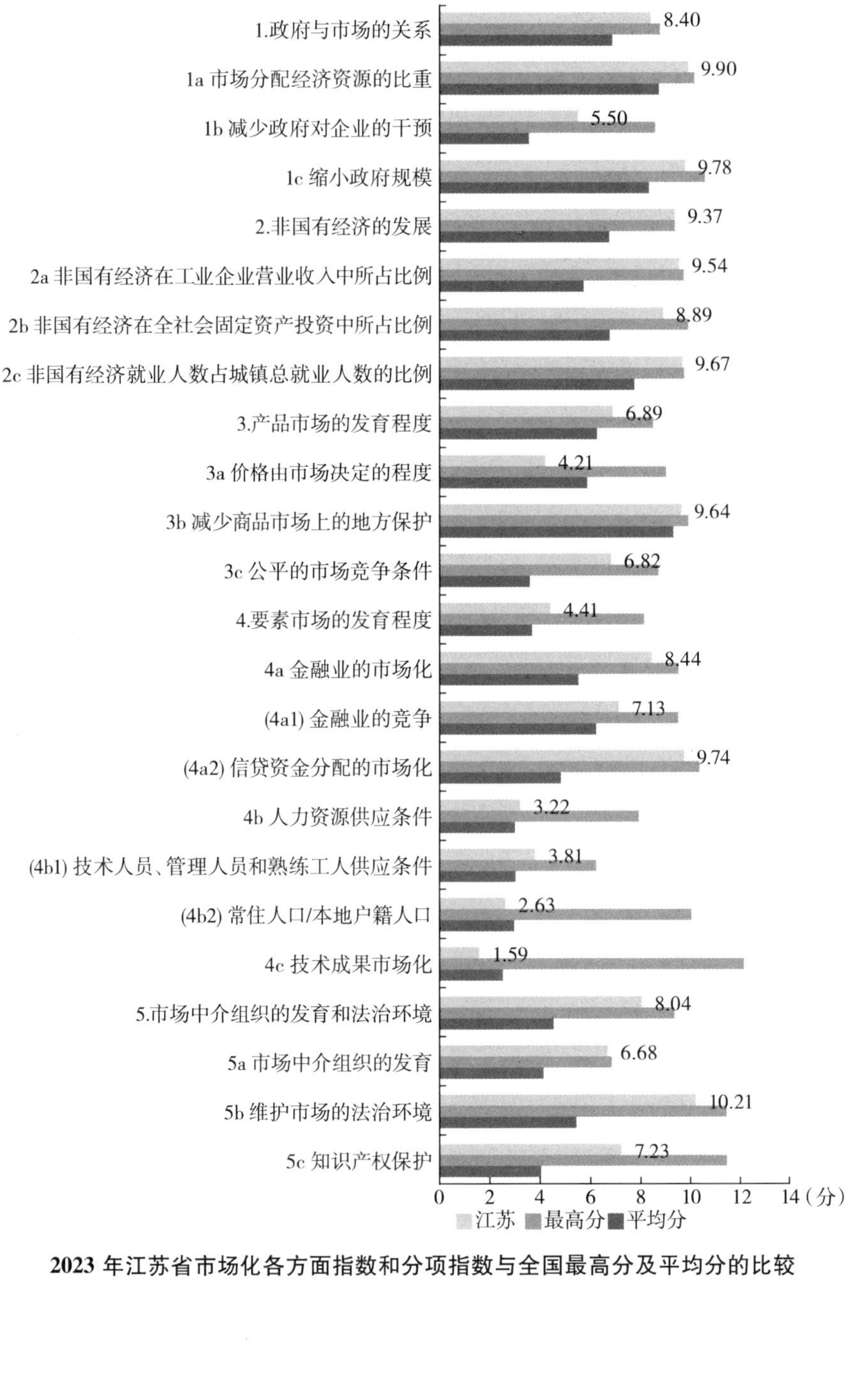

2023 年江苏省市场化各方面指数和分项指数与全国最高分及平均分的比较

江苏市场化进展状况

2019—2023 年，江苏市场化总指数评分从 8. 11 分降至 7. 42 分，市场化进程排名从第 1 位降至第 4 位，被浙江、广东和上海超过。

2023 年与 2019 年相比，市场化的 5 个方面指数中，“政府与市场的关系”、“非国有经济的发展”、“产品市场的发育程度” 和 “要素市场的发育程度” 分项指数评分均有不同程度的下降，排名有平有降，其中 “政府与市场的关系” 和 “产品市场的发育程度” 方面指数评分下降明显。“市场中介组织的发育和法治环境” 分项指数评分和排名均有进步。2023 年，“产品市场的发育程度” 和 “要素市场的发程度” 排在第 10 位左右，其他 3 个方面指数均排在全国前列（第 1 ~3 位）。

政府与市场的关系

江苏 “政府与市场的关系” 方面指数，2023 年与 2019 年相比，评分从 9. 86 分显著降至 8. 40 分，排名从第 1 位降至第 3 位，被江西和浙江赶超。下属 3 个分项指数中，“减少政府对企业的干预” 评分从 10. 00 分陡降至 5. 50 分，排名从第 1 位降至第 4 位。“市场分配经济资源的比重” 评分微升至 9. 90 分，是 3 个分项指数中唯一有改善的指数，排名仍保持在第 3 位。“缩小政府规模” 评分和排名小幅下降。

非国有经济的发展

江苏 “非国有经济的发展” 方面指数，2023 年与 2019 年相比，排名稳定在第 1 位，评分微降。下属 3 个分项指数中，“非国有经济在工业企业营业收入中所占比例” 评分上升 0. 20 分，排名提升 2 位，至第 2 位。“非国有经济在全社会固定资产投资中所占比例” 和 “非国有经济就业人数占城镇总就业人数的比例” 评分分别下跌 0. 34 分和 0. 19 分，排名一平一降。

产品市场的发育程度

江苏 “产品市场的发育程度” 方面指数，2023 年与 2019 年相比下降明显，评分从 8. 70 分大幅降至 6. 89 分，排名从全国第 1 位骤降至第 11 位。

下属 3 个分项指数评分和排名均有不同程度的下降，其中，“公平的市场竞争条件”评分下降幅度最大，从 10. 00 分骤降至 6. 82 分，排名从第 1 位降至第 5 位。“价格由市场决定的程度”排名下跌幅度最大，从第 14 位急跌至第 25 位，评分从 6. 12 分陡降至 4. 21 分。“减少商品市场上的地方保护”评分和排名都有下降。

要素市场的发育程度

江苏“要素市场的发育程度”方面指数，2023 年与 2019 年相比，评分从 4. 94 分降至 4. 41 分，排名从第 7 位降至第 10 位。下属 3 个分项指数中，“人力资源供应条件”评分从 5. 32 分陡跌至 3. 22 分，排名下降 3 位，至第 12 位，其主要原因是二级分项指数“技术人员、管理人员和熟练工人供应条件”表现不理想，该指数评分大幅下跌 4. 91 分，排名从第 6 位降至第 12 位。另一个二级分项指数“常住人口/本地户籍人口”评分上升 0. 72 分，排名微降。“金融业的市场化”分项指数评分微降至 8. 44 分，排名仍保持在第 3 位，其下二级分项指数“金融业的竞争”评分下跌 0. 71 分，另一个二级分项指数“信贷资金分配的市场化”评分上升，排名升至第 2 位。“技术成果市场化”分项指数评分从 0. 90 分升至 1. 59 分，排名则下降 3 位，至第 16 位。

市场中介组织的发育和法治环境

江苏“市场中介组织的发育和法治环境”方面指数，2023 与 2019 年相比，在 5 个方面指数中，是唯一排名和评分均有改善的指数。评分从 7. 59 分提高至 8. 04 分，排名从第 5 位升至第 3 位。下属 3 个分项指数中，“知识产权保护”评分大幅上升 1. 19 分，至 7. 23 分，排名微升至第 4 位。“维护市场的法治环境”评分提升 0. 73 分，但因提升幅度小于其他一些省份，排名从第 2 位降至第 7 位。“市场中介组织的发育”评分下降 0. 57 分，排名则微升至第 4 位。

11. 浙江省

2019 年市场化排名：4　　　评分：7.74

2020 年市场化排名：4　　　评分：8.10

2021 年市场化排名：4　　　评分：8.18

2022 年市场化排名：1　　　评分：8.33

2023 年市场化排名：1　　　评分：8.22

浙江省市场化各方面指数和分项指数的排名及评分

指数	2019 年		2020 年		2021 年		2022 年		2023 年	
	排名	评分	排名	评分	排名	评分	排名	评分	排名	评分
1. 政府与市场的关系	**4**	**8.51**	**5**	**8.38**	**4**	**8.44**	**3**	**8.30**	**2**	**8.40**
1a 市场分配经济资源的比重	13	8.97	14	8.82	14	8.87	18	9.04	14	9.26
1b 减少政府对企业的干预	4	7.13	4	7.13	4	7.13	3	6.50	3	6.50
1c 缩小政府规模	5	9.42	10	9.20	7	9.32	8	9.34	6	9.44
2. 非国有经济的发展	**3**	**9.24**	**2**	**9.29**	**2**	**9.31**	**2**	**9.24**	**2**	**9.17**
2a 非国有经济在工业企业营业收入中所占比例	3	9.36	1	9.65	1	9.75	1	9.67	1	9.73
2b 非国有经济在全社会固定资产投资中所占比例	6	8.67	6	8.56	7	8.47	8	8.31	7	8.03
2c 非国有经济就业人数占城镇总就业人数的比例	4	9.68	4	9.64	3	9.72	3	9.74	3	9.74
3. 产品市场的发育程度	**8**	**7.56**	**8**	**7.56**	**8**	**7.56**	**1**	**8.49**	**1**	**8.49**
3a 价格由市场决定的程度	9	7.26	9	7.26	9	7.26	8	7.31	8	7.31
3b 减少商品市场上的地方保护	8	9.74	8	9.74	8	9.74	3	9.67	3	9.67
3c 公平的市场竞争条件	6	5.68	6	5.68	6	5.68	2	8.51	2	8.51
4. 要素市场的发育程度	**5**	**5.34**	**4**	**6.07**	**3**	**5.95**	**4**	**5.35**	**4**	**5.68**
4a 金融业的市场化	1	9.06	1	9.37	1	9.57	1	9.56	1	9.52
（4a1）金融业的竞争	5	8.12	5	8.54	5	8.74	3	8.71	3	8.67
（4a2）信贷资金分配的市场化	1	10.00	1	10.20	1	10.39	1	10.41	1	10.36
4b 人力资源供应条件	6	6.10	5	7.52	6	6.77	5	4.58	5	4.29

续表

指数	2019年		2020年		2021年		2022年		2023年	
	排名	评分	排名	评分	排名	评分	排名	评分	排名	评分
(4b1) 技术人员、管理人员和熟练工人供应条件	14	7.82	14	7.82	14	7.82	18	3.48	18	3.48
(4b2) 常住人口/本地户籍人口	4	4.39	5	7.23	3	5.72	3	5.67	3	5.10
4c 技术成果市场化	14	0.85	12	1.32	14	1.53	10	1.91	8	3.24
5. 市场中介组织的发育和法治环境	**3**	**8.04**	**2**	**9.20**	**2**	**9.64**	**1**	**10.25**	**1**	**9.36**
5a 市场中介组织的发育	6	6.68	6	6.68	6	6.68	1	6.85	1	6.85
5b 维护市场的法治环境	3	8.18	3	8.18	3	8.18	3	11.03	3	11.03
5c 知识产权保护	2	9.26	2	12.73	2	14.05	2	12.88	2	10.18

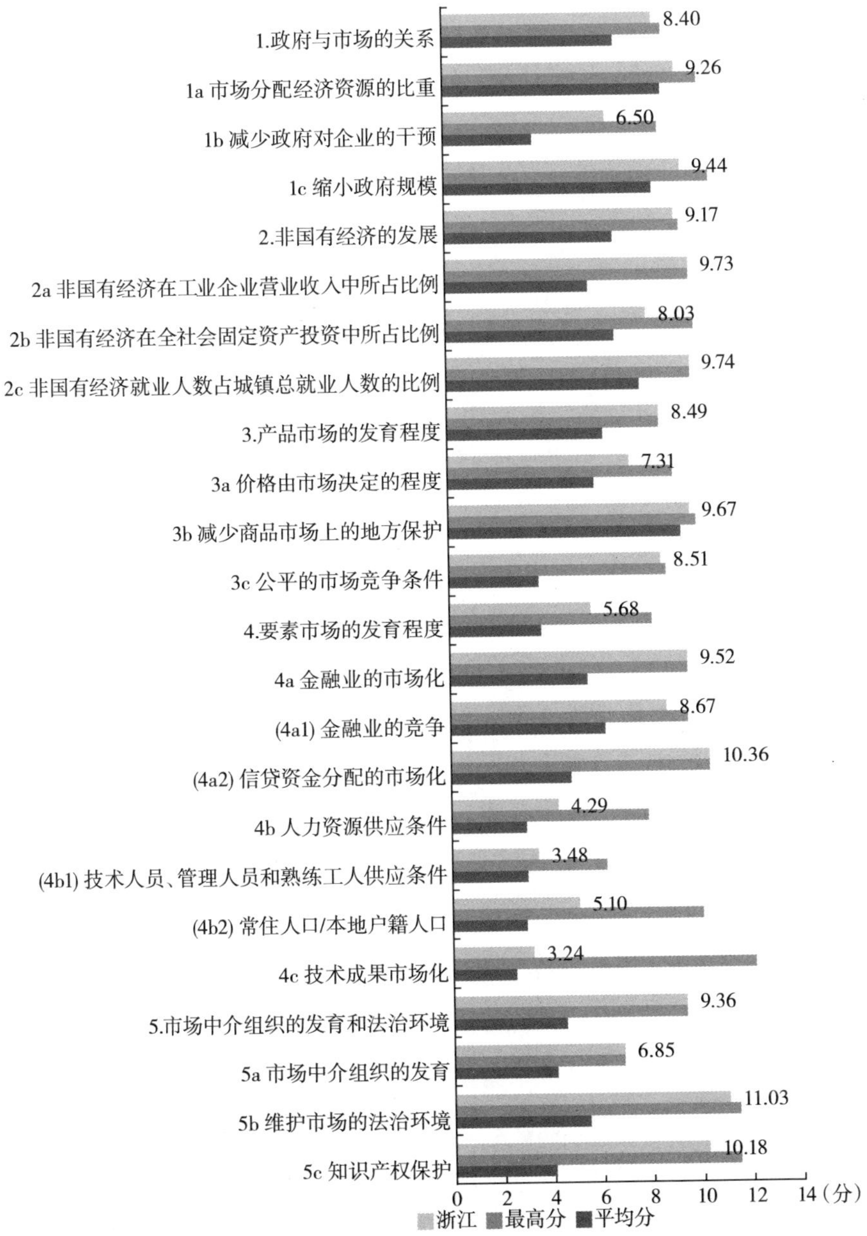

2023 年浙江省市场化各方面指数和分项指数与全国最高分及平均分的比较

浙江市场化进展状况

2019—2023 年，浙江市场化总指数评分从 7.74 分升至 8.22 分，市场化进程排名从第 4 位升至第 1 位。

2023 年，浙江市场化的 5 个方面指数均排在第 1 ~ 4 位之间。与 2019 年相比，“产品市场的发育程度”、“要素市场的发育程度” 和 “市场中介组织的发育和法治环境” 分项指数评分和排名均有提升，其中 “产品市场的发育程度” 和 “市场中介组织的发育和法治环境” 评分改善明显。“政府与市场的关系” 和 “非国有经济的发展” 分项指数评分小幅下降，排名微升。

政府与市场的关系

浙江 “政府与市场的关系” 方面指数，2023 年与 2019 年相比，评分小幅下降，但排名从第 4 位升至第 2 位，2023 年，仅排在江西之后。下属 3 个分项指数中，“减少政府对企业的干预” 评分下降 0.63 分，排名则从第 4 位升至第 3 位。“市场分配经济资源的比重” 和 “缩小政府规模” 评分分别上升 0.29 分和 0.02 分，排名均小幅下降。

非国有经济的发展

浙江 “非国有经济的发展” 方面指数，2023 年与 2019 年相比，评分微降，排名从第 3 位升至第 2 位，仅次于江苏。下属 3 个分项指数中，“非国有经济在全社会固定资产投资中所占比例” 评分下降 0.64 分，至 8.03 分，排名微降 1 位，至第 7 位。“非国有经济在工业企业营业收入中所占比例” 和 “非国有经济就业人数占城镇总就业人数的比例” 评分和排名均有提高，评分分别提高 0.37 分和 0.06 分，目前排名分别为第 1 位和第 3 位。

产品市场的发育程度

浙江 “产品市场的发育程度” 方面指数，2023 年与 2019 年相比，评分大幅上升 0.93 分，排名从第 8 位跃升至第 1 位。下属 3 个分项指数中，“公平的市场竞争条件” 评分大幅提高 2.83 分，至 8.51 分，排名上升 4 位，至第 2 位。“减少商品市场上的地方保护” 评分微降，排名从第 8 位升至第 3

位。“价格由市场决定的程度”评分和排名小幅上升。

要素市场的发育程度

浙江“要素市场的发育程度”方面指数，2023 年与 2019 年相比，评分提高 0. 34 分，排名微升 1 位，至第 4 位，排在 3 个直辖市之后（北京、上海和天津）。下属 3 个分项指数中，“技术成果市场化”表现理想，评分从 0. 85 分陡升至 3. 24 分，排名从第 14 位跃升至第 8 位。“人力资源供应条件”分项指数评分骤降 1. 81 分，降幅小于其他一些省份，排名从第 6 位提高至第 5 位。其下二级分项指数“技术人员、管理人员和熟练工人供应条件”评分大幅下降 4. 34 分，排名下跌 4 位。“常住人口/本地户籍人口”二级分项指数评分和排名微升。“金融业的市场化”分项指数评分提高 0. 46 分，排名仍稳定在全国首位，其下二级分项指数“信贷资金分配的市场化”排名自 2001 年以来一直处于全国首位。二级分项指数“金融业的竞争”评分提高 0. 55 分，排名提升至第 3 位。

市场中介组织的发育和法治环境

浙江“市场中介组织的发育和法治环境”方面指数，2023 年与 2019 年相比，评分从 8. 04 分显著升至 9. 36 分，排名从第 3 位升至第 1 位。下属 3 个分项指数评分均有不同程度的上升，其中“维护市场的法治环境”评分从 8. 18 分大幅提高至 11. 03 分。“市场中介组织的发育”和“知识产权保护”评分分别提高 0. 17 分和 0. 92 分，前者排名从第 6 位提升至第 1 位，后者排名仍稳定在第 2 位。

12. 安徽省

2019 年市场化排名：11　　评分：6.37

2020 年市场化排名：11　　评分：6.62

2021 年市场化排名：10　　评分：6.80

2022 年市场化排名：8　　评分：7.04

2023 年市场化排名：8　　评分：7.00

安徽省市场化各方面指数和分项指数的排名及评分

指数	2019 年		2020 年		2021 年		2022 年		2023 年	
	排名	评分	排名	评分	排名	评分	排名	评分	排名	评分
1. 政府与市场的关系	**10**	**8.08**	**11**	**8.05**	**10**	**8.10**	**8**	**7.79**	**8**	**7.84**
1a 市场分配经济资源的比重	12	9.01	13	8.92	12	9.10	15	9.19	13	9.27
1b 减少政府对企业的干预	15	5.22	15	5.22	15	5.22	14	4.20	14	4.20
1c 缩小政府规模	1	10.00	2	10.01	2	9.98	2	9.99	2	10.05
2. 非国有经济的发展	**12**	**8.22**	**11**	**8.24**	**12**	**8.13**	**12**	**7.98**	**10**	**7.95**
2a 非国有经济在工业企业营业收入中所占比例	15	7.23	13	7.57	13	7.40	10	7.28	8	7.41
2b 非国有经济在全社会固定资产投资中所占比例	14	8.17	17	7.91	18	7.76	17	7.46	18	7.24
2c 非国有经济就业人数占城镇总就业人数的比例	5	9.27	5	9.24	5	9.23	6	9.20	6	9.20
3. 产品市场的发育程度	**11**	**6.69**	**11**	**6.69**	**11**	**6.69**	**9**	**6.96**	**9**	**6.96**
3a 价格由市场决定的程度	17	5.52	17	5.52	17	5.52	18	5.06	18	5.06
3b 减少商品市场上的地方保护	15	9.54	15	9.54	15	9.54	17	9.35	17	9.35
3c 公平的市场竞争条件	10	5.00	10	5.00	10	5.00	6	6.48	6	6.48
4. 要素市场的发育程度	**14**	**3.70**	**15**	**4.25**	**10**	**4.75**	**6**	**4.67**	**6**	**4.87**
4a 金融业的市场化	14	6.06	12	6.40	12	6.45	11	6.63	10	6.75
(4a1) 金融业的竞争	19	6.23	20	6.12	21	6.12	22	6.06	21	6.03
(4a2) 信贷资金分配的市场化	11	5.88	7	6.68	8	6.78	6	7.19	6	7.47

续表

指数	2019 年		2020 年		2021 年		2022 年		2023 年	
	排名	评分	排名	评分	排名	评分	排名	评分	排名	评分
4b 人力资源供应条件	17	4. 32	19	5. 30	14	5. 22	10	3. 40	15	3. 11
(4b1) 技术人员、管理人员和熟练工人供应条件	15	7. 71	15	7. 71	15	7. 71	10	3. 84	10	3. 84
(4b2) 常住人口/本地户籍人口	18	0. 93	23	2. 90	16	2. 73	12	2. 96	15	2. 38
4c 技术成果市场化	17	0. 73	16	1. 05	5	2. 59	5	3. 99	7	4. 74
5. 市场中介组织的发育和法治环境	**9**	**5. 18**	**9**	**5. 87**	**10**	**6. 32**	**7**	**7. 78**	**5**	**7. 38**
5a 市场中介组织的发育	9	5. 97	9	5. 97	9	5. 97	9	5. 26	9	5. 26
5b 维护市场的法治环境	12	5. 74	12	5. 74	12	5. 74	4	10. 91	4	10. 91
5c 知识产权保护	9	3. 83	10	5. 91	8	7. 26	8	7. 16	7	5. 97

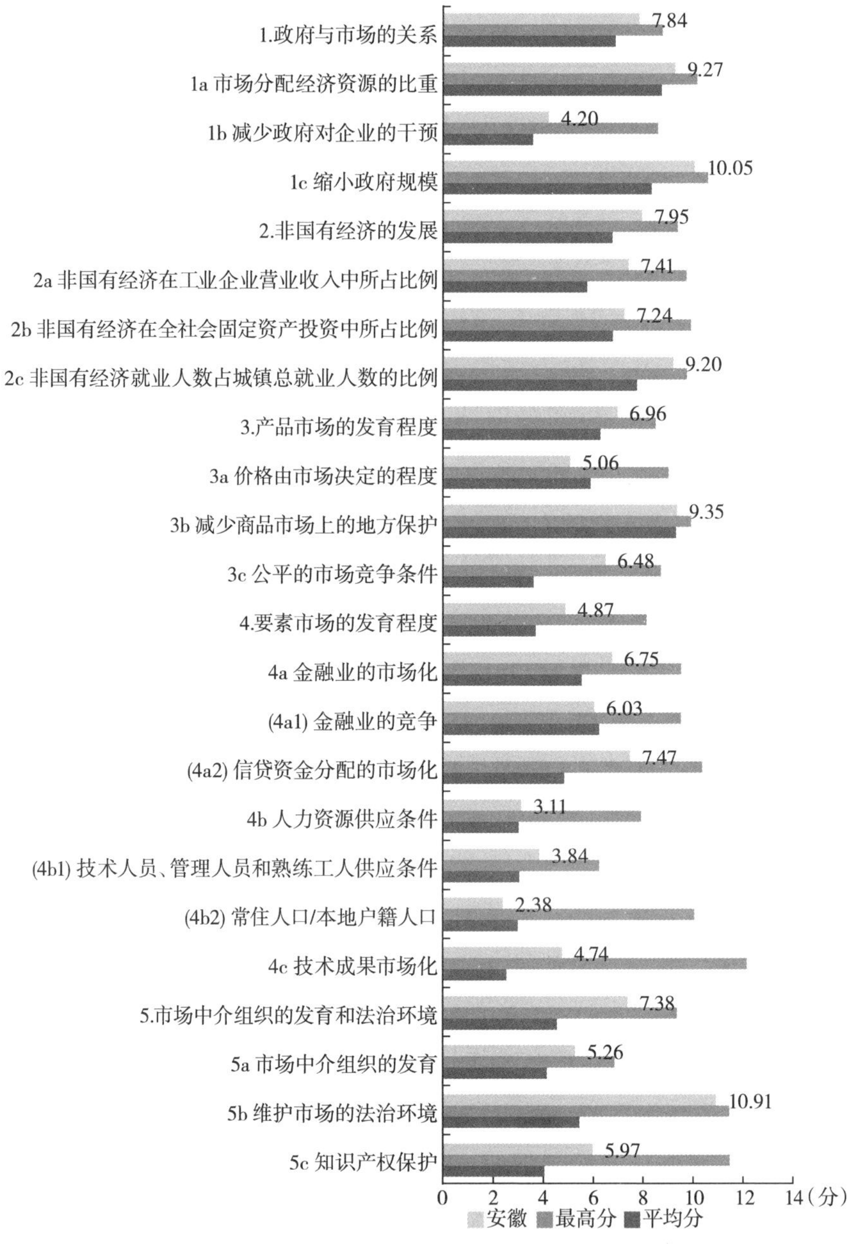

2023 年安徽省市场化各方面指数和分项指数与全国最高分及平均分的比较

安徽市场化进展状况

2019—2023 年，安徽市场化取得进步，总指数评分从 6.37 分提高至 7.00 分，市场化进程排名从第 11 位升至第 8 位。

2023 年，市场化进展的 5 个方面指数，全部排在全国上游位置。与 2019 年相比，“产品市场的发育程度”、“要素市场的发育程度”和“市场中介组织的发育和法治环境”分项指数的评分和排名均有提升，其中“要素市场的发育程度”和“市场中介组织的发育和法治环境”评分改善显著。“政府与市场的关系”和“非国有经济的发展”分项指数的评分下降，但排名均有上升。

政府与市场的关系

安徽“政府与市场的关系”方面指数，2023 年与 2019 年相比，评分从 8.08 分降至 7.84 分，排名提高 2 位，至第 8 位。下属 3 个分项指数中，“减少政府对企业的干预”评分下降 1.02 分，降幅小于全国平均降幅（1.60 分），排名上升 1 位，至第 14 位。“市场分配经济资源的比重”和“缩小政府规模”评分小幅上升，排名均下降 1 位，至第 13 位和第 2 位。

非国有经济的发展

安徽“非国有经济的发展”方面指数，2023 年与 2019 年相比，评分小幅下降 0.27 分，排名上升 2 位，至第 10 位。下属 3 个分项指数中，“非国有经济在全社会固定资产投资中所占比例”评分从 8.17 分明显降至 7.24 分，排名下降 4 位，至第 18 位。“非国有经济在工业企业营业收入中所占比例”评分小幅上升 0.18 分，排名从第 15 位跃升至第 8 位。“非国有经济就业人数占城镇总就业人数的比例”分项指数评分和排名均小幅下降。

产品市场的发育程度

安徽“产品市场的发育程度”方面指数，2023 年与 2019 年相比，评分小幅上升 0.27 分，排名从第 11 位提高至第 9 位。下属 3 个分项指数中，“公平的市场竞争条件”评分和排名提升幅度相对较大，评分显著提高 1.48

分，至 6. 48 分，排名从第 10 位升至第 6 位。“价格由市场决定的程度”和“减少商品市场上的地方保护”评分分别下跌 0. 46 分和 0. 19 分，排名均有小幅下降。

要素市场的发育程度

安徽“要素市场的发育程度”方面指数，2023 年与 2019 年相比提升明显，评分从 3. 70 分大幅升至 4. 87 分。排名从第 14 位提高至第 6 位。下属 3 个分项指数中，“技术成果市场化”评分大幅提升 4. 01 分，排名从第 17 位升至第 7 位。“人力资源供应条件”分项指数评分下降 1. 21 分，降幅小于全国平均降幅（1. 59 分），排名从第 17 位升至第 15 位。其下二级分项指数“技术人员、管理人员和熟练工人供应条件”评分大幅下跌 3. 87 分，“常住人口/本地户籍人口”评分跃升 1. 45 分。“金融业的市场化”分项指数评分上升 0. 69 分，至 6. 75 分，排名从第 14 位提高至第 10 位，其上升主要源自下属二级分项指数“信贷资金分配的市场化”评分上升 1. 59 分，排名提高 5 位。二级分项指数“金融业的竞争”评分和排名微降。

市场中介组织的发育和法治环境

安徽“市场中介组织的发育和法治环境”方面指数，2023 年与 2019 年相比，评分从 5. 18 分大幅提升至 7. 38 分，排名从第 9 位升至第 5 位。下属 3 个分项指数中，“维护市场的法治环境”表现突出，评分大幅提高 5. 17 分，至 10. 91 分，排名从第 12 位跃升至第 4 位。“知识产权保护”表现也不错，评分明显上升 2. 14 分，排名提高 2 位，至第 7 位。“市场中介组织的发育”评分下降 0. 71 分，排名仍稳定在第 9 位。

13. 福建省

2019 年市场化排名：5　　　　评分：7.35

2020 年市场化排名：6　　　　评分：7.52

2021 年市场化排名：6　　　　评分：7.50

2022 年市场化排名：6　　　　评分：7.24

2023 年市场化排名：6　　　　评分：7.15

福建省市场化各方面指数和分项指数的排名及评分

指数	2019 年		2020 年		2021 年		2022 年		2023 年	
	排名	评分	排名	评分	排名	评分	排名	评分	排名	评分
1. 政府与市场的关系	**5**	**8.42**	**4**	**8.40**	**5**	**8.41**	**5**	**8.04**	**5**	**8.09**
1a 市场分配经济资源的比重	1	10.00	1	9.92	1	9.93	1	10.05	1	10.15
1b 减少政府对企业的干预	11	5.99	11	5.99	11	5.99	8	4.73	8	4.73
1c 缩小政府规模	10	9.28	8	9.30	8	9.32	9	9.33	8	9.38
2. 非国有经济的发展	**4**	**9.13**	**4**	**8.99**	**3**	**9.04**	**4**	**8.77**	**4**	**8.65**
2a 非国有经济在工业企业营业收入中所占比例	1	10.00	2	9.62	2	9.58	4	8.89	3	9.00
2b 非国有经济在全社会固定资产投资中所占比例	13	8.26	11	8.25	10	8.36	9	8.18	12	7.70
2c 非国有经济就业人数占城镇总就业人数的比例	7	9.14	7	9.10	6	9.18	5	9.26	5	9.26
3. 产品市场的发育程度	**2**	**8.36**	**2**	**8.36**	**2**	**8.36**	**3**	**8.09**	**3**	**8.09**
3a 价格由市场决定的程度	3	9.08	3	9.08	3	9.08	13	6.62	13	6.62
3b 减少商品市场上的地方保护	12	9.62	12	9.62	12	9.62	12	9.50	12	9.50
3c 公平的市场竞争条件	4	6.39	4	6.39	4	6.39	3	8.14	3	8.14
4. 要素市场的发育程度	**6**	**5.22**	**6**	**5.43**	**6**	**5.36**	**8**	**4.31**	**13**	**4.32**
4a 金融业的市场化	2	9.02	2	8.68	2	8.95	2	8.70	2	8.74
（4a1）金融业的竞争	1	10.00	1	9.80	1	9.85	1	9.65	1	9.51
（4a2）信贷资金分配的市场化	4	8.03	4	7.57	4	8.04	5	7.75	5	7.98
4b 人力资源供应条件	4	6.49	6	7.39	4	6.92	6	3.94	6	3.86

续表

指数	2019 年		2020 年		2021 年		2022 年		2023 年	
	排名	评分	排名	评分	排名	评分	排名	评分	排名	评分
(4b1) 技术人员、管理人员和熟练工人供应条件	2	9.39	2	9.39	2	9.39	17	3.49	17	3.49
(4b2) 常住人口/本地户籍人口	5	3.58	9	5.40	9	4.44	6	4.40	7	4.24
4c 技术成果市场化	25	0.17	24	0.20	27	0.21	25	0.28	26	0.34
5. 市场中介组织的发育和法治环境	**8**	**5.62**	**7**	**6.40**	**9**	**6.33**	**9**	**7.00**	**9**	**6.59**
5a 市场中介组织的发育	8	6.00	8	6.00	8	6.00	7	6.11	7	6.11
5b 维护市场的法治环境	7	6.80	7	6.80	7	6.80	8	9.60	8	9.60
5c 知识产权保护	8	4.06	7	6.40	10	6.19	12	5.30	12	4.05

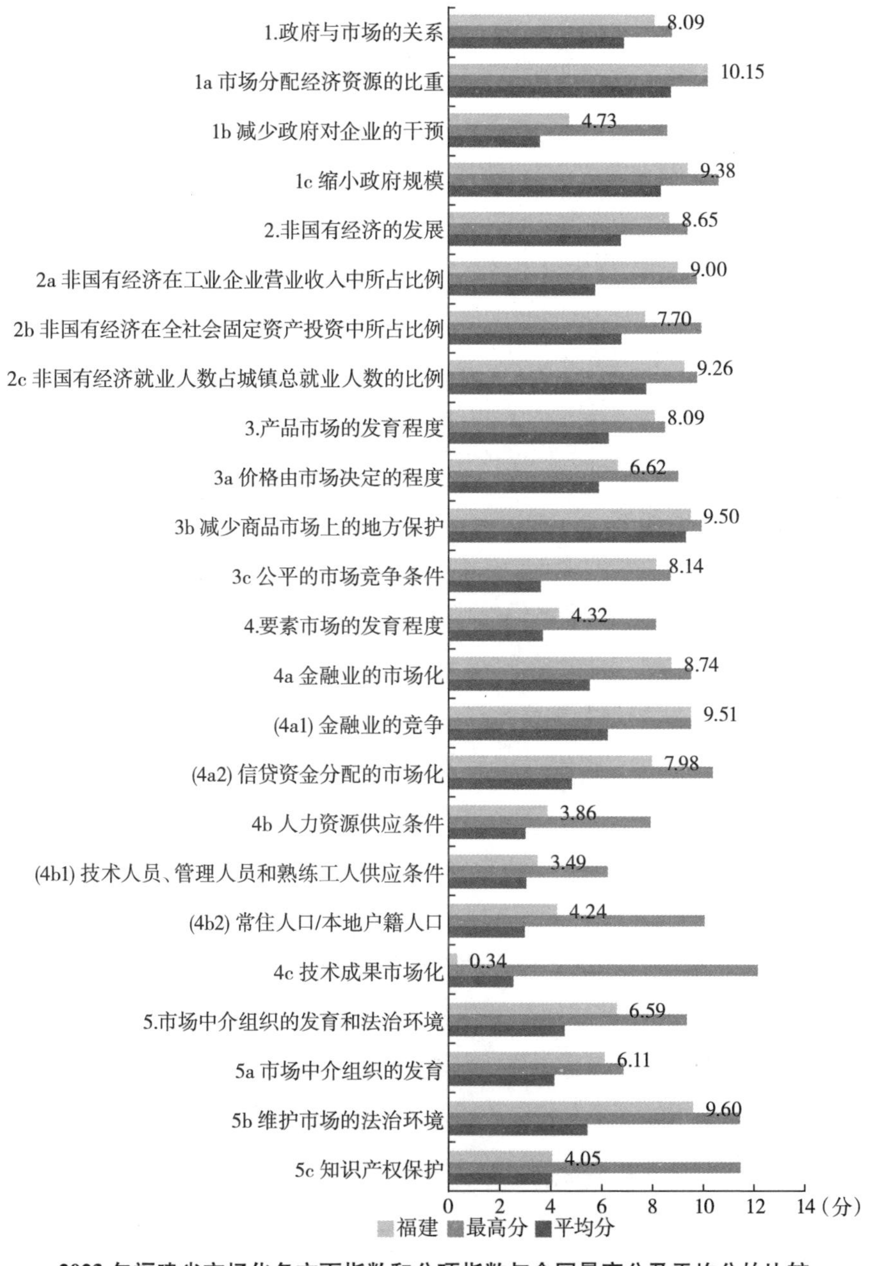

2023 年福建省市场化各方面指数和分项指数与全国最高分及平均分的比较

福建市场化进展状况

2019—2023 年，福建市场化总指数评分从 7.35 分降至 7.15 分，市场化进程排名从第 5 位微降至第 6 位。

2023 年与 2019 年相比，市场化的 5 个方面指数中，只有“市场中介组织的发育和法治环境”方面指数评分有改善，其他 4 个方面指数评分均有不同程度的下降，排名有平有降，其中“要素市场的发育程度”评分和排名下降明显。2023 年，除“要素市场的发育程度”排名降至全国中游位置外，其他 4 个方面指数排名均保持在全国上游位置。

政府与市场的关系

福建“政府与市场的关系”方面指数，2023 年与 2019 年相比，评分下降 0.33 分，至 8.09 分，排名仍保持在第 5 位。下属 3 个分项指数中，“减少政府对企业的干预”评分从 5.99 分大幅降至 4.73 分，降幅小于其他一些省份，排名从第 11 位提升至第 8 位。“市场分配经济资源的比重”和“缩小政府规模”评分均小幅提升，前者排名仍保持第 1 位，后者排名提高 2 位，至第 8 位。

非国有经济的发展

福建“非国有经济的发展”方面指数，2023 年与 2019 年相比，评分下跌 0.48 分，排名稳定在第 4 位，前 3 位分别是江苏、浙江和广东。下属 3 个分项指数中，“非国有经济在工业企业营业收入中所占比例”和“非国有经济在全社会固定资产投资中所占比例”评分分别下降 1.00 分和 0.56 分，前者排名从第 1 位降至第 3 位，后者排名微升至第 12 位。“非国有经济就业人数占城镇总就业人数的比例”评分和排名微升。

产品市场的发育程度

福建“产品市场的发育程度”方面指数，2023 年与 2019 年相比，评分下跌 0.27 分，排名降至第 3 位，排在浙江和广东之后，在 5 个方面指数中，排名最靠前。下属 3 个分项指数中，“价格由市场决定的程度”评分和排名下跌明显，评分下跌2.46分，排名急跌10位，是影响该方面指数下降的主要原因。“公平的市场竞争条件”评分显著提高1.75分，排名从第4位升至第3位。“减少商品市场上的地方保护”评分微降，排名保持在第12位。

要素市场的发育程度

福建“要素市场的发育程度”方面指数，2023年与2019年相比，评分从5.22分降至4.32分，排名从第6位大幅降至第13位，在5个方面指数中，排名最靠后。下属3个分项指数中，“人力资源供应条件”评分大幅下降2.63分，排名从第4位降至第6位。其下二级分项指数“技术人员、管理人员和熟练工人供应条件”评分骤降5.90分。另一个二级分项指数“常住人口/本地户籍人口”评分上升0.66分。分项指数“金融业的市场化”评分下降，排名稳定在第2位。其下二级分项指数“金融业的竞争”评分下跌0.49分，排名仍保持在第1位。另一个二级分项指数“信贷资金分配的市场化”评分和排名微降。“技术成果市场化”分项指数评分小幅上升，排名微降至第26位。

市场中介组织的发育和法治环境

福建“市场中介组织的发育和法治环境”方面指数，2023年与2019年相比，评分从5.62分大幅升至6.59分，排名从第8位降至第9位。下属3个分项指数中，“维护市场的法治环境”评分从6.80分显著上升至9.60分，但排名下降1位。“市场中介组织的发育”评分和排名均小幅上升。“知识产权保护”评分基本持平，排名从第8位降至第12位。

14. 江西省

2019 年市场化排名：12　　评分：6. 26

2020 年市场化排名：12　　评分：6. 49

2021 年市场化排名：12　　评分：6. 56

2022 年市场化排名：7　　评分：7. 07

2023 年市场化排名：7　　评分：7. 05

江西省市场化各方面指数和分项指数的排名及评分

指数	2019 年		2020 年		2021 年		2022 年		2023 年	
	排名	评分	排名	评分	排名	评分	排名	评分	排名	评分
1. 政府与市场的关系	**17**	**7. 50**	**17**	**7. 44**	**17**	**7. 41**	**1**	**8. 70**	**1**	**8. 77**
1a 市场分配经济资源的比重	21	8. 54	21	8. 34	23	8. 32	23	8. 62	22	8. 79
1b 减少政府对企业的干预	16	5. 02	16	5. 02	16	5. 02	1	8. 58	1	8. 58
1c 缩小政府规模	16	8. 93	16	8. 96	15	8. 90	16	8. 89	14	8. 94
2. 非国有经济的发展	**10**	**8. 39**	**6**	**8. 52**	**6**	**8. 65**	**6**	**8. 44**	**7**	**8. 24**
2a 非国有经济在工业企业营业收入中所占比例	7	8. 25	5	8. 84	5	9. 00	5	8. 62	5	8. 65
2b 非国有经济在全社会固定资产投资中所占比例	7	8. 63	7	8. 45	6	8. 70	5	8. 49	11	7. 85
2c 非国有经济就业人数占城镇总就业人数的比例	15	8. 29	15	8. 28	15	8. 26	16	8. 22	16	8. 22
3. 产品市场的发育程度	**9**	**7. 05**	**9**	**7. 05**	**9**	**7. 05**	**5**	**7. 79**	**5**	**7. 79**
3a 价格由市场决定的程度	11	6. 74	11	6. 74	11	6. 74	19	5. 00	19	5. 00
3b 减少商品市场上的地方保护	10	9. 68	10	9. 68	10	9. 68	2	9. 67	2	9. 67
3c 公平的市场竞争条件	13	4. 73	13	4. 73	13	4. 73	1	8. 71	1	8. 71
4. 要素市场的发育程度	**12**	**3. 92**	**13**	**4. 44**	**13**	**4. 39**	**14**	**3. 84**	**12**	**4. 33**
4a 金融业的市场化	9	6. 80	8	7. 02	7	7. 10	6	7. 22	6	7. 17
（4a1）金融业的竞争	16	6. 44	16	6. 57	17	6. 59	18	6. 41	19	6. 13
（4a2）信贷资金分配的市场化	6	7. 17	5	7. 48	5	7. 61	4	8. 02	4	8. 20
4b 人力资源供应条件	12	4. 62	15	5. 77	13	5. 23	16	2. 86	17	2. 78

续表

指数	2019 年		2020 年		2021 年		2022 年		2023 年	
	排名	评分	排名	评分	排名	评分	排名	评分	排名	评分
（4b1）技术人员、管理人员和熟练工人供应条件	8	8.61	8	8.61	8	8.61	11	3.83	11	3.83
（4b2）常住人口/本地户籍人口	24	0.64	22	2.93	25	1.85	20	1.89	20	1.73
4c 技术成果市场化	20	0.34	19	0.53	19	0.82	17	1.43	10	3.04
5. 市场中介组织的发育和法治环境	**14**	**4.42**	**14**	**5.00**	**15**	**5.28**	**10**	**6.59**	**10**	**6.11**
5a 市场中介组织的发育	19	4.89	19	4.89	19	4.89	16	3.97	16	3.97
5b 维护市场的法治环境	23	4.19	23	4.19	23	4.19	2	11.12	2	11.12
5c 知识产权保护	7	4.19	9	5.91	9	6.75	15	4.69	17	3.23

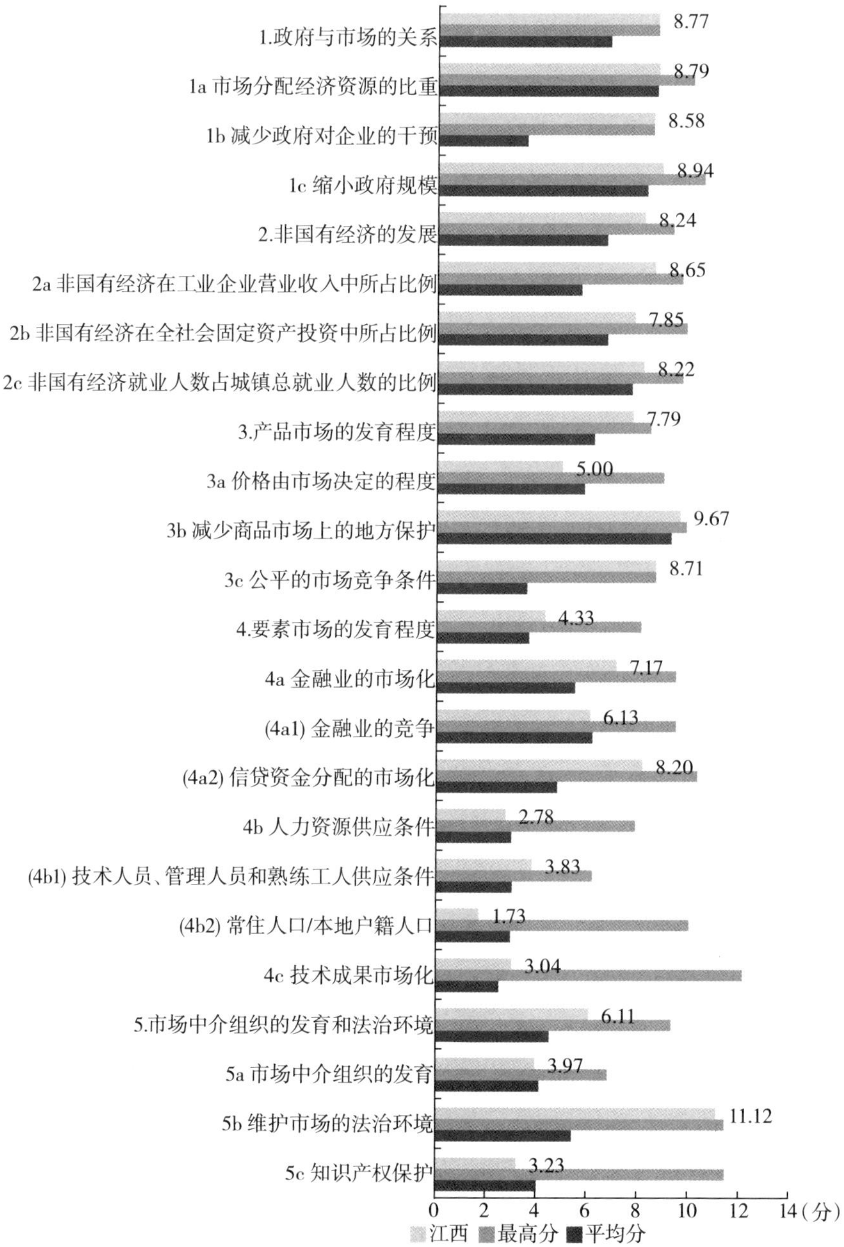

2023 年江西省市场化各方面指数和分项指数与全国最高分及平均分的比较

江西市场化进展状况

2019—2023 年，江西市场化总指数评分从 6.26 分升至 7.05 分，有显著进步，市场化进程排名从第 12 位提高至第 7 位。

2023 年与 2019 年相比，在市场化进展的 5 个方面指数中，“政府与市场的关系”、“产品市场的发育程度”、“要素市场的发育程度”和“市场中介组织的发育和法治环境”方面指数评分均有不同程度的提升，排名持平或提升，其中“政府与市场的关系”评分和排名改善明显，“市场中介组织的发育和法治环境”评分上升显著。“非国有经济的发展”方面指数评分微降，排名上升。2023 年，“要素市场的发育程度”排在全国中游位置，其他 4 个方面指数均排在全国上游位置，其中“政府与市场的关系”排名全国第 1 位。

政府与市场的关系

江西“政府与市场的关系”方面指数，2023 年与 2019 年相比，评分大幅上升 1.27 分，远超过多数省份（全国平均变化值为 -0.38 分），排名飙升 16 位，至全国第 1 位。其上升主要得益于分项指数“减少政府对企业的干预”评分和排名的改善，该分项指数评分从 5.02 分大幅提高至 8.58 分，排名从第 16 位跃升至第 1 位。“市场分配经济资源的比重”评分有小幅提升，“缩小政府规模”评分没有显著变化，排全国第 14 位。

非国有经济的发展

江西“非国有经济的发展”方面指数，2023 年与 2019 年相比，评分小幅下降至 8.24 分，降幅小于全国平均降幅（0.21 分），排名上升 3 位，至第 7 位。下属 3 个分项指数中，“非国有经济在工业企业营业收入中所占比例”评分上升 0.40 分，排名上升 2 位，至第 5 位。“非国有经济在全社会固定资产投资中所占比例”和“非国有经济就业人数占城镇总就业人数的比例”评分和排名均有不同程度的下降，前者评分下跌 0.78 分，后者评分微降 0.07 分。

产品市场的发育程度

江西“产品市场的发育程度”方面指数，2023年与2019年相比，评分从7.05分升至7.79分，排名从第9位升至第5位，排在浙江、广东、福建和上海之后。下属3个分项指数中，“公平的市场竞争条件”评分和排名升幅明显，评分从4.73分大幅升至8.71分，排名从第13位陡升至第1位。“减少商品市场上的地方保护”评分微降，降幅小于其他一些省份，排名则从第10位升至第2位。“价格由市场决定的程度”表现欠佳，评分陡降1.74分，排名从第11位跌至第19位。

要素市场的发育程度

江西“要素市场的发育程度”方面指数，2023年与2019年相比，评分从3.92分升至4.33分，排名仍保持在第12位，在5个方面指数中排名相对较低。下属3个分项指数中，“技术成果市场化”改善显著，评分从0.34分显著提升至3.04分，排名从第20位大幅上升至第10位。“人力资源供应条件”分项指数评分从4.62分大幅降至2.78分，排名从第12位降至第17位，其下降主要受二级分项指数“技术人员、管理人员和熟练工人供应条件”排名和评分下降的影响，该指数评分从8.61分骤降至3.83分。另一个二级分项指数“常住人口/本地户籍人口”评分显著上升1.09分。“金融业的市场化”分项指数评分提高0.37分，排名提升3位，至第6位，其下二级分项指数“信贷资金分配的市场化”评分大幅上升1.03分，另一个二级分项指数“金融业的竞争”评分下跌0.31分。

市场中介组织的发育和法治环境

江西“市场中介组织的发育和法治环境”方面指数，2023年与2019年相比，评分显著提高1.69分，至6.11分，排名从第14位升至第10位，其上升主要得益于下属分项指数“维护市场的法治环境”的改善，该分项指数评分从4.19分陡升至11.12分，排名从第23位飙升至第2位，从后进水平跃入上游水平。但“市场中介组织的发育”和“知识产权保护”评分分别下跌0.92分和0.96分，前者排名上升3位，后者排名陡降10位。

15. 山东省

2019 年市场化排名：8　　　　评分：6.76

2020 年市场化排名：8　　　　评分：7.04

2021 年市场化排名：8　　　　评分：7.17

2022 年市场化排名：10　　　评分：6.78

2023 年市场化排名：10　　　评分：6.65

山东省市场化各方面指数和分项指数的排名及评分

指数	2019 年		2020 年		2021 年		2022 年		2023 年	
	排名	评分	排名	评分	排名	评分	排名	评分	排名	评分
1. 政府与市场的关系	**7**	**8.24**	**8**	**8.12**	**9**	**8.14**	**20**	**6.75**	**20**	**6.76**
1a 市场分配经济资源的比重	4	9.50	5	9.34	5	9.34	4	9.55	4	9.69
1b 减少政府对企业的干预	12	5.98	12	5.98	12	5.98	25	1.64	25	1.64
1c 缩小政府规模	11	9.24	14	9.04	13	9.09	12	9.06	12	8.96
2. 非国有经济的发展	**8**	**8.45**	**7**	**8.52**	**7**	**8.51**	**7**	**8.41**	**6**	**8.40**
2a 非国有经济在工业企业营业收入中所占比例	11	7.78	8	7.98	9	7.90	6	7.85	6	7.94
2b 非国有经济在全社会固定资产投资中所占比例	8	8.54	5	8.73	5	8.81	3	8.63	4	8.53
2c 非国有经济就业人数占城镇总就业人数的比例	8	9.02	8	8.85	8	8.81	8	8.74	8	8.74
3. 产品市场的发育程度	**5**	**8.00**	**5**	**8.00**	**5**	**8.00**	**12**	**6.77**	**12**	**6.77**
3a 价格由市场决定的程度	4	8.68	4	8.68	4	8.68	15	5.92	15	5.92
3b 减少商品市场上的地方保护	4	9.76	4	9.76	4	9.76	13	9.46	13	9.46
3c 公平的市场竞争条件	8	5.57	8	5.57	8	5.57	11	4.93	11	4.93
4. 要素市场的发育程度	**10**	**4.22**	**10**	**4.72**	**11**	**4.65**	**12**	**4.01**	**14**	**4.15**
4a 金融业的市场化	6	7.30	7	7.25	6	7.11	7	7.05	8	6.85
（4a1）金融业的竞争	12	7.00	9	7.17	10	7.26	10	7.03	9	7.00
（4a2）信贷资金分配的市场化	5	7.59	6	7.34	6	6.96	7	7.06	7	6.69
4b 人力资源供应条件	16	4.40	18	5.32	18	5.00	19	2.73	20	2.55

续表

指数	2019 年		2020 年		2021 年		2022 年		2023 年	
	排名	评分	排名	评分	排名	评分	排名	评分	排名	评分
(4b1) 技术人员、管理人员和熟练工人供应条件	12	8.13	12	8.13	12	8.13	16	3.52	16	3.52
(4b2) 常住人口/本地户籍人口	22	0.67	26	2.51	24	1.87	19	1.93	25	1.57
4c 技术成果市场化	12	0.95	8	1.60	9	1.83	8	2.27	9	3.05
5. 市场中介组织的发育和法治环境	**10**	**4.92**	**10**	**5.85**	**8**	**6.55**	**5**	**7.97**	**6**	**7.17**
5a 市场中介组织的发育	11	5.69	11	5.69	11	5.69	10	5.18	10	5.18
5b 维护市场的法治环境	14	5.61	14	5.61	14	5.61	6	10.40	6	10.40
5c 知识产权保护	10	3.45	8	6.23	7	8.34	7	8.33	8	5.93

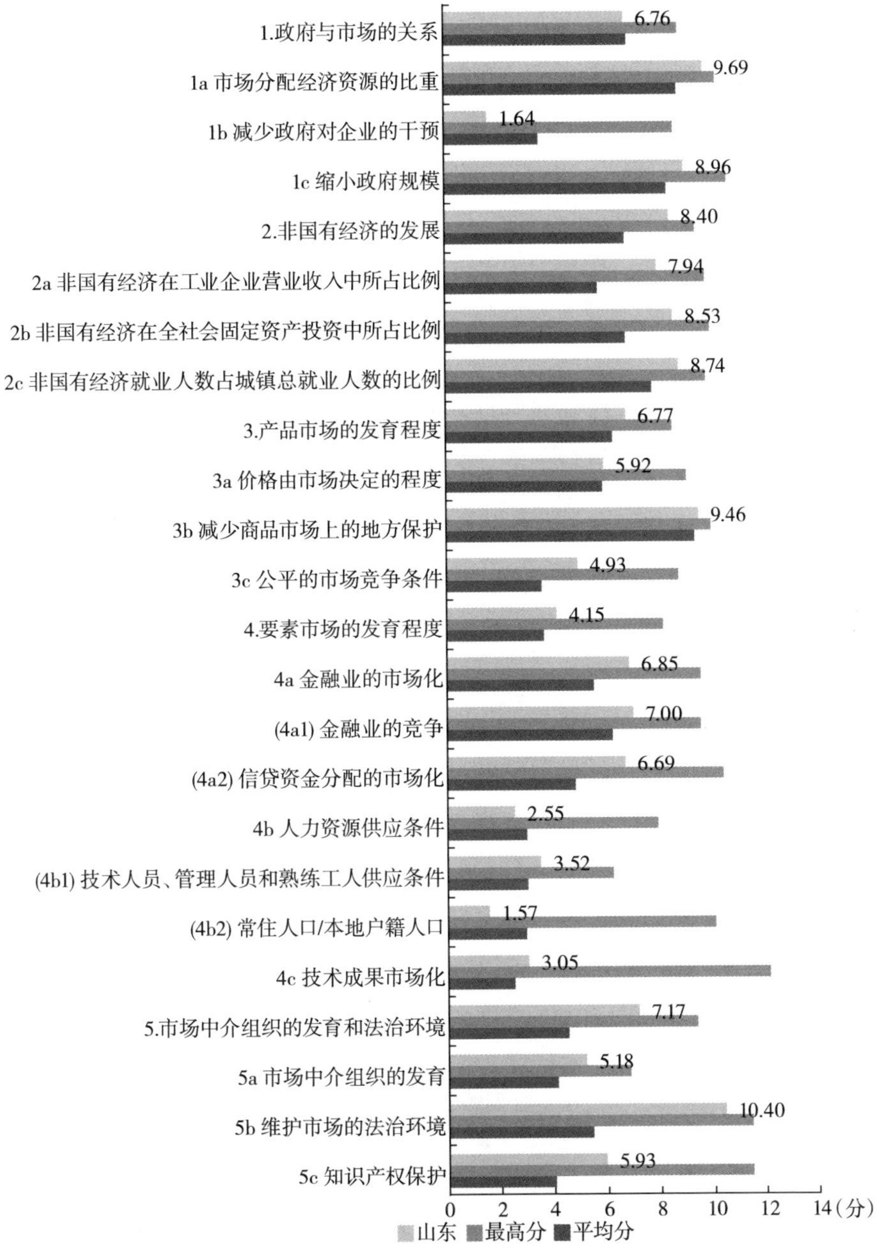

2023 年山东省市场化各方面指数和分项指数与全国最高分及平均分的比较

山东市场化进展状况

2019—2023 年，山东市场化总指数评分从6.76 分小幅降至6.65 分，市场化进程排名从第8 位下跌至第10 位。

2023 年与2019 年相比，在市场化进展的5 个方面指数中，3 个方面指数的评分和排名出现下降，其中“政府与市场的关系”和“产品市场的发育程度”降幅明显，排名降到全国中游水平。“市场中介组织的发育和法治环境”评分改善显著，排名也有提升。“非国有经济的发展”方面指数评分微降，排名有所提高。2023 年，“非国有经济的发展”和“市场中介组织的发育和法治环境”排在全国上游位置（均为第6 位），其他3 个方面指数排在全国中游位置。

政府与市场的关系

山东“政府与市场的关系”方面指数，2023 年与2019 年相比，评分下跌1.48 分，降幅远超全国平均降幅（0.38 分），导致排名从第7 位大幅下跌至第20 位，在5 个方面指数中，下降幅度最大，其下降主要受下属分项指数“减少政府对企业的干预”评分和排名下跌的拖累，该分项指数评分大幅下降4.34 分，排名从第12 位急跌至第25 位，落入全国下游位置。“市场分配经济资源的比重”相对表现较好，评分小幅上升0.19 分，排名仍稳定在第4 位。“缩小政府规模”评分和排名有小幅下降。

非国有经济的发展

山东“非国有经济的发展”方面指数，2023 年与2019 年相比，评分微降至8.40 分，排名上升2 位，至第6 位。下属3 个分项指数中，“非国有经济在工业企业营业收入中所占比例”评分微升，排名从第11 位升至第6 位。“非国有经济在全社会固定资产投资中所占比例”和“非国有经济就业人数占城镇总就业人数的比例”评分有小幅下降，前者排名上升4 位，至第4 位，后者排名仍保持在第8 位。

产品市场的发育程度

山东“产品市场的发育程度”方面指数，2023 年与 2019 年相比，评分显著下跌 1.23 分，至 6.77 分，排名从第 5 位大幅降至第 12 位。下属 3 个分项指数排名和评分均有程度不等的下跌。其中，“价格由市场决定的程度”下降显著，评分从 8.68 分骤降至 5.92 分，排名从第 4 位陡降至第 15 位。“减少商品市场上的地方保护”和“公平的市场竞争条件”评分分别下跌 0.30 分和 0.64 分，排名分别下降 9 位和 3 位。

要素市场的发育程度

山东“要素市场的发育程度”方面指数，2023 年与 2019 年相比，评分略降至 4.15 分，排名下跌 4 位，至第 14 位。下属 3 个分项指数中，“技术成果市场化”评分大幅上升 2.10 分，排名从第 12 位升至第 9 位。“人力资源供应条件”评分显著下降 1.85 分，降幅超过全国平均降幅（1.59 分），排名从第 16 位跌至第 20 位。其下二级分项指数“技术人员、管理人员和熟练工人供应条件”评分大幅下跌 4.61 分，另一个二级分项指数“常住人口/本地户籍人口”评分上升 0.90 分。“金融业的市场化”分项指数评分下跌 0.45 分，排名微跌至第 8 位，其下二级分项指数“信贷资金分配的市场化”评分和排名均有下降。另一个二级分项指数“金融业的竞争”评分没有变动。

市场中介组织的发育和法治环境

山东“市场中介组织的发育和法治环境”方面指数，2023 年与 2019 年相比改善明显，评分大幅提高 2.25 分，至 7.17 分，排名从第 10 位升至第 6 位，下属 3 个分项指数中，“维护市场的法治环境”和“知识产权保护”评分分别大幅上升 4.79 分和 2.48 分，排名分别提高 8 位和 2 位，至第 6 位和第 8 位。“市场中介组织的发育”评分下降，排名微升。

16. 河南省

2019 年市场化排名：14　　评分：6.17

2020 年市场化排名：14　　评分：6.33

2021 年市场化排名：14　　评分：6.37

2022 年市场化排名：15　　评分：5.89

2023 年市场化排名：15　　评分：5.77

河南省市场化各方面指数和分项指数的排名及评分

指数	2019 年		2020 年		2021 年		2022 年		2023 年	
	排名	评分	排名	评分	排名	评分	排名	评分	排名	评分
1. 政府与市场的关系	**15**	**7.67**	**15**	**7.66**	**15**	**7.65**	**13**	**7.47**	**13**	**7.46**
1a 市场分配经济资源的比重	5	9.44	4	9.35	4	9.40	6	9.53	7	9.55
1b 减少政府对企业的干预	23	4.26	23	4.26	23	4.26	18	3.52	18	3.52
1c 缩小政府规模	9	9.31	6	9.37	9	9.30	7	9.35	9	9.31
2. 非国有经济的发展	**7**	**8.55**	**9**	**8.41**	**9**	**8.40**	**10**	**8.05**	**12**	**7.90**
2a 非国有经济在工业企业营业收入中所占比例	6	8.36	7	8.20	6	8.20	9	7.34	11	7.15
2b 非国有经济在全社会固定资产投资中所占比例	4	8.92	4	8.87	4	8.85	4	8.62	5	8.39
2c 非国有经济就业人数占城镇总就业人数的比例	11	8.36	17	8.15	17	8.16	17	8.17	17	8.17
3. 产品市场的发育程度	**7**	**7.66**	**7**	**7.66**	**7**	**7.66**	**14**	**6.55**	**14**	**6.55**
3a 价格由市场决定的程度	5	8.35	5	8.35	5	8.35	10	6.77	10	6.77
3b 减少商品市场上的地方保护	14	9.57	14	9.57	14	9.57	10	9.51	10	9.51
3c 公平的市场竞争条件	9	5.07	9	5.07	9	5.07	19	3.37	19	3.37
4. 要素市场的发育程度	**20**	**3.34**	**21**	**3.78**	**20**	**3.61**	**19**	**3.19**	**19**	**3.19**
4a 金融业的市场化	11	6.35	13	6.38	13	6.29	13	6.23	14	5.83
（4a1）金融业的竞争	14	6.73	14	6.71	15	6.67	17	6.43	22	6.01
（4a2）信贷资金分配的市场化	8	5.97	9	6.05	10	5.91	10	6.03	11	5.65
4b 人力资源供应条件	25	3.45	25	4.54	26	3.93	24	2.28	23	2.32

续表

指数	2019 年		2020 年		2021 年		2022 年		2023 年	
	排名	评分	排名	评分	排名	评分	排名	评分	排名	评分
(4b1) 技术人员、管理人员和熟练工人供应条件	18	6.89	18	6.89	18	6.89	13	3.71	13	3.71
(4b2) 常住人口/本地户籍人口	31	0.00	31	2.19	31	0.96	31	0.85	31	0.93
4c 技术成果市场化	21	0.23	20	0.40	20	0.62	20	1.06	19	1.40
5. 市场中介组织的发育和法治环境	**22**	**3.63**	**21**	**4.14**	**21**	**4.52**	**19**	**4.17**	**19**	**3.77**
5a 市场中介组织的发育	22	4.60	22	4.60	22	4.60	22	3.18	22	3.18
5b 维护市场的法治环境	24	3.94	24	3.94	24	3.94	16	5.34	16	5.34
5c 知识产权保护	18	2.35	16	3.88	18	5.01	20	3.98	21	2.78

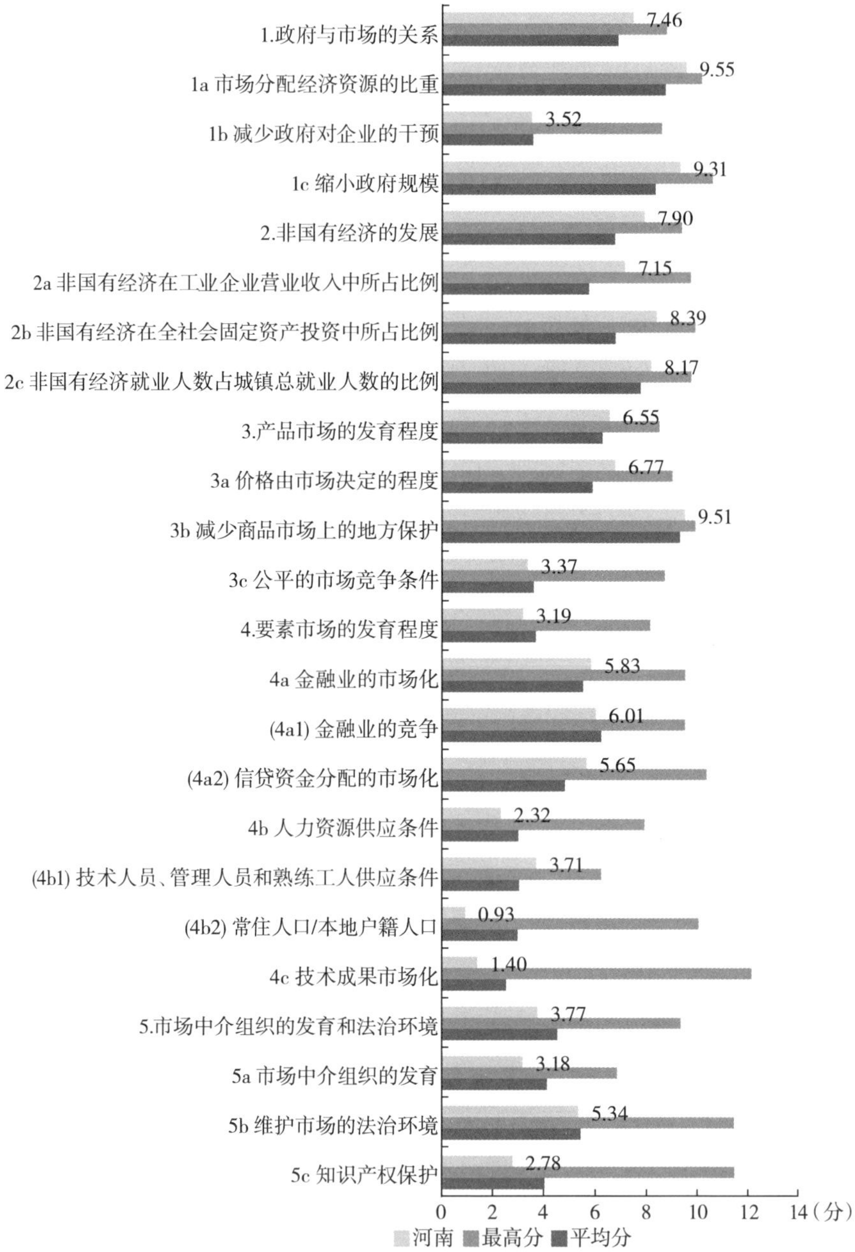

2023 年河南省市场化各方面指数和分项指数与全国最高分及平均分的比较

河南市场化进展状况

2019—2023 年，河南市场化总指数评分从 6. 17 分降至 5. 77 分，市场化进程排名从第 14 位小幅下降至第 15 位。

2023 年与 2019 年相比，“市场中介组织的发育和法治环境”方面指数排名和评分有提升。其他 4 个方面指数评分均有不同程度的下降，排名有升有降，其中，“产品市场的发育程度”方面指数下降幅度明显。2023 年，市场化进展的 5 个方面指数排名均处在全国中游水平。

政府与市场的关系

河南“政府与市场的关系”方面指数，2023 年与 2019 年相比，评分小幅下降，但排名从第 15 位升至第 13 位。下属 3 个分项指数中，“减少政府对企业的干预”评分下跌 0. 74 分，跌幅小于全国平均跌幅（1. 60 分），排名上升 5 位，至第 18 位。“市场分配经济资源的比重”评分略有提高，排名则从第 5 位降至第 7 位。“缩小政府规模”评分和排名无变化。

非国有经济的发展

河南“非国有经济的发展”方面指数，2023 年与 2019 年相比，评分下跌 0. 65 分，至 7. 90 分，排名从第 7 位降至第 12 位。下属 3 个分项指数评分和排名都有下跌，其中“非国有经济在工业企业营业收入中所占比例”下跌明显，评分从 8. 36 分大幅降至 7. 15 分，排名从第 6 位降至第 11 位。“非国有经济在全社会固定资产投资中所占比例”和“非国有经济就业人数占城镇总就业人数的比例”评分分别下跌 0. 53 分和 0. 19 分。

产品市场的发育程度

河南“产品市场的发育程度”方面指数，2023 年与 2019 年相比，评分从 7. 66 分显著下降至 6. 55 分，排名从第 7 位陡降至第 14 位。下属 3 个分项指数中，“价格由市场决定的程度”和“公平的市场竞争条件”评分分别大幅下跌 1. 58 分和 1. 70 分，前者排名从第 5 位跌至第 10 位，后者排名从第 9 位大幅跌至第 19 位。“减少商品市场上的地方保护”评分小幅下降，排名则上升4位，至第10位。

要素市场的发育程度

河南“要素市场的发育程度”方面指数，2023年与2019年相比，评分小幅下降，排名小幅上升至第19位。下属3个分项指数中，“技术成果市场化”评分从0.23分明显升至1.40分，排名提升2位。“人力资源供应条件”分项指数评分陡降1.13分，降幅小于其他有些省份，排名则从第25位升至第23位。其下二级分项指数“技术人员、管理人员和熟练工人供应条件”评分骤降3.18分，另一个二级分项指数“常住人口/本地户籍人口”评分上升0.93分，但排名仍处在全国末位。“金融业的市场化”分项指数评分下降0.52分，排名从第11位降至第14位，其下2个二级分项指数“金融业的竞争”和“信贷资金分配的市场化”排名和评分均有下降。

市场中介组织的发育和法治环境

河南“市场中介组织的发育和法治环境”方面指数，2023年与2019年相比，评分小幅上升至3.77分，排名从第22位升至第19位。下属3个分项指数中，“维护市场的法治环境”评分显著提高1.40分，排名跃升8位，至第16位。但“市场中介组织的发育”评分急跌1.42分，排名仍维持在第22位。“知识产权保护”评分上升，排名下降。

17. 湖北省

2019 年市场化排名：13　　评分：6.25

2020 年市场化排名：13　　评分：6.46

2021 年市场化排名：13　　评分：6.55

2022 年市场化排名：12　　评分：6.18

2023 年市场化排名：12　　评分：6.19

湖北省市场化各方面指数和分项指数的排名及评分

指数	2019 年		2020 年		2021 年		2022 年		2023 年	
	排名	评分	排名	评分	排名	评分	排名	评分	排名	评分
1. 政府与市场的关系	**6**	**8.40**	**6**	**8.25**	**6**	**8.29**	**6**	**7.97**	**6**	**7.98**
1a 市场分配经济资源的比重	6	9.41	6	9.25	7	9.31	5	9.54	6	9.58
1b 减少政府对企业的干预	8	6.43	8	6.43	8	6.43	5	5.25	5	5.25
1c 缩小政府规模	7	9.37	12	9.09	11	9.13	11	9.10	10	9.10
2. 非国有经济的发展	**13**	**7.92**	**14**	**7.90**	**14**	**7.88**	**14**	**7.64**	**14**	**7.65**
2a 非国有经济在工业企业营业收入中所占比例	10	7.78	12	7.71	12	7.45	13	6.82	13	6.93
2b 非国有经济在全社会固定资产投资中所占比例	19	7.68	19	7.45	19	7.63	16	7.56	15	7.46
2c 非国有经济就业人数占城镇总就业人数的比例	14	8.31	11	8.55	11	8.56	9	8.54	9	8.54
3. 产品市场的发育程度	**13**	**6.32**	**13**	**6.32**	**13**	**6.32**	**18**	**6.11**	**18**	**6.11**
3a 价格由市场决定的程度	18	5.17	18	5.17	18	5.17	31	2.45	31	2.45
3b 减少商品市场上的地方保护	6	9.76	6	9.76	6	9.76	11	9.50	11	9.50
3c 公平的市场竞争条件	19	4.05	19	4.05	19	4.05	7	6.39	7	6.39
4. 要素市场的发育程度	**11**	**4.08**	**11**	**4.57**	**12**	**4.53**	**11**	**4.05**	**8**	**4.62**
4a 金融业的市场化	19	4.82	19	5.04	18	4.89	17	4.99	17	5.11
（4a1）金融业的竞争	28	4.95	27	5.01	27	5.09	26	5.13	26	5.09
（4a2）信贷资金分配的市场化	16	4.70	14	5.07	16	4.69	17	4.85	15	5.14
4b 人力资源供应条件	7	5.48	11	6.28	7	6.12	9	3.62	9	3.44

续表

指数	2019 年		2020 年		2021 年		2022 年		2023 年	
	排名	评分	排名	评分	排名	评分	排名	评分	排名	评分
(4b1) 技术人员、管理人员和熟练工人供应条件	3	9.25	3	9.25	3	9.25	7	4.60	7	4.60
(4b2) 常住人口/本地户籍人口	13	1.72	20	3.32	13	3.00	15	2.64	16	2.27
4c 技术成果市场化	6	1.93	5	2.38	6	2.57	6	3.53	5	5.30
5. 市场中介组织的发育和法治环境	**11**	**4.50**	**11**	**5.23**	**11**	**5.72**	**15**	**5.12**	**15**	**4.61**
5a 市场中介组织的发育	13	5.54	13	5.54	13	5.54	12	4.59	12	4.59
5b 维护市场的法治环境	15	5.57	15	5.57	15	5.57	18	4.74	18	4.74
5c 知识产权保护	16	2.40	11	4.58	11	6.06	9	6.04	9	4.50

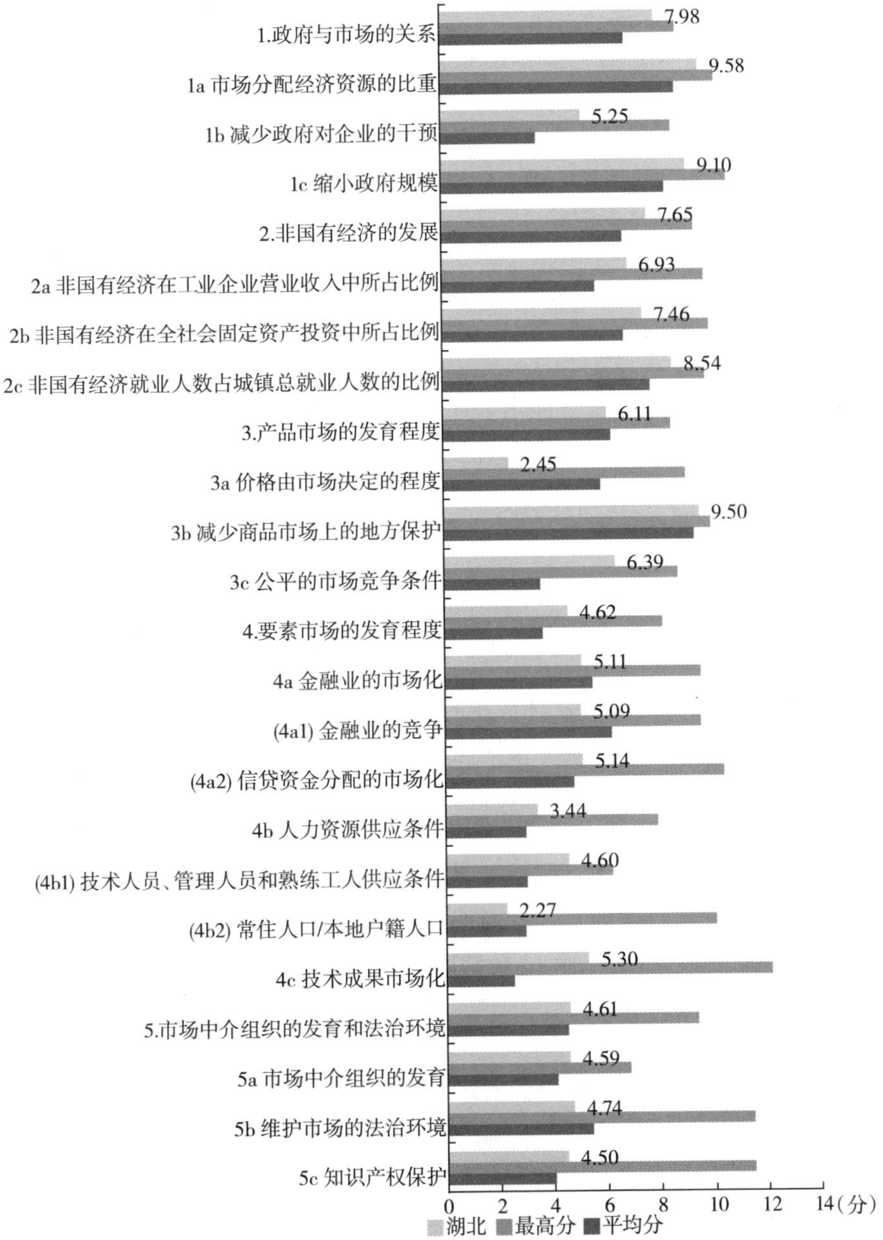

2023 年湖北省市场化各方面指数和分项指数与全国最高分及平均分的比较

湖北市场化进展状况

2019—2023 年，湖北市场化总指数评分从6.25 分微降至6.19 分，市场化进程排名从第13 位小幅升至第12 位。

在市场化进展的5 个方面指数中，2023 年，“政府与市场的关系”和“要素市场的发育程度”方面指数位于全国上游水平，其他3 个方面指数位于全国中游水平。与2019 年相比，“要素市场的发育程度”和“市场中介组织的发育和法治环境”方面指数评分均有提升，排名一升一降。“政府与市场的关系”、“非国有经济的发展”和“产品市场的发育程度”方面指数评分有不同程度的下跌，排名保持不变或下降。

政府与市场的关系

湖北“政府与市场的关系”方面指数，2023 年与2019 年相比，评分下降0.42 分，但排名保持第6 位，在5 个方面指数中，排名最靠前。下属3 个分项指数中，“减少政府对企业的干预”评分从6.43 分大幅降至5.25 分，但排名提升3 位，至第5 位。“市场分配经济资源的比重”评分上升，排名稳定在第6 位。“缩小政府规模”评分和排名均有下降。

非国有经济的发展

湖北“非国有经济的发展”方面指数，2023 年与2019 年相比，评分小幅下降至7.65 分，排名从第13 位略降至第14 位。分项指数中，“非国有经济在工业企业营业收入中所占比例”评分从7.78 分跌至6.93 分，排名下降3 位，至第13 位。“非国有经济在全社会固定资产投资中所占比例”和“非国有经济就业人数占城镇总就业人数的比例”评分一降一升，排名分别提高4 位和5 位。

产品市场的发育程度

湖北“产品市场的发育程度”方面指数，2023 年与2019 年相比，评分小幅下降至6.11 分，排名从第13 位降至第18 位，下属3 个分项指数中，“价格由市场决定的程度”分项指数评分从5.17 分大幅降至2.45 分，排名骤降 13 位，跌至全国末位。“公平的市场竞争条件”评分跃升 2.34 分，排名从第 19 位大幅提高至第 7 位。“减少商品市场上的地方保护”评分小幅下降，排名跌幅较大。

要素市场的发育程度

湖北“要素市场的发育程度”方面指数，2023 年与 2019 年相比，评分提高 0.54 分，排名从第 11 位升至第 8 位，是 5 个方面指数中，排名唯一有改善的指数。下属 3 个分项指数中，“技术成果市场化”评分陡升 3.37 分，排名从第 6 位升至第 5 位。“人力资源供应条件”评分大幅下降 2.04 分，排名从第 7 位降至第 9 位。其下二级分项指数“技术人员、管理人员和熟练工人供应条件”评分大幅下降 4.65 分。“金融业的市场化”分项指数评分上升 0.29 分，排名从第 19 位提高至第 17 位。其下 2 个二级分项指数“金融业的竞争”和“信贷资金分配的市场化”评分和排名均有提高。

市场中介组织的发育和法治环境

湖北“市场中介组织的发育和法治环境”方面指数评分微升至 4.61 分，但升幅小于其他一些省份，导致排名下跌 4 位，至第 15 位。下属 3 个分项指数中，“知识产权保护”进步显著，评分从 2.40 分大幅提高至 4.50 分，排名从第 16 位跃升至第 9 位。“市场中介组织的发育”和“维护市场的法治环境”评分分别下跌 0.95 分和 0.83 分，排名一升一降。

18. 湖南省

2019 年市场化排名：16　　评分：6.00

2020 年市场化排名：16　　评分：6.15

2021 年市场化排名：16　　评分：6.14

2022 年市场化排名：11　　评分：6.37

2023 年市场化排名：11　　评分：6.41

湖南省市场化各方面指数和分项指数的排名及评分

指数	2019 年		2020 年		2021 年		2022 年		2023 年	
	排名	评分	排名	评分	排名	评分	排名	评分	排名	评分
1. 政府与市场的关系	**18**	**7.43**	**18**	**7.36**	**19**	**7.36**	**15**	**7.33**	**15**	**7.35**
1a 市场分配经济资源的比重	7	9.37	7	9.21	10	9.19	11	9.32	10	9.38
1b 减少政府对企业的干预	26	3.84	26	3.84	26	3.84	17	3.58	17	3.58
1c 缩小政府规模	15	9.06	15	9.04	14	9.04	10	9.11	11	9.08
2. 非国有经济的发展	**9**	**8.44**	**10**	**8.39**	**10**	**8.28**	**8**	**8.17**	**8**	**8.19**
2a 非国有经济在工业企业营业收入中所占比例	5	8.61	6	8.71	7	8.18	7	7.76	7	7.61
2b 非国有经济在全社会固定资产投资中所占比例	9	8.51	10	8.29	9	8.38	6	8.47	3	8.67
2c 非国有经济就业人数占城镇总就业人数的比例	16	8.21	16	8.16	14	8.28	14	8.28	14	8.28
3. 产品市场的发育程度	**12**	**6.41**	**12**	**6.41**	**12**	**6.41**	**17**	**6.17**	**17**	**6.17**
3a 价格由市场决定的程度	8	7.67	8	7.67	8	7.67	27	4.02	27	4.02
3b 减少商品市场上的地方保护	11	9.65	11	9.65	11	9.65	5	9.59	5	9.59
3c 公平的市场竞争条件	27	1.92	27	1.92	27	1.92	12	4.88	12	4.88
4. 要素市场的发育程度	**16**	**3.50**	**18**	**3.91**	**19**	**3.75**	**13**	**3.86**	**11**	**4.36**
4a 金融业的市场化	13	6.09	14	6.21	16	5.31	16	5.47	16	5.39
（4a1）金融业的竞争	23	5.89	22	5.96	24	5.95	24	5.64	24	5.52
（4a2）信贷资金分配的市场化	7	6.30	8	6.45	17	4.68	14	5.31	14	5.25
4b 人力资源供应条件	22	3.68	26	4.45	24	4.24	18	2.79	19	2.75

续表

指数	2019年		2020年		2021年		2022年		2023年	
	排名	评分	排名	评分	排名	评分	排名	评分	排名	评分
(4b1) 技术人员、管理人员和熟练工人供应条件	21	6.60	21	6.60	21	6.60	9	3.86	9	3.86
(4b2) 常住人口/本地户籍人口	20	0.76	28	2.31	23	1.87	23	1.72	23	1.63
4c 技术成果市场化	16	0.73	15	1.07	10	1.69	7	3.30	6	4.95
5. 市场中介组织的发育和法治环境	**16**	**4.24**	**16**	**4.65**	**17**	**4.90**	**11**	**6.33**	**11**	**5.97**
5a 市场中介组织的发育	16	5.25	16	5.25	16	5.25	3	6.72	3	6.72
5b 维护市场的法治环境	13	5.67	13	5.67	13	5.67	11	8.99	11	8.99
5c 知识产权保护	22	1.80	23	3.04	22	3.78	23	3.27	23	2.20

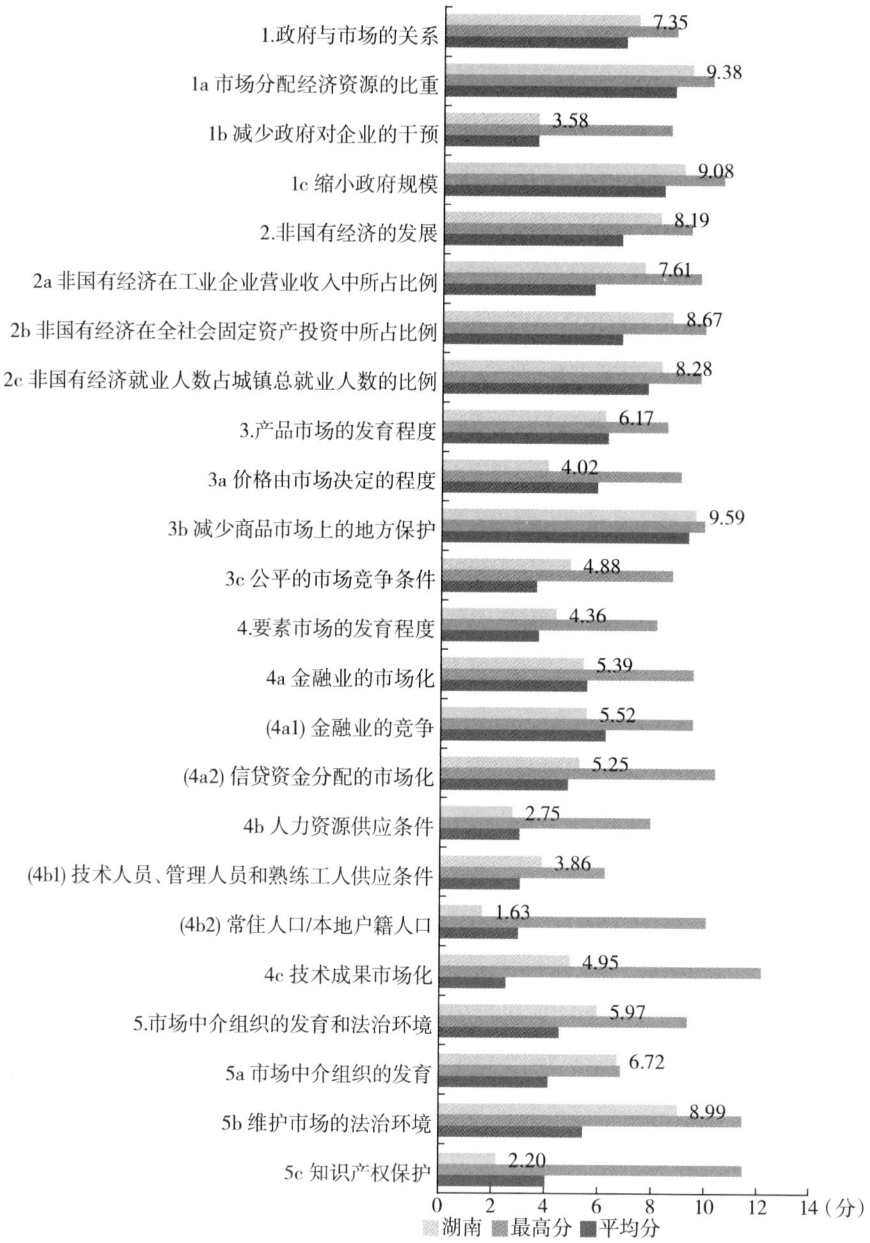

2023 年湖南省市场化各方面指数和分项指数与全国最高分及平均分的比较

湖南市场化进展状况

2019—2023 年，湖南市场化总指数评分从 6.00 分升至 6.41 分，取得了一定进步，市场化进展排名从第 16 位升至第 11 位。

在市场化进展的 5 个方面指数中，2023 年，“非国有经济的发展”方面指数排在全国上游位置（第 8 位），其他 4 个方面指数排在全国中游位置（第 11～17 位）。与 2019 年相比，“要素市场的发育程度”和“市场中介组织的发育和法治环境”方面指数评分和排名均有提高，其中“市场中介组织的发育和法治环境”改善明显。“政府与市场的关系”和“非国有经济的发展”方面指数评分下降，但排名上升。“产品市场的发育程度”方面指数排名和评分均出现下跌。

政府与市场的关系

湖南“政府与市场的关系”方面指数，2023 年与 2019 年相比，评分小幅下降，排名从第 18 位升至第 15 位。下属 3 个分项指数中，“减少政府对企业的干预”评分下降 0.26 分，降幅小于全国平均降幅（1.60 分），排名从第 26 位显著提升至第 17 位。“市场分配经济资源的比重”和“缩小政府规模”评分基本持平，排名一降一升。

非国有经济的发展

湖南“非国有经济的发展”方面指数，2023 年与 2019 年相比，评分从 8.44 分降至 8.19 分，排名提升 1 位至第 8 位。下属 3 个分项指数中，“非国有经济在工业企业营业收入中所占比例”评分下降 1.00 分，排名下跌 2 位，至第 7 位。“非国有经济在全社会固定资产投资中所占比例”和“非国有经济就业人数占城镇总就业人数的比例”评分均有小幅提升，前者排名从第 9 位升至第 3 位。后者排名微升。

产品市场的发育程度

湖南“产品市场的发育程度”方面指数，2023 年与 2019 年相比，评分下降 0.24 分，排名从第 12 位降至第 17 位，是 5 个方面指数中排名唯一下跌的指数，其下降主要受“价格由市场决定的程度”评分大幅下跌的拖累。该分项指数评分从7.67分大幅跌至4.02分，排名从第8位骤降至第27位。“公平的市场竞争条件”在3个分项指数中改善幅度最大，评分从1.92分大幅提高至4.88分，排名从第27位陡升至第12位。“减少商品市场上的地方保护”评分微降，降幅小于其他一些省份，使得排名上升6位，至第5位。

要素市场的发育程度

湖南“要素市场的发育程度”方面指数，2023年与2019年相比，评分从3.50分跃升至4.36分，排名提升5位，至第11位。下属3个分项指数中，“技术成果市场化”改善幅度明显，评分从0.73分大幅上升至4.95分，排名从第16位跃升至第6位。“金融业的市场化”评分下跌0.70分，排名从第13位降至第16位，其下二级分项指数“信贷资金分配的市场化”排名和评分下降明显。“人力资源供应条件”分项指数评分下跌0.93分，但排名上升3位，至第19位。其下二级分项指数“技术人员、管理人员和熟练工人供应条件”评分陡降2.74分，但降幅远低于全国平均降幅（4.04分），排名从第21位升至第9位。另一个二级分项指数“常住人口/本地户籍人口”评分上升，排名下降。

市场中介组织的发育和法治环境

湖南“市场中介组织的发育和法治环境”方面指数，2023年与2019年相比，评分大幅上升1.73分，排名提高5位，至第11位。下属3个分项指数中，“维护市场的法治环境”评分陡升3.32分，排名从第13位升至第11位。“市场中介组织的发育”评分提高1.47分，排名从第16位显著上升至第3位。“知识产权保护”评分上升，排名微降。

19. 广东省

2019 年市场化排名：2 评分：8.05

2020 年市场化排名：2 评分：8.36

2021 年市场化排名：3 评分：8.39

2022 年市场化排名：2 评分：8.02

2023 年市场化排名：2 评分：7.75

广东省市场化各方面指数和分项指数的排名及评分

指数	2019 年		2020 年		2021 年		2022 年		2023 年	
	排名	评分	排名	评分	排名	评分	排名	评分	排名	评分
1. 政府与市场的关系	**3**	**9.00**	**3**	**8.92**	**3**	**8.88**	**9**	**7.76**	**9**	**7.82**
1a 市场分配经济资源的比重	2	9.85	2	9.72	2	9.69	2	9.84	2	9.95
1b 减少政府对企业的干预	3	7.57	3	7.57	3	7.57	15	4.06	15	4.06
1c 缩小政府规模	3	9.58	5	9.46	6	9.38	6	9.37	5	9.45
2. 非国有经济的发展	**2**	**9.26**	**3**	**9.12**	**4**	**8.99**	**3**	**8.83**	**3**	**8.66**
2a 非国有经济在工业企业营业收入中所占比例	2	9.42	3	9.51	4	9.15	3	8.96	4	8.77
2b 非国有经济在全社会固定资产投资中所占比例	12	8.35	16	8.01	15	8.02	15	7.78	16	7.45
2c 非国有经济就业人数占城镇总就业人数的比例	1	10.00	2	9.84	1	9.82	1	9.74	1	9.74
3. 产品市场的发育程度	**4**	**8.04**	**4**	**8.04**	**4**	**8.04**	**2**	**8.31**	**2**	**8.31**
3a 价格由市场决定的程度	10	6.94	10	6.94	10	6.94	5	8.28	5	8.28
3b 减少商品市场上的地方保护	1	10.00	1	10.00	1	10.00	16	9.38	16	9.38
3c 公平的市场竞争条件	3	7.18	3	7.18	3	7.18	4	7.29	4	7.29
4. 要素市场的发育程度	**3**	**5.46**	**5**	**6.01**	**5**	**5.63**	**5**	**5.08**	**5**	**4.88**
4a 金融业的市场化	4	8.28	4	8.26	4	7.99	4	7.85	4	7.70
（4a1）金融业的竞争	11	7.08	11	6.95	11	7.04	11	6.75	13	6.43
（4a2）信贷资金分配的市场化	2	9.48	2	9.57	3	8.95	3	8.94	3	8.97
4b 人力资源供应条件	3	6.84	3	7.96	5	6.87	3	5.50	4	5.18

续表

指数	2019年		2020年		2021年		2022年		2023年	
	排名	评分	排名	评分	排名	评分	排名	评分	排名	评分
(4b1) 技术人员、管理人员和熟练工人供应条件	9	8.28	9	8.28	9	8.28	4	5.79	4	5.79
(4b2) 常住人口/本地户籍人口	3	5.41	3	7.65	4	5.46	4	5.22	4	4.57
4c 技术成果市场化	10	1.25	7	1.80	8	2.02	11	1.88	15	1.74
5. 市场中介组织的发育和法治环境	**1**	**8.50**	**1**	**9.70**	**1**	**10.38**	**2**	**10.14**	**2**	**9.08**
5a 市场中介组织的发育	3	8.00	3	8.00	3	8.00	2	6.78	2	6.78
5b 维护市场的法治环境	6	7.51	6	7.51	6	7.51	10	9.00	10	9.00
5c 知识产权保护	1	10.00	1	13.60	1	15.65	1	14.65	1	11.47

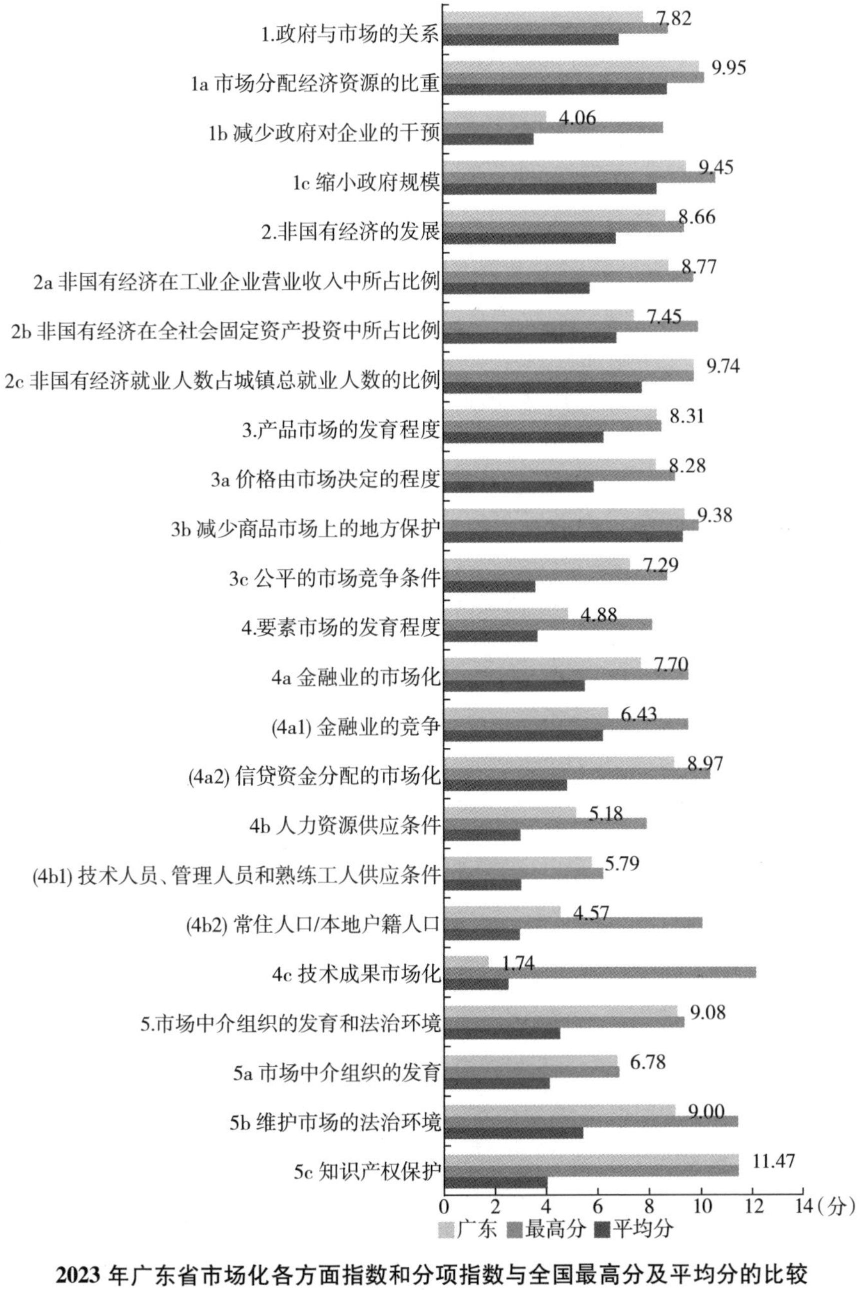

2023 年广东省市场化各方面指数和分项指数与全国最高分及平均分的比较

广东市场化进展状况

2019—2023年，广东市场化总指数评分从8.05分降至7.75分，市场化进程排名继续保持在全国第2位，仍然处于领先地位。

2023年与2019年相比，市场化进展的5个方面指数中，“产品市场的发育程度”和“市场中介组织的发育和法治环境”评分均有提高，但后者排名微降。其他3个方面指数评分和排名都有不同程度的下降，其中，“政府与市场的关系”方面指数降幅明显。2023年，5个方面指数均保持在全国上游位置。

政府与市场的关系

广东“政府与市场的关系”方面指数，2023年与2019年相比，评分陡降1.18分，至7.82分，排名从第3位下跌至第9位，其下降主要受分项指数“减少政府对企业的干预”大幅下跌的拖累，该分项指数评分从7.57分大幅降至4.06分，排名从第3位陡降至第15位。分项指数“市场分配经济资源的比重”和“缩小政府规模”，前者评分微升，排名维持在第2位，后者评分和排名微降。

非国有经济的发展

广东“非国有经济的发展”方面指数，2023年与2019年相比，评分下跌0.60分，排名从第2位微降至第3位，排在江苏和浙江之后。下属3个分项指数中，“非国有经济就业人数占城镇总就业人数的比例”排名仍稳定在全国第1位，评分微降。“非国有经济在工业企业营业收入中所占比例”和“非国有经济在全社会固定资产投资中所占比例”评分分别下跌0.65分和0.90分，排名都有下降，分别排第4位和第16位。

产品市场的发育程度

广东“产品市场的发育程度”方面指数，2023年与2019年相比，评分从8.04分升至8.31分，排名提升2位，至第2位，排在浙江之后，是5个方面指数中排名唯一有提升的指数。下属3个分项指数中，“价格由市场决定的程度”表现较好，评分从 6.94 分明显提高至 8.28 分，排名从第 10 位提升至第 5 位。“减少商品市场上的地方保护”评分下降 0.62 分，排名从第 1 位急跌至第 16 位。“公平的市场竞争条件”评分微升，排名微降。

要素市场的发育程度

广东“要素市场的发育程度”方面指数，2023 年与 2019 年相比，评分下降 0.58 分，至 4.88 分，排名从第 3 位降至第 5 位，排在前面的是 3 个直辖市（北京、上海、天津）和浙江。下属 3 个分项指数中，“人力资源供应条件”评分从 6.84 分大幅降至 5.18 分，排名微降。其下 2 个二级分项指数“技术人员、管理人员和熟练工人供应条件”和“常住人口/本地户籍人口”评分均下降，其中前者下降幅度较大，为 2.49 分。“金融业的市场化”分项指数评分下降 0.58 分，排名仍保持在第 4 位。其下 2 个二级分项指数“金融业的竞争”和“信贷资金分配的市场化”排名和评分均下跌。“技术成果市场化”分项指数评分上升 0.49 分，但排名下降 5 位，至第 15 位。

市场中介组织的发育和法治环境

广东“市场中介组织的发育和法治环境”方面指数，2023 年与 2019 年相比，评分上升 0.58 分，排名下跌 1 位，至第 2 位，被浙江超过。下属 3 个分项指数中，“维护市场的法治环境”和“知识产权保护”评分分别大幅提高 1.49 分和 1.47 分，前者排名下跌，后者排名仍继续保持第 1 位。“市场中介组织的发育”评分从 8.00 分明显降至 6.78 分，但排名上升 1 位，至全国第 2 位。

20. 广西壮族自治区

2019 年市场化排名：19　　评分：5. 16

2020 年市场化排名：19　　评分：5. 29

2021 年市场化排名：19　　评分：5. 50

2022 年市场化排名：16　　评分：5. 80

2023 年市场化排名：17　　评分：5. 69

广西壮族自治区市场化各方面指数和分项指数的排名及评分

指数	2019 年		2020 年		2021 年		2022 年		2023 年	
	排名	评分	排名	评分	排名	评分	排名	评分	排名	评分
1. 政府与市场的关系	**24**	**6. 59**	**25**	**6. 56**	**25**	**6. 61**	**10**	**7. 71**	**10**	**7. 73**
1a 市场分配经济资源的比重	18	8. 70	18	8. 46	20	8. 63	17	9. 07	15	9. 22
1b 减少政府对企业的干预	30	1. 74	30	1. 74	30	1. 74	10	4. 54	10	4. 54
1c 缩小政府规模	8	9. 32	4	9. 47	4	9. 48	4	9. 51	7	9. 42
2. 非国有经济的发展	**18**	**7. 08**	**17**	**7. 05**	**17**	**7. 08**	**16**	**6. 98**	**16**	**6. 94**
2a 非国有经济在工业企业营业收入中所占比例	16	5. 45	17	5. 48	16	5. 42	16	5. 66	17	5. 63
2b 非国有经济在全社会固定资产投资中所占比例	16	8. 07	18	7. 75	17	7. 77	18	7. 36	17	7. 27
2c 非国有经济就业人数占城镇总就业人数的比例	19	7. 72	19	7. 92	18	8. 06	18	7. 93	18	7. 93
3. 产品市场的发育程度	**21**	**5. 41**	**21**	**5. 41**	**21**	**5. 41**	**22**	**5. 66**	**22**	**5. 66**
3a 价格由市场决定的程度	29	1. 47	29	1. 47	29	1. 47	28	3. 97	28	3. 97
3b 减少商品市场上的地方保护	5	9. 76	5	9. 76	5	9. 76	6	9. 54	6	9. 54
3c 公平的市场竞争条件	10	5. 00	10	5. 00	10	5. 00	18	3. 46	18	3. 46
4. 要素市场的发育程度	**25**	**2. 94**	**25**	**3. 28**	**15**	**3. 91**	**18**	**3. 32**	**18**	**3. 21**
4a 金融业的市场化	16	5. 30	15	5. 47	14	5. 67	15	5. 62	15	5. 65
(4a1) 金融业的竞争	18	6. 27	15	6. 64	16	6. 61	16	6. 44	16	6. 32
(4a2) 信贷资金分配的市场化	18	4. 33	18	4. 30	15	4. 72	18	4. 80	17	4. 97
4b 人力资源供应条件	26	3. 31	29	4. 16	28	3. 77	7	3. 85	7	3. 83

续表

指数	2019 年		2020 年		2021 年		2022 年		2023 年	
	排名	评分	排名	评分	排名	评分	排名	评分	排名	评分
（4b1）技术人员、管理人员和熟练工人供应条件	24	5. 99	24	5. 99	24	5. 99	2	6. 11	2	6. 11
（4b2）常住人口/本地户籍人口	23	0. 64	27	2. 33	27	1. 55	25	1. 58	26	1. 54
4c 技术成果市场化	23	0. 19	23	0. 22	7	2. 29	21	0. 51	30	0. 17
5. 市场中介组织的发育和法治环境	**20**	**3. 78**	**20**	**4. 17**	**22**	**4. 49**	**14**	**5. 31**	**14**	**4. 93**
5a 市场中介组织的发育	24	4. 48	24	4. 48	24	4. 48	13	4. 51	13	4. 51
5b 维护市场的法治环境	11	5. 78	11	5. 78	11	5. 78	12	8. 55	12	8. 55
5c 知识产权保护	24	1. 09	25	2. 25	26	3. 20	24	2. 87	25	1. 73

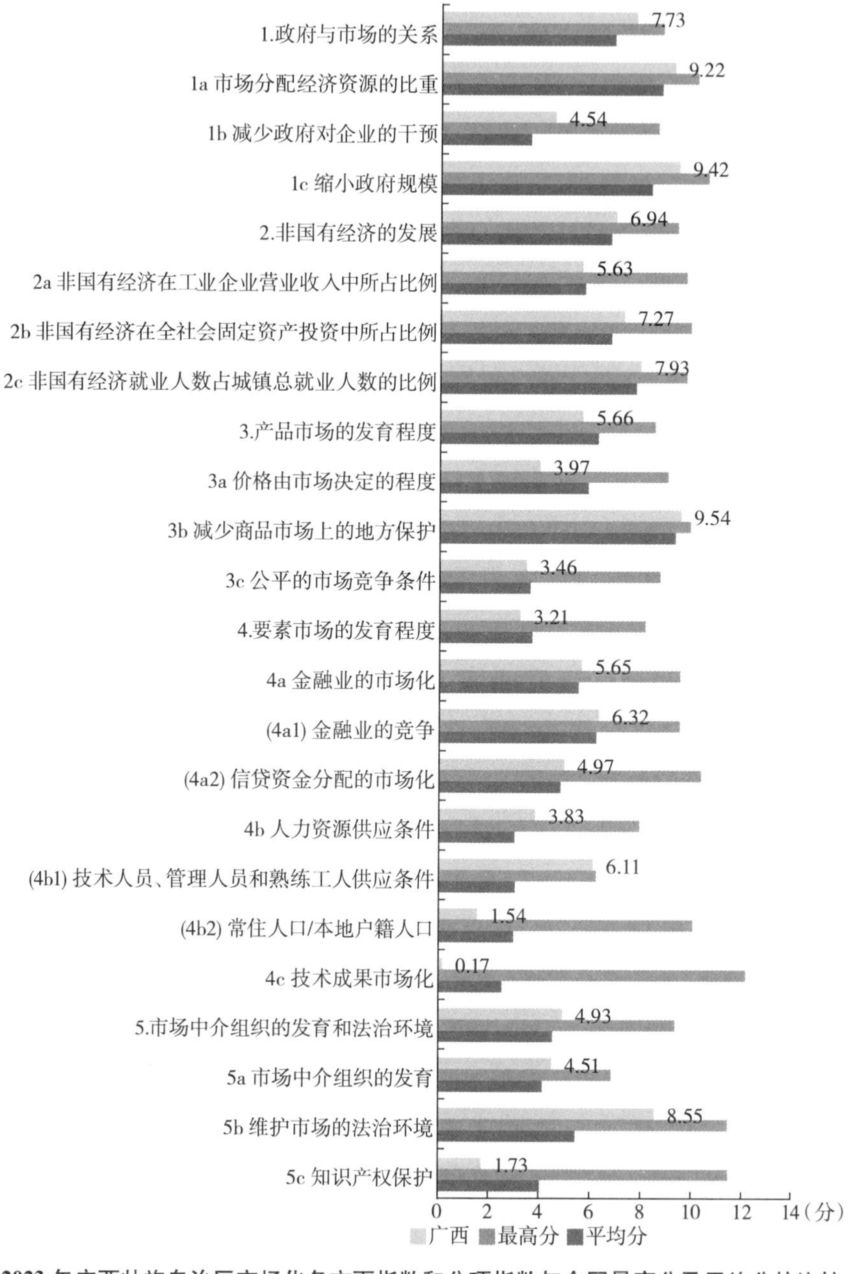

2023 年广西壮族自治区市场化各方面指数和分项指数与全国最高分及平均分的比较

广西市场化进展状况

2019—2023 年，广西市场化总指数评分从 5.16 分上升至 5.69 分，有明显进步，市场化进程排名从第 19 位上升至第 17 位。

在市场化进展的 5 个方面指数中，2023 年与 2019 年相比，“政府与市场的关系”“市场中介组织的发育和法治环境”改善显著，前者进入全国上游（第 10 位）。“产品市场的发育程度”和“要素市场的发育程度”评分均有小幅提高，排名一降一升。“非国有经济的发展”方面指数评分小幅下降，排名上升。3 个方面指数排在全国中游位置，1 个方面指数排在全国下游位置。

政府与市场的关系

广西“政府与市场的关系”方面指数，2023 年与 2019 年相比，评分显著上升 1.14 分，上升幅度仅次于西藏和江西，排名从第 24 位飙升至第 10 位。下属 3 个分项指数排名和评分均有改善。其中，“减少政府对企业的干预”改善幅度最大，评分大幅上升 2.80 分，排名从第 30 位显著上升至第 10 位。“市场分配经济资源的比重”和“缩小政府规模”评分分别上升 0.52 分和 0.10 分，排名都有小幅提升。

非国有经济的发展

广西“非国有经济的发展”方面指数，2023 年与 2019 年相比，评分微降 0.14 分，排名从第 18 位升至第 16 位。下属 3 个分项指数中，“非国有经济在工业企业营业收入中所占比例”和“非国有经济就业人数占城镇总就业人数的比例”评分均有小幅提高，排名一降一升。“非国有经济在全社会固定资产投资中所占比例”评分下跌 0.80 分，排名微降。

产品市场的发育程度

广西“产品市场的发育程度”方面指数，2023 年与 2019 年相比，评分小幅上升 0.25 分，排名降至第 22 位。下属 3 个分项指数中，“公平的市场竞争条件”表现不佳，评分从 5.00 分大幅降至 3.46 分，排名从第 10 位陡降至第18位。“价格由市场决定的程度”评分明显上升2.50分，但排名仅提升1位，至第28位。“减少商品市场上的地方保护”排名和评分小幅下降。

要素市场的发育程度

广西“要素市场的发育程度”方面指数，2023年与2019年相比，评分从2.94分升至3.21分，排名从第25位升至第18位。下属分项指数“人力资源供应条件”改善幅度最大，评分上升0.52分，排名从第26位飙升至第7位，进入全国上游行列，其上升主要受益于下属二级分项指数“技术人员、管理人员和熟练工人供应条件”的改善，该指数评分小幅上升0.12分，排名大幅提升。另一个二级分项指数“常住人口/本地户籍人口”评分上升0.90分，但排名下降3位。“金融业的市场化”分项指数评分提高0.35分，排名小幅上升。其下二级分项指数“金融业的竞争”和“信贷资金分配的市场化”评分和排名均有改善。“技术成果市场化”分项指数评分微降0.02分，因全国绝大多数省份评分有改善，导致排名从第23位大幅降至第30位。

市场中介组织的发育和法治环境

广西“市场中介组织的发育和法治环境”方面指数，2023年与2019年相比，评分显著上升1.15分，排名从第20位升至第14位。下属3个分项指数中，“维护市场的法治环境”评分从5.78分大幅提高至8.55分，对方面指数评分的改善贡献最大。“市场中介组织的发育”评分微升0.03分，排名从第24位陡升至第13位。“知识产权保护”评分上升0.64分，排名微降。

21. 海南省

2019 年市场化排名：26　　评分：4.52

2020 年市场化排名：26　　评分：4.54

2021 年市场化排名：26　　评分：4.58

2022 年市场化排名：25　　评分：4.65

2023 年市场化排名：25　　评分：4.41

海南省市场化各方面指数和分项指数的排名及评分

指数	2019 年		2020 年		2021 年		2022 年		2023 年	
	排名	评分	排名	评分	排名	评分	排名	评分	排名	评分
1. 政府与市场的关系	**22**	**6.74**	**21**	**6.83**	**22**	**6.87**	**19**	**6.76**	**19**	**6.79**
1a 市场分配经济资源的比重	26	7.72	27	7.45	28	7.58	28	7.93	27	7.99
1b 减少政府对企业的干预	22	4.33	22	4.33	22	4.33	19	3.42	19	3.42
1c 缩小政府规模	22	8.16	18	8.70	17	8.71	15	8.91	13	8.95
2. 非国有经济的发展	**14**	**7.88**	**18**	**7.02**	**18**	**6.75**	**18**	**6.75**	**19**	**6.34**
2a 非国有经济在工业企业营业收入中所占比例	8	8.10	16	5.55	18	5.09	17	5.57	21	4.64
2b 非国有经济在全社会固定资产投资中所占比例	21	7.40	21	7.20	21	6.96	23	6.44	24	6.14
2c 非国有经济就业人数占城镇总就业人数的比例	17	8.15	14	8.32	16	8.20	15	8.25	15	8.25
3. 产品市场的发育程度	**29**	**3.74**	**29**	**3.74**	**29**	**3.74**	**28**	**4.91**	**28**	**4.91**
3a 价格由市场决定的程度	30	1.25	30	1.25	30	1.25	17	5.39	17	5.39
3b 减少商品市场上的地方保护	27	6.97	27	6.97	27	6.97	18	9.33	18	9.33
3c 公平的市场竞争条件	25	2.99	25	2.99	25	2.99	27	0.02	27	0.02
4. 要素市场的发育程度	**27**	**2.61**	**27**	**2.92**	**28**	**2.83**	**25**	**2.48**	**27**	**2.03**
4a 金融业的市场化	22	4.61	23	4.13	21	4.60	20	4.64	28	3.74
（4a1）金融业的竞争	30	3.34	30	3.34	29	3.34	30	3.34	29	3.34
（4a2）信贷资金分配的市场化	12	5.87	15	4.93	12	5.85	11	5.94	19	4.14
4b 人力资源供应条件	28	3.15	27	4.43	29	3.66	21	2.54	24	1.94

续表

指数	2019 年		2020 年		2021 年		2022 年		2023 年	
	排名	评分	排名	评分	排名	评分	排名	评分	排名	评分
(4b1) 技术人员、管理人员和熟练工人供应条件	29	4.95	29	4.95	29	4.95	22	2.24	22	2.24
(4b2) 常住人口/本地户籍人口	16	1.35	16	3.91	19	2.37	13	2.84	22	1.64
4c 技术成果市场化	28	0.07	25	0.19	25	0.24	26	0.25	24	0.40
5. 市场中介组织的发育和法治环境	**29**	**1.64**	**29**	**2.20**	**29**	**2.72**	**25**	**2.37**	**25**	**1.98**
5a 市场中介组织的发育	27	4.36	27	4.36	27	4.36	19	3.45	19	3.45
5b 维护市场的法治环境	30	0.02	30	0.02	30	0.02	27	0.09	27	0.09
5c 知识产权保护	28	0.53	26	2.23	23	3.78	22	3.58	22	2.40

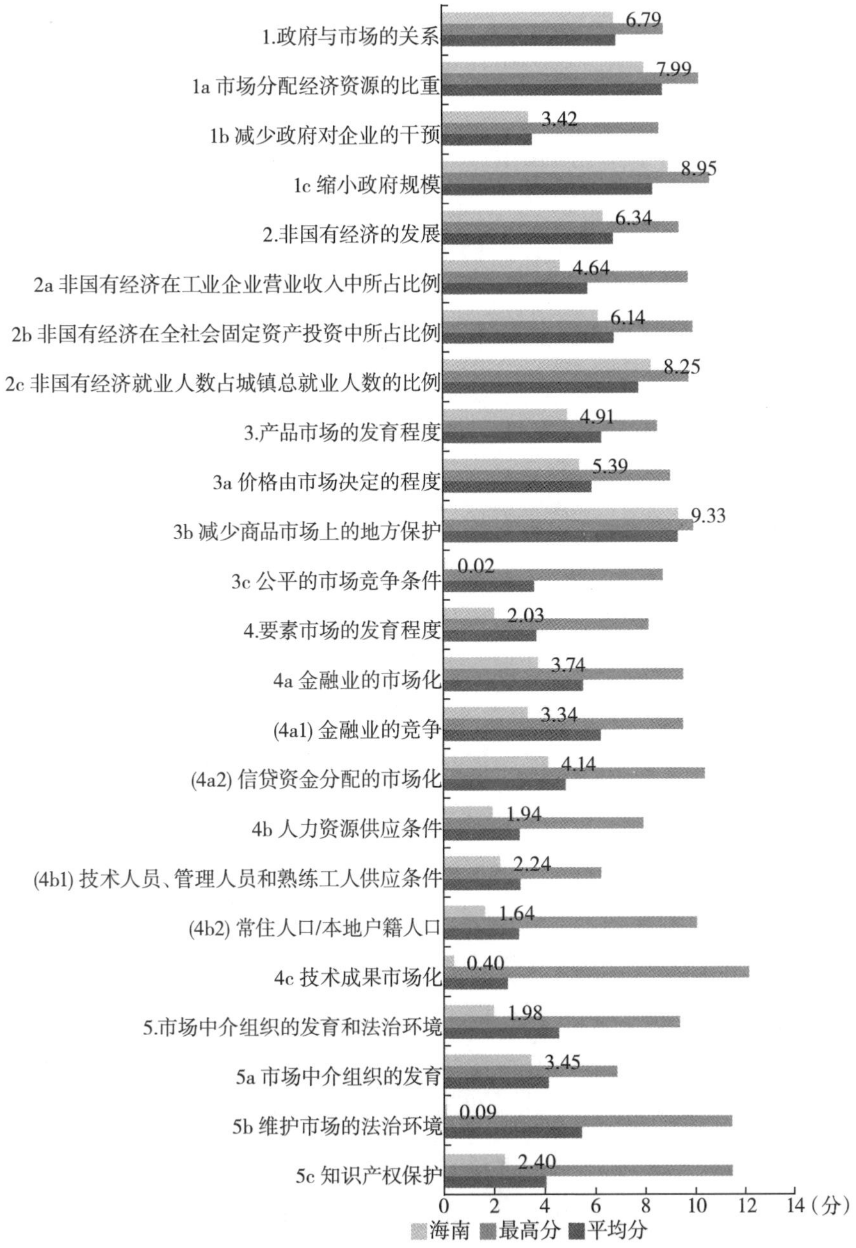

2023 年海南省市场化各方面指数和分项指数与全国最高分及平均分的比较

海南市场化进展状况

2019—2023 年，海南市场化总指数评分从 4. 52 分微降至 4. 41 分，市场化进展排名从第 26 位微升至第 25 位。

在市场化进展的 5 个方面指数中，2023 年，“政府与市场的关系”和“非国有经济的发展”方面指数均位列全国第 19 位，处于中游位置，其他 3 个方面指数排在全国第 25 ~ 28 位之间，处于下游位置。与 2019 年相比，“政府与市场的关系”、“产品市场的发育程度”和“市场中介组织的发育和法治环境”方面指数排名和评分均有改善。“非国有经济的发展”和“要素市场的发育程度”两个方面指数评分都有下降，排名一降一平。

政府与市场的关系

海南“政府与市场的关系”方面指数，2023 年与 2019 年相比，评分微升，排名从第 22 位升至第 19 位。下属 3 个分项指数中，“缩小政府规模”表现较好，评分提升 0. 79 分，至 8. 95 分，排名从第 22 位大幅提升至第 13 位。“减少政府对企业的干预”评分下降 0. 91 分，但降幅小于全国平均降幅（1. 60 分），排名从第 22 位提高至第 19 位。“市场分配经济资源的比重”评分微升，排名小幅下降。

非国有经济的发展

海南“非国有经济的发展”方面指数，2023 年与 2019 年相比，评分从 7. 88 分降至 6. 34 分，排名下跌 5 位，至第 19 位，是 5 个方面指数中，排名唯一下跌的指数。下属 3 个分项指数中，“非国有经济在工业企业营业收入中所占比例”和“非国有经济在全社会固定资产投资中所占比例”排名和评分均有大幅下跌，其中，前者降幅更大，评分从 8. 10 分骤降至 4. 64 分，排名从第 8 位大幅下降至第 21 位。后者评分也明显下跌 1. 26 分，排名降至第 24 位。只有“非国有经济就业人数占城镇总就业人数的比例”评分和排名均有小幅上升。

产品市场的发育程度

海南“产品市场的发育程度”方面指数，2023 年与 2019 年相比，评分从 3. 74 分大幅升至 4. 91 分，排名上升 1 位，至第 28 位，仅排在甘肃、青海和陕西之前。下属 3 个分项指数中，“价格由市场决定的程度”和“减少商品市场上的地方保护”评分和排名改善幅度明显，评分分别显著提高 4. 14 分和 2. 36 分，排名分别从第 30 位和第 27 位大幅提升至第 17 位和第 18 位。但“公平的市场竞争条件”评分大幅下跌 2. 97 分，至 0. 02 分，排名小幅降至第 27 位。

要素市场的发育程度

海南“要素市场的发育程度”方面指数，2023 年与 2019 年相比，评分显著下降至 2. 03 分，排名仍维持在第 27 位。下属 3 个分项指数中，“人力资源供应条件”评分陡跌 1. 21 分，跌幅小于全国平均跌幅（1. 59 分），排名从第 28 位升至第 24 位。其下 2 个二级分项指数表现差异较大，其中，“技术人员、管理人员和熟练工人供应条件”二级分项指数评分从 4. 95 分明显下跌至 2. 24 分，但排名有上升。“常住人口/本地户籍人口”二级分项指数评分上升，但排名显著下降。“金融业的市场化”分项指数评分下跌 0. 87 分，排名从第 22 位降至第 28 位，其下降主要受二级分项指数“信贷资金分配的市场化”排名和评分下跌影响。“技术成果市场化”分项指数评分上升，排名从第 28 位升至第 24 位。

市场中介组织的发育和法治环境

海南“市场中介组织的发育和法治环境”方面指数，2023 年与 2019 年相比，评分上升 0. 34 分，排名从第 29 位升至第 25 位。下属 3 个分项指数中，“知识产权保护”评分显著提高 1. 87 分，排名提高 6 位。“市场中介组织的发育”评分下跌 0. 91 分，排名提升 8 位。“维护市场的法治环境”评分微升 0. 07 分，排名上升 3 位。

22. 重庆市

2019 年市场化排名：9　　评分：6.65

2020 年市场化排名：9　　评分：6.80

2021 年市场化排名：9　　评分：6.90

2022 年市场化排名：19　　评分：5.40

2023 年市场化排名：19　　评分：5.34

重庆市市场化各方面指数和分项指数的排名及评分

指数	2019 年		2020 年		2021 年		2022 年		2023 年	
	排名	评分	排名	评分	排名	评分	排名	评分	排名	评分
1. 政府与市场的关系	**8**	**8.22**	**7**	**8.21**	**7**	**8.29**	**17**	**7.23**	**17**	**7.26**
1a 市场分配经济资源的比重	15	8.93	12	8.99	11	9.12	10	9.32	11	9.33
1b 减少政府对企业的干预	9	6.28	9	6.28	9	6.28	22	2.87	22	2.87
1c 缩小政府规模	4	9.46	7	9.35	5	9.46	5	9.50	4	9.57
2. 非国有经济的发展	**6**	**8.56**	**8**	**8.45**	**8**	**8.41**	**9**	**8.13**	**9**	**8.07**
2a 非国有经济在工业企业营业收入中所占比例	9	7.94	10	7.81	10	7.73	11	7.28	9	7.27
2b 非国有经济在全社会固定资产投资中所占比例	10	8.50	8	8.39	8	8.40	10	8.09	8	7.92
2c 非国有经济就业人数占城镇总就业人数的比例	6	9.24	6	9.16	7	9.10	7	9.01	7	9.01
3. 产品市场的发育程度	**15**	**6.23**	**15**	**6.23**	**15**	**6.23**	**27**	**5.00**	**27**	**5.00**
3a 价格由市场决定的程度	23	3.16	23	3.16	23	3.16	16	5.90	16	5.90
3b 减少商品市场上的地方保护	9	9.74	9	9.74	9	9.74	19	9.32	19	9.32
3c 公平的市场竞争条件	5	5.79	5	5.79	5	5.79	29	-0.20	29	-0.20
4. 要素市场的发育程度	**9**	**4.25**	**9**	**4.84**	**9**	**4.82**	**9**	**4.28**	**9**	**4.45**
4a 金融业的市场化	10	6.39	10	6.60	9	6.91	10	6.63	11	6.67
(4a1) 金融业的竞争	10	7.26	8	7.30	7	7.94	7	7.52	6	7.75
(4a2) 信贷资金分配的市场化	13	5.52	12	5.90	11	5.87	12	5.73	12	5.59
4b 人力资源供应条件	5	6.24	4	7.65	3	7.18	4	5.03	3	5.23

续表

指数	2019年		2020年		2021年		2022年		2023年	
	排名	评分	排名	评分	排名	评分	排名	评分	排名	评分
(4b1) 技术人员、管理人员和熟练工人供应条件	1	10.00	1	10.00	1	10.00	1	6.23	1	6.23
(4b2) 常住人口/本地户籍人口	9	2.49	10	5.30	10	4.36	8	3.84	8	4.24
4c 技术成果市场化	27	0.11	21	0.26	22	0.38	18	1.19	17	1.45
5. 市场中介组织的发育和法治环境	**7**	**5.98**	**8**	**6.29**	**7**	**6.76**	**26**	**2.36**	**26**	**1.92**
5a 市场中介组织的发育	2	8.47	2	8.47	2	8.47	21	3.29	21	3.29
5b 维护市场的法治环境	8	6.52	8	6.52	8	6.52	28	-0.51	28	-0.51
5c 知识产权保护	11	2.94	17	3.87	16	5.29	18	4.29	19	2.97

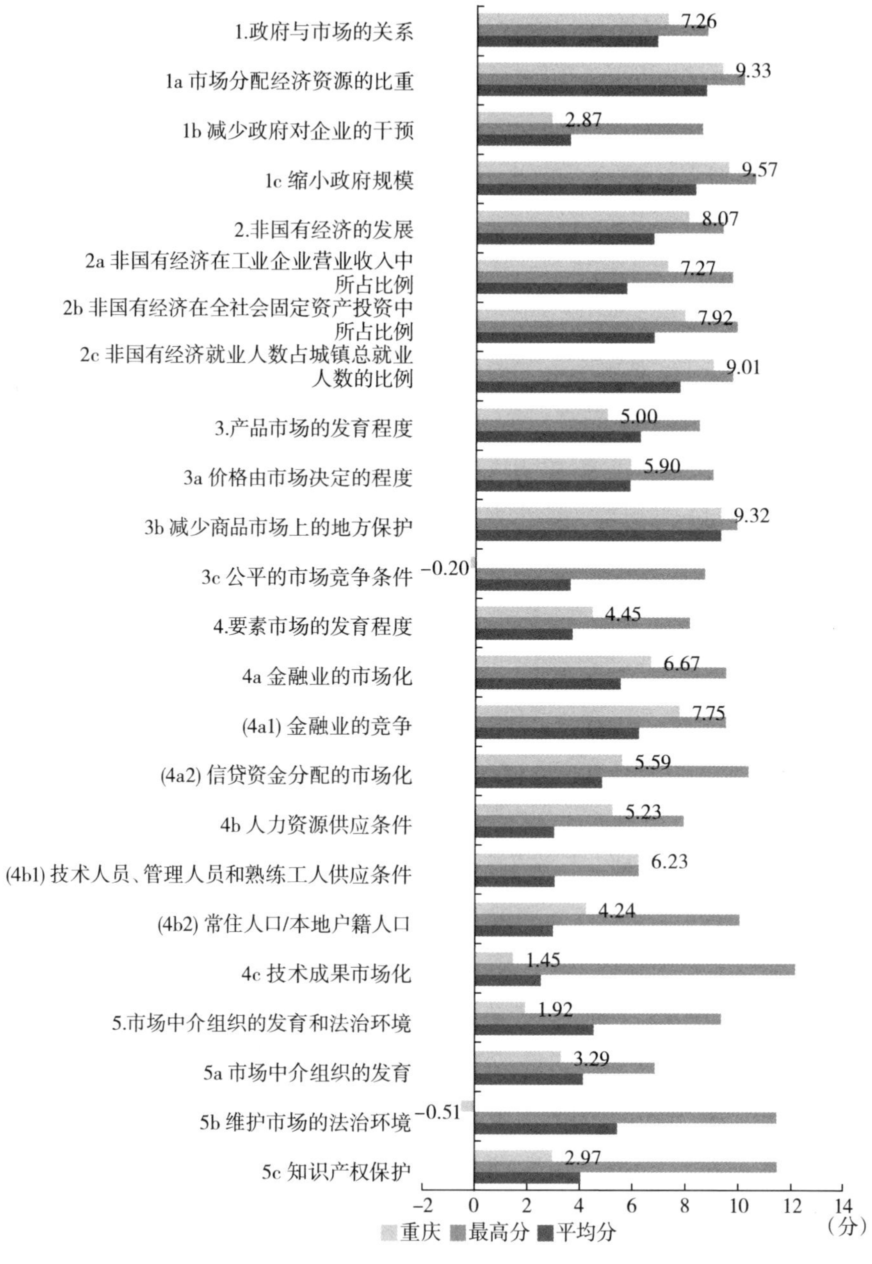

2023 年重庆市市场化各方面指数和分项指数与全国最高分及平均分的比较

重庆市场化进展状况

2019—2023 年，重庆市场化总指数评分从 6.65 分降至 5.34 分，市场化进展排名从第 9 位大幅下跌至第 19 位。

在市场化进展的 5 个方面指数中，2023 年与 2019 年相比，只有“要素市场的发育程度”评分有小幅度上升，其他 4 个方面指数评分和排名均出现明显下降。评分下降幅度很大的有：“市场中介组织的发育和法治环境”，降幅达 4.06 分；“政府与市场的关系”和“产品市场的发育程度”，降幅都在 1.0 分左右。三者的全国排名降幅都在 9 ~ 19 位之间。“非国有经济的发展”有较小幅度的下降（0.49 分），排名下降 3 位。2023 年，“非国有经济的发展”和“要素市场的发育程度”两个方面指数均排在全国第 9 位，仍然处于全国上游位置；“政府与市场的关系”方面指数落入全国中游位置；“产品市场的发育程度”和“市场中介组织的发育和法治环境”两个方面指数的排名分别从中游和上游水平跌至后进水平。

政府与市场的关系

重庆“政府与市场的关系”方面指数，2023 年与 2019 年相比，评分从 8.22 分降至 7.26 分，排名从第 8 位陡降至第 17 位，其下降主要受下属分项指数“减少政府对企业的干预”排名和评分下跌的拖累，该分项指数评分从 6.28 分陡降至 2.87 分，排名从第 9 位骤降至第 22 位。“市场分配经济资源的比重”和“缩小政府规模”评分分别提高 0.40 分和 0.11 分，前者排名提升 4 位，至第 11 位，后者排名仍保持在第 4 位。

非国有经济的发展

重庆“非国有经济的发展”方面指数，2023 年与 2019 年相比，评分从 8.56 分降至 8.07 分，排名从第 6 位降至第 9 位。下属 3 个分项指数评分均有不同程度的下跌，其中，“非国有经济在工业企业营业收入中所占比例”和“非国有经济在全社会固定资产投资中所占比例”评分分别下跌 0.67 分和 0.58 分，排名一平一升。“非国有经济就业人数占城镇总就业人数的比例”评分和排名有小幅下降。

产品市场的发育程度

重庆“产品市场的发育程度”方面指数，2023 年与 2019 年相比，评分从 6.23 分大幅降至 5.00 分，排名从第 15 位陡降至第 27 位，从原来的中等水平跌至后进水平。下属 3 个分项指数中，“价格由市场决定的程度”评分显著提升 2.74 分，排名从第 23 位升至第 16 位。“公平的市场竞争条件”表现最不理想，评分从 5.79 分骤降至 -0.20 分，排名从第 5 位大幅跌至第 29 位。“减少商品市场上的地方保护”表现也不尽如人意，评分下降 0.42 分，排名从第 9 位降至第 19 位。

要素市场的发育程度

重庆“要素市场的发育程度”方面指数，2023 年与 2019 年相比，评分小幅上升 0.20 分，排名仍保持在第 9 位。下属 3 个分项指数中，“技术成果市场化”表现最好，评分从 0.11 分显著提高至 1.45 分，排名从第 27 位明显提升至第 17 位。“人力资源供应条件”评分大幅下跌 1.01 分，但排名从第 5 位升至第 3 位。其下二级分项指数“技术人员、管理人员和熟练工人供应条件”评分骤降 3.77 分，但排名继续保持在全国第 1 位。另一个二级分项指数“常住人口/本地户籍人口”评分上升 1.75 分，排名微升。“金融业的市场化”分项指数评分小幅上升，排名微降。其下 2 个二级分项指数“金融业的竞争”和“信贷资金分配的市场化”评分和排名均有提升。

市场中介组织的发育和法治环境

重庆“市场中介组织的发育和法治环境”方面指数，2023 年与 2019 年相比，评分从 5.98 分急跌至 1.92 分，在 5 个方面指数中，下跌幅度最大，排名从第 7 位显著下跌至第 26 位。下属 3 个分项指数排名均有大幅下跌，其中“市场中介组织的发育”评分从 8.47 分骤降至 3.29 分，排名从第 2 位急跌至第 21 位。“维护市场的法治环境”评分从 6.52 分明显降至 -0.51 分，排名从第 8 位大幅降至第 28 位。“知识产权保护”评分微升 0.03 分，排名从第 11 位跌至第 19 位。

23. 四川省

2019 年市场化排名：17　　评分：5.88

2020 年市场化排名：17　　评分：6.02

2021 年市场化排名：17　　评分：6.04

2022 年市场化排名：18　　评分：5.46

2023 年市场化排名：20　　评分：5.31

四川省市场化各方面指数和分项指数的排名及评分

指数	2019 年		2020 年		2021 年		2022 年		2023 年	
	排名	评分	排名	评分	排名	评分	排名	评分	排名	评分
1. 政府与市场的关系	**9**	**8.21**	**9**	**8.12**	**8**	**8.14**	**21**	**6.55**	**22**	**6.42**
1a 市场分配经济资源的比重	14	8.95	15	8.79	16	8.81	21	8.94	21	8.93
1b 减少政府对企业的干预	7	6.50	7	6.50	7	6.50	24	1.71	24	1.71
1c 缩小政府规模	13	9.19	13	9.07	12	9.11	14	9.00	18	8.63
2. 非国有经济的发展	**16**	**7.55**	**16**	**7.57**	**15**	**7.45**	**17**	**6.97**	**17**	**6.75**
2a 非国有经济在工业企业营业收入中所占比例	13	7.53	14	7.53	14	7.34	14	6.35	14	6.21
2b 非国有经济在全社会固定资产投资中所占比例	23	6.50	23	6.63	25	6.48	25	6.25	25	5.73
2c 非国有经济就业人数占城镇总就业人数的比例	9	8.62	12	8.54	12	8.54	13	8.31	13	8.31
3. 产品市场的发育程度	**20**	**5.47**	**20**	**5.47**	**20**	**5.47**	**21**	**5.66**	**21**	**5.66**
3a 价格由市场决定的程度	27	2.24	27	2.24	27	2.24	29	3.90	29	3.90
3b 减少商品市场上的地方保护	3	9.91	3	9.91	3	9.91	23	9.10	23	9.10
3c 公平的市场竞争条件	15	4.25	15	4.25	15	4.25	14	3.98	14	3.98
4. 要素市场的发育程度	**15**	**3.70**	**16**	**4.07**	**17**	**3.86**	**16**	**3.51**	**17**	**3.57**
4a 金融业的市场化	17	4.96	18	5.09	17	4.89	18	4.91	18	4.93
(4a1) 金融业的竞争	25	5.70	23	5.68	22	5.97	21	6.06	18	6.32
(4a2) 信贷资金分配的市场化	19	4.22	17	4.51	19	3.81	20	3.76	20	3.55
4b 人力资源供应条件	13	4.55	16	5.54	16	5.12	8	3.84	8	3.80

续表

指数	2019 年		2020 年		2021 年		2022 年		2023 年	
	排名	评分	排名	评分	排名	评分	排名	评分	排名	评分
(4b1) 技术人员、管理人员和熟练工人供应条件	16	7.52	16	7.52	16	7.52	5	5.15	5	5.15
(4b2) 常住人口/本地户籍人口	14	1.58	19	3.57	15	2.73	16	2.54	14	2.45
4c 技术成果市场化	7	1.60	10	1.57	13	1.57	14	1.78	14	1.98
5. 市场中介组织的发育和法治环境	**12**	**4.48**	**15**	**4.86**	**14**	**5.30**	**16**	**4.59**	**17**	**4.17**
5a 市场中介组织的发育	15	5.27	15	5.27	15	5.27	11	4.90	11	4.90
5b 维护市场的法治环境	17	5.44	17	5.44	17	5.44	19	4.36	19	4.36
5c 知识产权保护	12	2.73	18	3.86	17	5.19	16	4.51	16	3.25

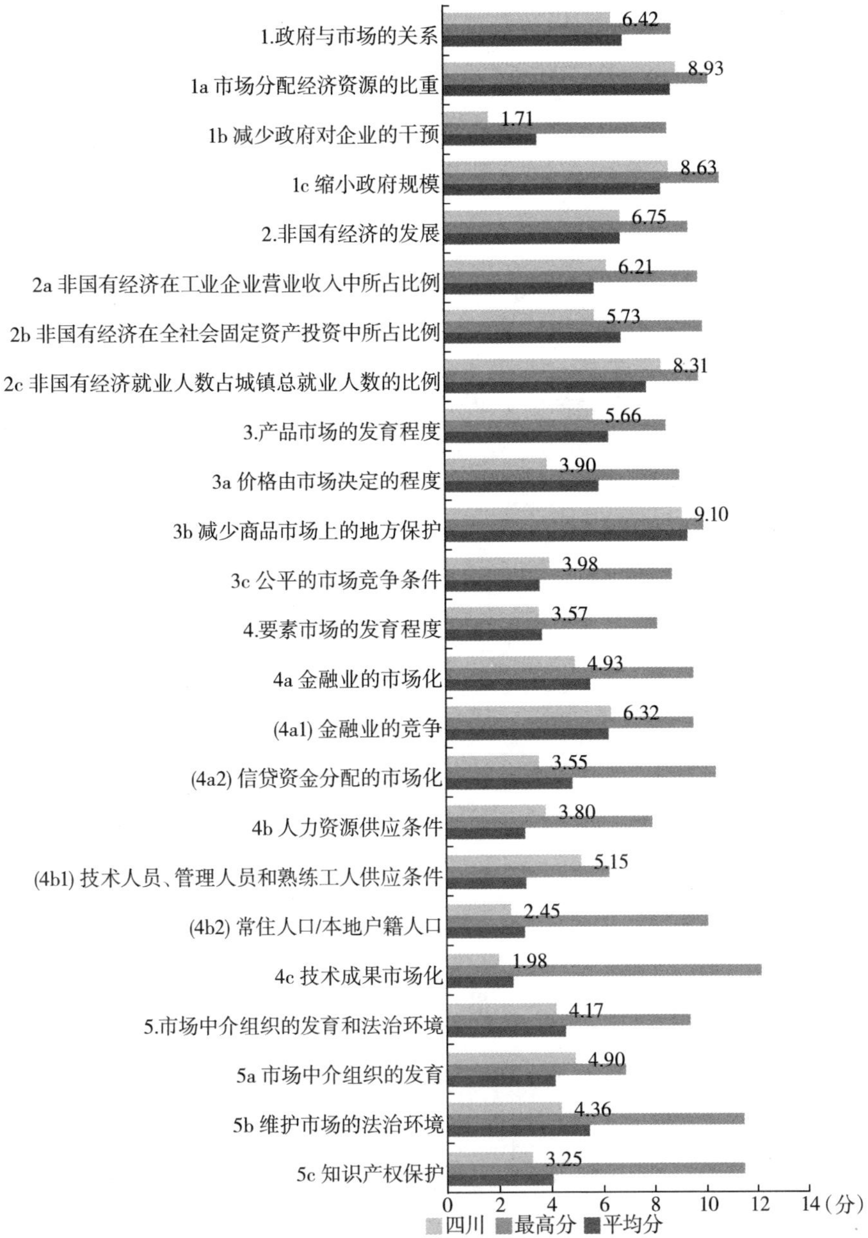

2023 年四川省市场化各方面指数和分项指数与全国最高分及平均分的比较

四川市场化进展状况

2019—2023 年，四川市场化总指数评分从 5. 88 分降至 5. 31 分，市场化进展排名从第 17 位下降至第 20 位。

在市场化进展的 5 个方面指数中，2023 年与 2019 年相比，“政府与市场的关系”和“非国有经济的发展”评分均有显著下降，前者排名降幅很大。“产品市场的发育程度”、“要素市场的发育程度”和“市场中介组织的发育和法治环境”3 个方面指数评分各有较小幅度的升降，但排名均有下降。2023 年，2 个方面指数落入全国第 20 位以下的下游区间，其余 3 个均排在第 17 位，处于全国中游水平。

政府与市场的关系

四川“政府与市场的关系”方面指数，2023 年与 2019 年相比，评分从 8. 21 分大幅下跌至 6. 42 分，排名从第 9 位急跌至第 22 位，在 5 个方面指数中，排名和评分下降幅度最大。下属 3 个分项指数排名和评分均有不同程度的下降。其中，“减少政府对企业的干预”评分从 6. 50 分陡降至 1. 71 分，排名骤降 17 位，至第 24 位。“市场分配经济资源的比重”评分微降 0. 02 分，排名则从第 14 位降至第 21 位。“缩小政府规模”评分下跌 0. 56 分，排名从第 13 位降至第 18 位。

非国有经济的发展

四川“非国有经济的发展”方面指数，2023 年与 2019 年相比，评分从 7. 55 分降至 6. 75 分，排名微降至 17 位。下属 3 个分项指数中，“非国有经济在工业企业营业收入中所占比例”评分大幅下跌 1. 32 分，排名下降 1 位。“非国有经济在全社会固定资产投资中所占比例”和“非国有经济就业人数占城镇总就业人数的比例”评分分别下跌 0. 77 分和 0. 31 分，排名分别下降 2 位和 4 位，至第 25 位和第 13 位。

产品市场的发育程度

四川“产品市场的发育程度”方面指数，2023 年与 2019 年相比，评分小幅上升至5.66分，排名从第20位略降至第21位。下属3个分项指数中，“减少商品市场上的地方保护”表现最不理想，评分大幅下降0.81分，下降幅度全国最大，导致排名从第3位陡降至第23位。“价格由市场决定的程度”评分显著上升1.66分，但排名下降2位，至第29位。“公平的市场竞争条件”评分下降，排名略升。

要素市场的发育程度

四川“要素市场的发育程度”方面指数，2023年与2019年相比，评分微降0.13分，排名从第15位降至第17位。下属3个分项指数中，只有“技术成果市场化”评分有改善，但改善幅度不及多数省份，排名从第7位降至第14位。“金融业的市场化”分项指数评分和排名均有小幅下降。其下二级分项指数“金融业的竞争”评分提高0.62分，排名从第25位跃升至第18位。另一个二级分项指数“信贷资金分配的市场化”评分和排名均下降。“人力资源供应条件”分项指数评分下跌0.75分，排名上升5位，至第8位。其下二级分项指数“技术人员、管理人员和熟练工人供应条件”评分大幅下跌2.37分，跌幅小于全国平均跌幅（4.04分），排名从第16位跃升至第5位。另一个二级分项指数“常住人口/本地户籍人口”评分改善，排名不变。

市场中介组织发育和法治环境

四川“市场中介组织发育和法治环境”方面指数，2023年与2019年相比，评分下降0.31分，至4.17分，排名从第12位降至第17位。下属3个分项指数中，“维护市场的法治环境”评分大幅下降1.08分，排名微降至第19位。“市场中介组织的发育”和“知识产权保护”，前者评分下降0.37分，后者评分上升0.52分，排名一升一降。

24. 贵州省

2019 年市场化排名：23　　评分：4.90

2020 年市场化排名：23　　评分：4.96

2021 年市场化排名：24　　评分：4.99

2022 年市场化排名：22　　评分：4.86

2023 年市场化排名：22　　评分：4.83

贵州省市场化各方面指数和分项指数的排名及评分

指数	2019 年		2020 年		2021 年		2022 年		2023 年	
	排名	评分	排名	评分	排名	评分	排名	评分	排名	评分
1. 政府与市场的关系	**21**	**6.77**	**24**	**6.57**	**24**	**6.62**	**26**	**6.21**	**23**	**6.32**
1a 市场分配经济资源的比重	25	8.09	26	7.73	26	7.78	26	8.10	25	8.17
1b 减少政府对企业的干预	21	4.43	21	4.43	21	4.43	23	2.74	23	2.74
1c 缩小政府规模	24	7.80	26	7.54	26	7.64	25	7.80	25	8.04
2. 非国有经济的发展	**23**	**5.96**	**25**	**5.78**	**24**	**5.98**	**26**	**5.41**	**26**	**5.40**
2a 非国有经济在工业企业营业收入中所占比例	22	4.31	25	3.88	22	4.22	28	2.98	28	3.02
2b 非国有经济在全社会固定资产投资中所占比例	24	6.39	24	6.58	23	6.77	24	6.29	23	6.20
2c 非国有经济就业人数占城镇总就业人数的比例	22	7.18	27	6.89	26	6.95	26	6.97	26	6.97
3. 产品市场的发育程度	**17**	**5.89**	**17**	**5.89**	**17**	**5.89**	**15**	**6.48**	**15**	**6.48**
3a 价格由市场决定的程度	21	4.23	21	4.23	21	4.23	22	4.70	22	4.70
3b 减少商品市场上的地方保护	18	9.19	18	9.19	18	9.19	22	9.11	22	9.11
3c 公平的市场竞争条件	15	4.25	15	4.25	15	4.25	8	5.64	8	5.64
4. 要素市场的发育程度	**23**	**3.09**	**24**	**3.37**	**25**	**3.21**	**21**	**2.74**	**21**	**2.83**
4a 金融业的市场化	18	4.83	20	4.45	23	4.44	22	4.54	21	4.66
（4a1）金融业的竞争	7	7.67	12	6.87	13	6.77	12	6.68	11	6.78
（4a2）信贷资金分配的市场化	25	1.99	25	2.03	25	2.11	24	2.39	23	2.54
4b 人力资源供应条件	24	3.62	23	4.83	23	4.30	22	2.51	22	2.42

续表

指数	2019年		2020年		2021年		2022年		2023年	
	排名	评分	排名	评分	排名	评分	排名	评分	排名	评分
(4b1) 技术人员、管理人员和熟练工人供应条件	20	6.65	20	6.65	20	6.65	19	3.15	19	3.15
(4b2) 常住人口/本地户籍人口	26	0.60	21	3.01	22	1.94	21	1.87	21	1.70
4c 技术成果市场化	15	0.81	18	0.84	18	0.89	19	1.18	18	1.40
5. 市场中介组织的发育和法治环境	**28**	**2.78**	**27**	**3.19**	**28**	**3.25**	**22**	**3.45**	**22**	**3.11**
5a 市场中介组织的发育	29	3.10	29	3.10	29	3.10	20	3.33	20	3.33
5b 维护市场的法治环境	26	3.20	26	3.20	26	3.20	17	4.83	17	4.83
5c 知识产权保护	21	2.04	21	3.26	25	3.44	27	2.18	29	1.17

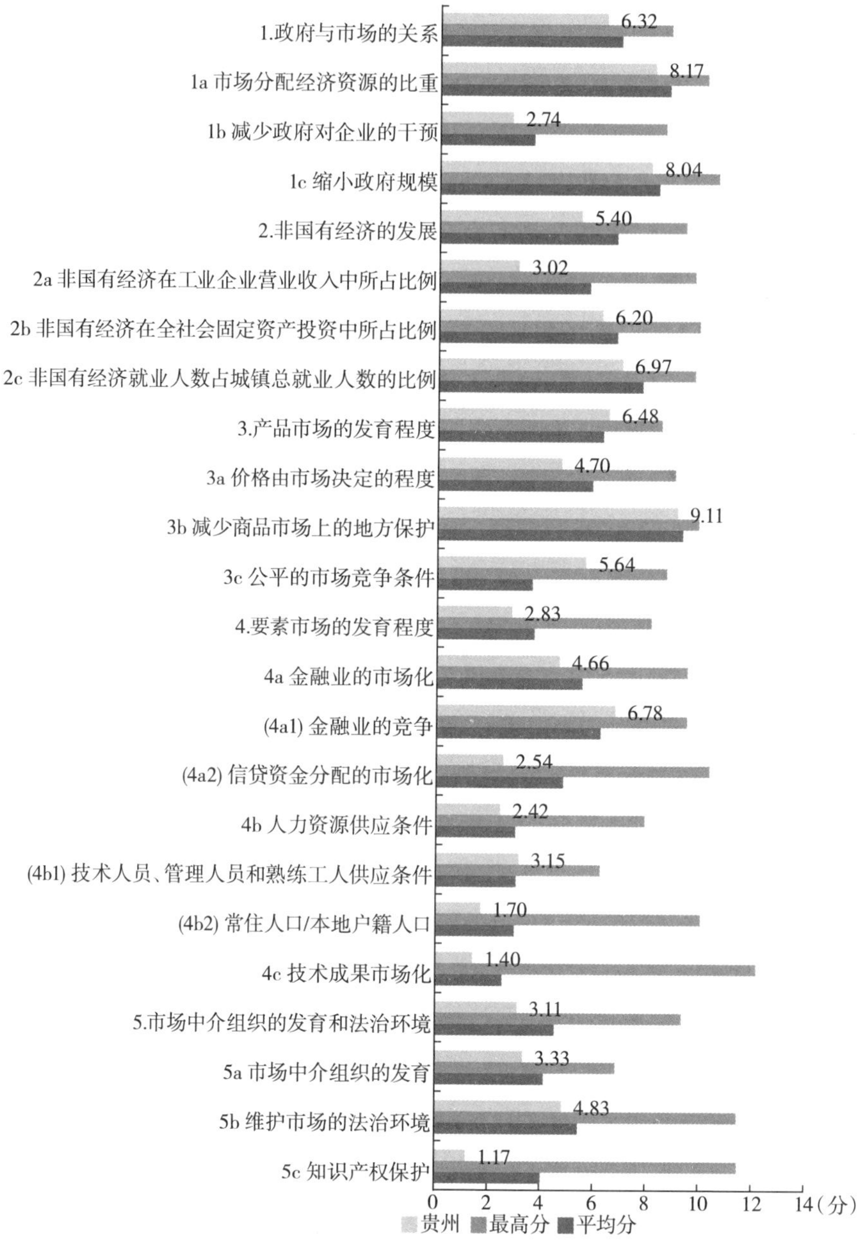

2023 年贵州省市场化各方面指数和分项指数与全国最高分及平均分的比较

贵州市场化进展状况

2019—2023 年，贵州市场化总指数评分从 4.90 分微降至 4.83 分，市场化进展排名从第 23 位小幅升至第 22 位。

在市场化进展的 5 个方面指数中，2023 年与 2019 年相比，“产品市场的发育程度”和“市场中介组织的发育和法治环境”方面指数评分和排名有改善。“政府与市场的关系”、“非国有经济的发展”和“要素市场的发育程度”方面指数评分均有下降。前两者排名下降，后者排名略有上升。2023 年，“产品市场的发育程度”方面指数排在全国中游位置，其他 4 个方面指数排在全国下游位置。

政府与市场的关系

贵州“政府与市场的关系”方面指数，2023 年与 2019 年相比，评分下降 0.45 分，排名降 2 位，至第 23 位。下属 3 个分项指数中，“减少政府对企业的干预”评分显著下跌 1.69 分，排名从第 21 位降至第 23 位。“市场分配经济资源的比重”和“缩小政府规模”评分均有小幅改善，排名一平一降。

非国有经济的发展

贵州“非国有经济的发展”方面指数，2023 年与 2019 年相比，评分下降 0.56 分，排名从第 23 位降至第 26 位。下属 3 个分项指数中，“非国有经济在工业企业营业收入中所占比例”评分大幅下跌 1.29 分，排名从第 22 位降至第 28 位。“非国有经济在全社会固定资产投资中所占比例”和“非国有经济就业人数占城镇总就业人数的比例”评分均有小幅下跌，排名一升一降。

产品市场的发育程度

贵州“产品市场的发育程度”方面指数，2023 年与 2019 年相比，评分提高 0.59 分，排名提升 2 位，至第 15 位，在 5 个方面指数中表现最好。下属 3 个分项指数中，“公平的市场竞争条件”表现突出，评分显著上升 1.39

分，排名从第15位升至第8位。“价格由市场决定的程度”和“减少商品市场上的地方保护”，前者评分上升0.47分，后者评分微跌0.08分，排名均有下降。

要素市场的发育程度

贵州“要素市场的发育程度”方面指数，2023年与2019年相比，评分小幅下降，排名从第23位升至第21位。下属3个分项指数中，“人力资源供应条件”评分大幅下跌1.20分，排名提升2位。其下二级分项指数“技术人员、管理人员和熟练工人供应条件”评分骤降3.50分。“常住人口/本地户籍人口”二级分项指数评分大幅上升1.10分。“技术成果市场化”分项指数评分上升0.59分，排名从第15位降至第18位。“金融业的市场化”分项指数评分小幅下降0.17分，排名从第18位降至第21位。其下二级分项指数“金融业的竞争”评分和排名均下降。另一个二级分项指数“信贷资金分配的市场化”评分和排名均有改善。

市场中介组织的发育和法治环境

贵州“市场中介组织的发育和法治环境”方面指数，2023年与2019年相比，评分上升0.33分，排名从第28位升至第22位。下属3个分项指数中，“维护市场的法治环境”表现较好，评分显著提高1.63分，排名提升9位。“市场中介组织的发育”评分也有小幅提升，排名从第29位升至第20位。“知识产权保护”表现欠佳，评分下跌0.87分，排名从第21位降至第29位。

25. 云南省

2019 年市场化排名：20　　评分：4.99

2020 年市场化排名：22　　评分：5.06

2021 年市场化排名：21　　评分：5.16

2022 年市场化排名：20　　评分：5.39

2023 年市场化排名：18　　评分：5.36

云南省市场化各方面指数和分项指数的排名及评分

指数	2019 年		2020 年		2021 年		2022 年		2023 年	
	排名	评分	排名	评分	排名	评分	排名	评分	排名	评分
1. 政府与市场的关系	**16**	**7.56**	**16**	**7.60**	**16**	**7.59**	**12**	**7.55**	**12**	**7.58**
1a 市场分配经济资源的比重	20	8.58	20	8.35	21	8.56	19	9.01	16	9.20
1b 减少政府对企业的干预	14	5.59	14	5.59	14	5.59	6	5.16	6	5.16
1c 缩小政府规模	18	8.52	17	8.87	18	8.61	20	8.49	20	8.39
2. 非国有经济的发展	**27**	**5.16**	**27**	**5.26**	**27**	**5.29**	**27**	**5.26**	**27**	**5.34**
2a 非国有经济在工业企业营业收入中所占比例	26	3.31	27	3.42	26	3.53	23	3.70	23	3.73
2b 非国有经济在全社会固定资产投资中所占比例	28	4.21	28	4.41	28	4.54	28	4.43	28	4.66
2c 非国有经济就业人数占城镇总就业人数的比例	18	7.96	18	7.96	19	7.79	21	7.64	21	7.64
3. 产品市场的发育程度	**23**	**5.32**	**23**	**5.32**	**23**	**5.32**	**19**	**6.05**	**19**	**6.05**
3a 价格由市场决定的程度	28	1.96	28	1.96	28	1.96	23	4.59	23	4.59
3b 减少商品市场上的地方保护	7	9.76	7	9.76	7	9.76	1	9.92	1	9.92
3c 公平的市场竞争条件	15	4.25	15	4.25	15	4.25	16	3.65	16	3.65
4. 要素市场的发育程度	**26**	**2.73**	**28**	**2.76**	**27**	**2.92**	**24**	**2.53**	**24**	**2.54**
4a 金融业的市场化	28	3.56	29	2.98	29	3.60	28	3.92	26	3.96
（4a1）金融业的竞争	24	5.79	26	5.03	23	5.96	23	5.89	23	5.72
（4a2）信贷资金分配的市场化	28	1.32	29	0.93	28	1.24	26	1.95	25	2.20
4b 人力资源供应条件	14	4.45	20	5.21	19	4.96	13	3.23	14	3.13

续表

指数	2019年		2020年		2021年		2022年		2023年	
	排名	评分	排名	评分	排名	评分	排名	评分	排名	评分
(4b1) 技术人员、管理人员和熟练工人供应条件	10	8.20	10	8.20	10	8.20	6	4.84	6	4.84
(4b2) 常住人口/本地户籍人口	21	0.70	30	2.23	26	1.73	24	1.62	27	1.43
4c 技术成果市场化	24	0.19	29	0.09	28	0.21	22	0.44	20	0.52
5. 市场中介组织的发育和法治环境	**17**	**4.17**	**19**	**4.35**	**19**	**4.66**	**13**	**5.55**	**13**	**5.31**
5a 市场中介组织的发育	12	5.64	12	5.64	12	5.64	23	3.17	23	3.17
5b 维护市场的法治环境	9	6.02	9	6.02	9	6.02	1	11.45	1	11.45
5c 知识产权保护	27	0.84	28	1.40	28	2.31	28	2.01	27	1.31

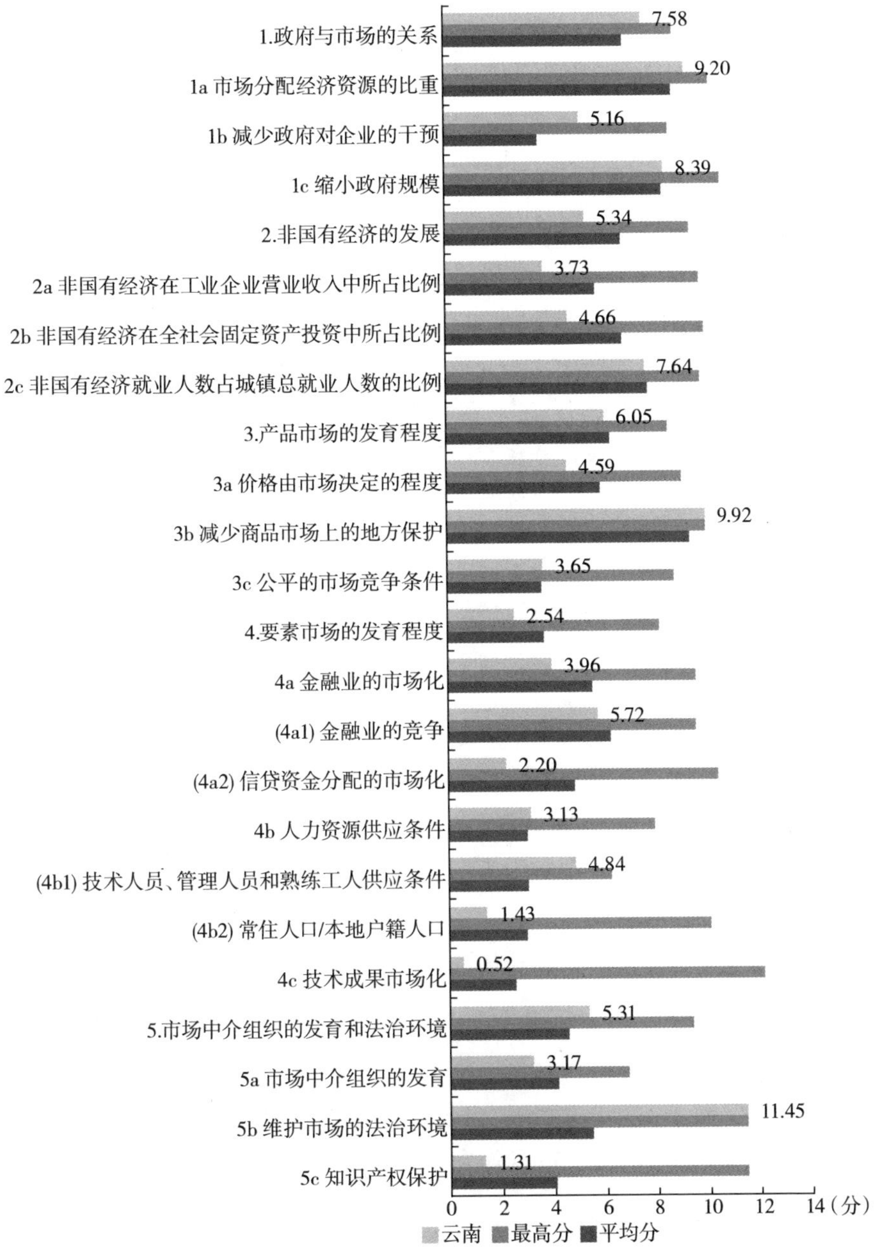

2023 年云南省市场化各方面指数和分项指数与全国最高分及平均分的比较

云南市场化进展状况

2019—2023 年，云南市场化总指数评分从 4.99 分提高至 5.36 分，市场化进展排名从第 20 位小幅升至第 18 位。

在市场化进展的 5 个方面指数中，2023 年，3 个方面指数处于全国中游水平，2 个方面指数处于全国下游水平。与 2019 年相比，“产品市场的发育程度”和“市场中介组织的发育和法治环境”方面指数评分和排名均有显著改善。“非国有经济的发展”方面指数评分小幅上升，排名保持不变。“政府与市场的关系”评分微升，排名明显上升。“要素市场的发育程度”方面指数评分下降，但排名上升。

政府与市场的关系

云南“政府与市场的关系”方面指数，2023 年与 2019 年相比，评分基本持平（微升 0.02 分），排名从第 16 位升至第 12 位，在 5 个方面指数中排名最靠前。下属 3 个分项指数中，“市场分配经济资源的比重”评分上升 0.62 分，排名从第 20 位升至第 16 位。“减少政府对企业的干预”评分下跌 0.43 分，但跌幅小于全国大部分省份，排名从第 14 位跃升至第 6 位。“缩小政府规模”评分和排名均有小幅下降。

非国有经济的发展

云南“非国有经济的发展”方面指数，2023 年与 2019 年相比，评分小幅上升 0.18 分，排名维持在第 27 位。下属 3 个分项指数中，“非国有经济在工业企业营业收入中所占比例”和“非国有经济在全社会固定资产投资中所占比例”评分分别提高 0.42 分和 0.45 分，排名一升一平。“非国有经济就业人数占城镇总就业人数的比例”排名和评分均下降，评分下降 0.32 分，排名从第 18 位降至第 21 位。

产品市场的发育程度

云南“产品市场的发育程度”方面指数，2023 年与 2019 年相比，评分上升 0.73 分，排名从第 23 位升至第 19 位。下属 3 个分项指数中，“价格由市场决定的程度”评分从 1. 96 分大幅提高至 4. 59 分，排名提高 5 位，至第 23 位。“减少商品市场上的地方保护”评分小幅上升，排名从第 7 位跃升至全国第 1 位。“公平的市场竞争条件”分项指数评分下降 0. 60 分，排名微降至第 16 位。

要素市场的发育程度

云南“要素市场的发育程度”方面指数，2023 年与 2019 年相比，评分小幅下降 0. 19 分，排名则从第 26 位升至第 24 位。下属 3 个分项指数中，“人力资源供应条件”评分大幅下降 1. 32 分，排名仍保持在第 14 位。其下二级分项指数“技术人员、管理人员和熟练工人供应条件”评分陡降 3. 36 分。另一个二级分项指数“常住人口/本地户籍人口”评分上升 0. 73 分。“金融业的市场化”分项指数评分上升 0. 40 分，排名从第 28 位提高至第 26 位，其下二级分项指数“金融业的竞争”和“信贷资金分配的市场化”，前者评分微降 0. 07 分，后者评分上升 0. 88 分，排名均有提升。“技术成果市场化”分项指数评分和排名均有改善。

市场中介组织的发育和法治环境

云南“市场中介组织的发育和法治环境”方面指数，2023 年与 2019 年相比，评分大幅上升 1. 14 分，排名从第 17 位提高至第 13 位，其上升主要得益于下属分项指数“维护市场的法治环境”评分和排名的提高。该分项指数评分陡升 5. 43 分，至 11. 45 分，排名从第 9 位大幅提高至第 1 位。但“市场中介组织的发育”评分从 5. 64 分大幅降至 3. 17 分，排名骤降 11 位，至第 23 位。“知识产权保护”评分上升，排名仍保持第 27 位。

26. 西藏自治区

2019 年市场化排名：31　　评分：1.36

2020 年市场化排名：31　　评分：1.85

2021 年市场化排名：31　　评分：1.78

2022 年市场化排名：30　　评分：3.01

2023 年市场化排名：30　　评分：2.89

西藏自治区市场化各方面指数和分项指数的排名及评分

指数	2019 年		2020 年		2021 年		2022 年		2023 年	
	排名	评分	排名	评分	排名	评分	排名	评分	排名	评分
1. 政府与市场的关系	**31**	**0.82**	**31**	**1.67**	**31**	**2.00**	**31**	**2.61**	**31**	**2.20**
1a 市场分配经济资源的比重	31	0.00	31	0.57	31	1.99	31	1.82	31	0.98
1b 减少政府对企业的干预	28	2.47	28	2.47	28	2.47	11	4.40	11	4.40
1c 缩小政府规模	31	0.00	31	1.96	31	1.53	31	1.62	31	1.22
2. 非国有经济的发展	**31**	**1.39**	**31**	**2.36**	**31**	**1.89**	**31**	**1.73**	**31**	**1.61**
2a 非国有经济在工业企业营业收入中所占比例	23	4.17	20	4.77	28	3.32	27	3.22	26	3.24
2b 非国有经济在全社会固定资产投资中所占比例	31	0.00	31	0.37	31	0.70	31	0.31	31	-0.04
2c 非国有经济就业人数占城镇总就业人数的比例	31	0.00	31	1.93	31	1.67	31	1.65	31	1.65
3. 产品市场的发育程度	**31**	**2.83**	**31**	**2.83**	**31**	**2.83**	**20**	**5.86**	**20**	**5.86**
3a 价格由市场决定的程度	6	8.23	6	8.23	6	8.23	11	6.76	11	6.76
3b 减少商品市场上的地方保护	31	0.00	31	0.00	31	0.00	31	8.47	31	8.47
3c 公平的市场竞争条件	30	0.24	30	0.24	30	0.24	22	2.37	22	2.37
4. 要素市场的发育程度	**31**	**0.49**	**31**	**0.85**	**31**	**0.58**	**31**	**0.52**	**31**	**0.59**
4a 金融业的市场化	31	1.41	31	1.22	31	1.17	31	0.92	31	1.08
(4a1) 金融业的竞争	31	0.00	31	0.00	31	0.00	31	0.00	31	0.00
(4a2) 信贷资金分配的市场化	23	2.82	24	2.44	24	2.34	27	1.84	26	2.16
4b 人力资源供应条件	31	0.05	31	1.33	31	0.55	30	0.49	30	0.52

续表

指数	2019年		2020年		2021年		2022年		2023年	
	排名	评分	排名	评分	排名	评分	排名	评分	排名	评分
(4b1) 技术人员、管理人员和熟练工人供应条件	31	0.00	31	0.00	31	0.00	29	0.08	29	0.08
(4b2) 常住人口/本地户籍人口	30	0.09	25	2.65	30	1.10	30	0.91	30	0.96
4c 技术成果市场化	31	0.00	31	-0.01	31	0.02	28	0.15	29	0.18
5. 市场中介组织的发育和法治环境	**30**	**1.29**	**30**	**1.55**	**30**	**1.59**	**18**	**4.34**	**16**	**4.17**
5a 市场中介组织的发育	31	0.00	31	0.00	31	0.00	18	3.72	18	3.72
5b 维护市场的法治环境	25	3.87	25	3.87	25	3.87	13	8.18	13	8.18
5c 知识产权保护	31	0.00	30	0.77	31	0.90	31	1.11	31	0.62

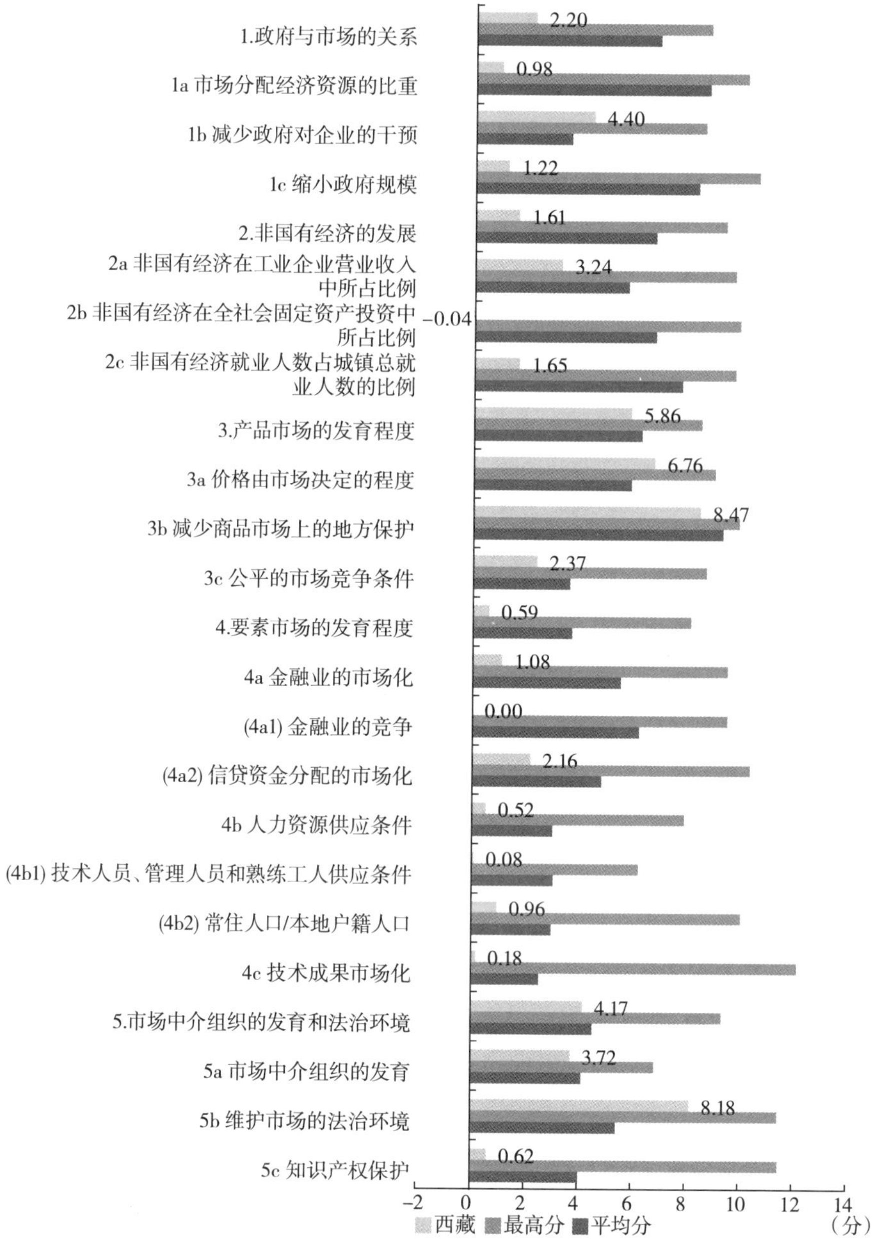

2023 年西藏自治区市场化各方面指数和分项指数与全国最高分及平均分的比较

西藏市场化进展状况

2019—2023 年，西藏市场化总指数评分从 1. 36 分提高至 2. 89 分，大幅上升 1. 53 分，取得了可喜的显著进步。市场化进展排名从第 31 位升至第 30 位，超越甘肃，首次改变了长期以来在市场化进程中一直居于全国末位的状态。

在市场化进展的 5 个方面指数中，2023 年与 2019 年相比，“产品市场的发育程度”和“市场中介组织的发育和法治环境”2 个方面指数评分大幅度提高，全国排名从下游跃升到中游位置。其他 3 个方面指数虽然仍均处于全国末位，但评分均有了不同程度的提高。

政府与市场的关系

西藏“政府与市场的关系”方面指数，2023 年与 2019 年相比，评分大幅上升 1. 38 分，排名仍维持在全国末位。下属 3 个分项指数中，“减少政府对企业的干预”表现较好，评分显著提高 1. 93 分，排名从第 28 位大幅提高至第 11 位。“市场分配经济资源的比重”和“缩小政府规模”评分分别提高 0. 98 分和 1. 22 分，但排名均维持在第 31 位。

非国有经济的发展

西藏“非国有经济的发展”方面指数，2023 年与 2019 年相比，评分小幅上升至 1. 61 分，排名仍维持在第 31 位。下属分项指数中，“非国有经济就业人数占城镇总就业人数的比例”评分大幅提高 1. 65 分，排名仍维持在第 31 位。“非国有经济在工业企业营业收入中所占比例”评分下降 0. 93 分，排名从第 23 位降至第 26 位。“非国有经济在全社会固定资产投资中所占比例”评分小幅下降，排名仍维持在第 31 位。

产品市场的发育程度

西藏“产品市场的发育程度”方面指数，2023 年与 2019 年相比，评分从 2. 83 分跃升至 5. 86 分，大幅提高 3. 03 分，在 5 个方面指数中改善幅度最大。排名从第 31 位大幅提高至第 20 位。下属 3 个分项指数中，“减少商品市场上的地方保护”评分从0.00分飙升至8.47分，但排名仍处于全国末位。“公平的市场竞争条件”评分从0.24分明显上升至2.37分，排名从第30位大幅升至第22位。“价格由市场决定的程度”评分下降1.47分，排名从第6位跌至第11位，但仍相对靠前。

要素市场的发育程度

西藏“要素市场的发育程度”方面指数，2023年与2019年相比，评分微升0.10分，排名仍维持在第31位。下属3个分项指数中，“人力资源供应条件”评分提高0.47分，排名微升1位，至第30位。其下二级分项指数“常住人口/本地户籍人口”评分提高0.87分，排名维持不变。“技术人员、管理人员和熟练工人供应条件”评分和排名小幅上升。“金融业的市场化”分项指数评分下跌0.33分，排名仍继续维持在全国末位。其下二级分项指数“信贷资金分配的市场化”评分下跌0.66分，另一个二级分项指数“金融业的竞争”评分和排名无变化。“技术成果市场化”分项指数评分和排名小幅上升。

市场中介组织的发育和法治环境

西藏“市场中介组织的发育和法治环境”方面指数，2023年与2019年相比，评分从1.29分大幅升至4.17分，提高2.88分。排名从第30位陡升至第16位，在5个方面指数中升幅最大。下属3个分项指数中，“市场中介组织的发育”和“维护市场的法治环境”表现均突出，评分分别大幅提升3.72分和4.31分，排名分别提高13位和12位，至第18位和第13位。“知识产权保护”评分提升0.62分，排名仍维持在第31位。

27. 陕西省

2019 年市场化排名：18　　评分：5. 33

2020 年市场化排名：18　　评分：5. 61

2021 年市场化排名：18　　评分：5. 78

2022 年市场化排名：24　　评分：4. 75

2023 年市场化排名：23　　评分：4. 75

陕西省市场化各方面指数和分项指数的排名及评分

指数	2019 年		2020 年		2021 年		2022 年		2023 年	
	排名	评分	排名	评分	排名	评分	排名	评分	排名	评分
1. 政府与市场的关系	**19**	**7. 32**	**19**	**7. 34**	**18**	**7. 36**	**25**	**6. 22**	**26**	**6. 23**
1a 市场分配经济资源的比重	10	9. 18	11	9. 03	13	9. 05	16	9. 16	18	9. 17
1b 减少政府对企业的干预	20	4. 50	20	4. 50	20	4. 50	28	0. 91	28	0. 91
1c 缩小政府规模	20	8. 27	20	8. 49	20	8. 54	18	8. 58	19	8. 62
2. 非国有经济的发展	**25**	**5. 65**	**26**	**5. 76**	**25**	**5. 95**	**24**	**5. 89**	**24**	**5. 51**
2a 非国有经济在工业企业营业收入中所占比例	25	3. 94	24	3. 97	23	4. 20	22	4. 69	22	3. 81
2b 非国有经济在全社会固定资产投资中所占比例	27	5. 45	26	5. 65	26	5. 93	27	5. 32	27	5. 08
2c 非国有经济就业人数占城镇总就业人数的比例	20	7. 55	20	7. 66	20	7. 71	20	7. 64	20	7. 64
3. 产品市场的发育程度	**14**	**6. 26**	**14**	**6. 26**	**14**	**6. 26**	**29**	**4. 49**	**29**	**4. 49**
3a 价格由市场决定的程度	20	4. 36	20	4. 36	20	4. 36	26	4. 11	26	4. 11
3b 减少商品市场上的地方保护	13	9. 59	13	9. 59	13	9. 59	9	9. 52	9	9. 52
3c 公平的市场竞争条件	12	4. 83	12	4. 83	12	4. 83	28	-0. 15	28	-0. 15
4. 要素市场的发育程度	**17**	**3. 48**	**14**	**4. 31**	**14**	**4. 35**	**10**	**4. 19**	**7**	**4. 81**
4a 金融业的市场化	29	3. 27	28	3. 60	27	3. 78	25	4. 09	24	4. 05
（4a1）金融业的竞争	22	5. 93	21	6. 09	20	6. 13	20	6. 19	20	6. 11
（4a2）信贷资金分配的市场化	29	0. 61	28	1. 11	27	1. 42	25	1. 99	27	2. 00
4b 人力资源供应条件	23	3. 64	21	5. 14	21	4. 45	20	2. 73	16	2. 80

续表

指数	2019 年		2020 年		2021 年		2022 年		2023 年	
	排名	评分	排名	评分	排名	评分	排名	评分	排名	评分
(4b1) 技术人员、管理人员和熟练工人供应条件	19	6.65	19	6.65	19	6.65	15	3.65	15	3.65
(4b2) 常住人口/本地户籍人口	25	0.62	18	3.62	21	2.24	22	1.80	18	1.95
4c 技术成果市场化	3	3.52	3	4.19	3	4.82	3	5.76	2	7.58
5. 市场中介组织的发育和法治环境	**19**	**3.92**	**18**	**4.38**	**16**	**4.99**	**23**	**2.97**	**23**	**2.69**
5a 市场中介组织的发育	21	4.70	21	4.70	21	4.70	25	2.93	25	2.93
5b 维护市场的法治环境	22	4.48	22	4.48	22	4.48	25	1.07	25	1.07
5c 知识产权保护	13	2.59	15	3.96	14	5.77	14	4.91	11	4.06

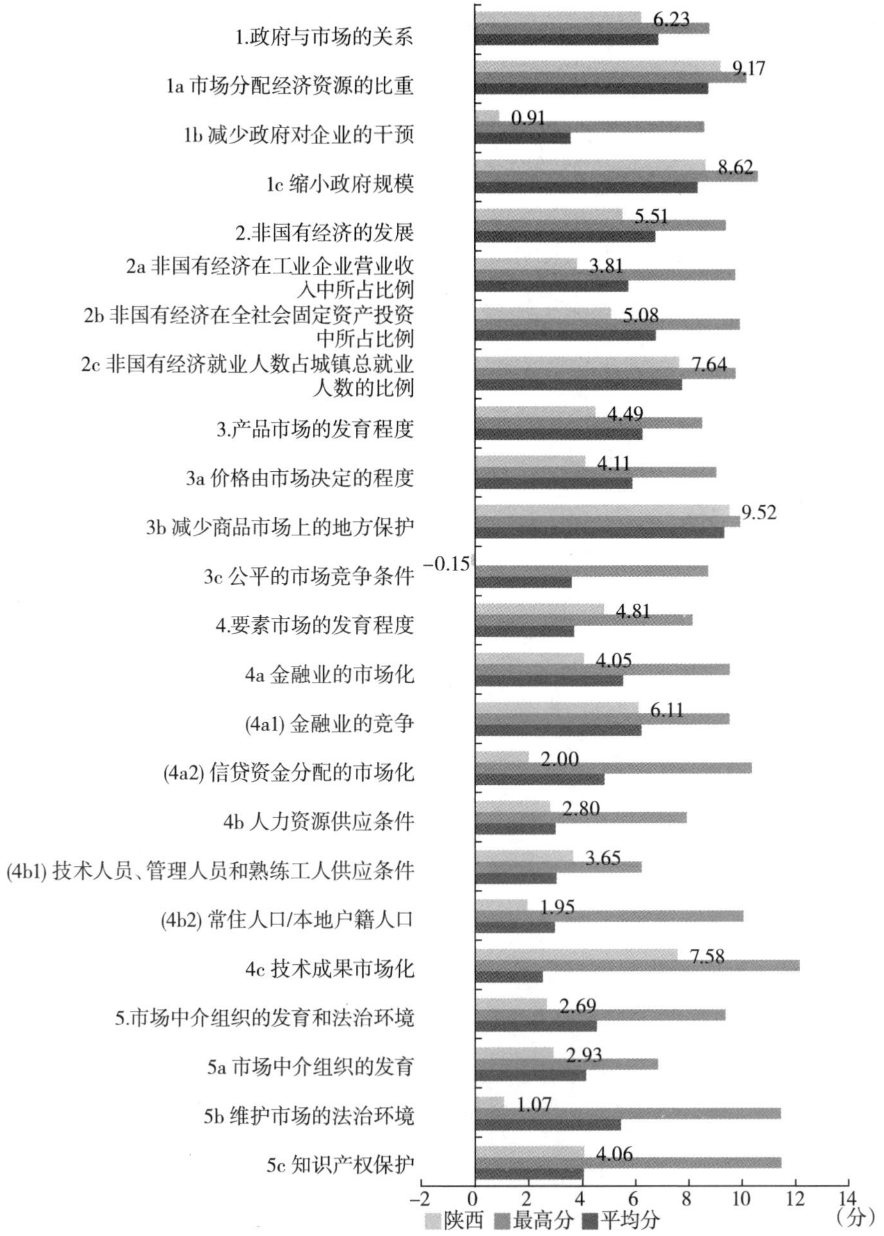

2023 年陕西省市场化各方面指数和分项指数与全国最高分及平均分的比较

陕西市场化进展状况

2019—2023 年，陕西市场化总指数评分从 5. 33 分降至 4. 75 分，市场化进展排名从第 18 位降至第 23 位。

在市场化进展的 5 个方面指数中，2023 年与 2019 年相比，“要素市场的发育程度”方面指数从全国中游位置跃升至上游位置（第 7 位），其他 4 个方面指数中，“政府与市场的关系”、“产品市场的发育程度”和“市场中介组织的发育和法治环境”3 个方面指数评分均明显下降，排名从全国中游位置跌至下游位置。“非国有经济的发展”方面指数评分略降，排名略升，保持在下游位置。

政府与市场的关系

陕西“政府与市场的关系”方面指数，2023 年与 2019 年相比，评分大幅下降 1. 09 分，排名从第 19 位急跌至第 26 位。下属 3 个分项指数中，“减少政府对企业的干预”评分骤降 3. 59 分，排名大幅下降 8 位，至第 28 位。“缩小政府规模”评分有改善，提高 0. 35 分，排名上升 1 位，至第 19 位。“市场分配经济资源的比重”评分基本持平（微降 0. 01 分），但因全国绝大多数省份有改善，导致排名从第 10 位急跌至第 18 位。

非国有经济的发展

陕西“非国有经济的发展”方面指数，2023 年与 2019 年相比，评分微降 0. 14 分，排名则小幅升至第 24 位。下属 3 个分项指数中，“非国有经济在工业企业营业收入中所占比例”评分微降，排名上升 3 位，至第 22 位。“非国有经济在全社会固定资产投资中所占比例”评分下降 0. 37 分，排名仍维持在第 27 位。“非国有经济就业人数占城镇总就业人数的比例”评分微升，排名仍保持在第 20 位。

产品市场的发育程度

陕西“产品市场的发育程度”方面指数，2023 年与 2019 年相比，评分从 6. 26 分明显降至 4. 49 分，排名从第 14 位骤降至第 29 位，其下降主要受

“公平的市场竞争条件”分项指数的拖累，该分项指数评分从4.83分陡降至-0.15分，排名从第12位急跌至第28位。分项指数“价格由市场决定的程度”评分下降0.25分，排名从第20位降至第26位。“减少商品市场上的地方保护”分项指数评分微降，排名从第13位升至第9位，是3个分项指数中排名唯一有改善的指数。

要素市场的发育程度

陕西“要素市场的发育程度”方面指数，2023年与2019年相比，评分从3.48分大幅升至4.81分，排名从第17位陡升至第7位，在5个方面指数中排名最靠前。下属3个分项指数中，“技术成果市场化”表现突出，评分大幅提高4.06分，排名从第3位升至第2位。“金融业的市场化”分项指数评分提高0.78分，排名从第29位升至第24位。其下二级分项指数“信贷资金分配的市场化”评分大幅提高1.39分，“金融业的竞争”评分有小幅提升。“人力资源供应条件”分项指数评分下降0.84分，下降幅度小于全国大部分省份，使得排名从第23位大幅提高至第16位。其下二级分项指数“技术人员、管理人员和熟练工人供应条件”评分下降3.00分，排名则提高4位，至第15位。“常住人口/本地户籍人口”二级分项指数评分显著上升1.33分，排名提高7位，至第18位。

市场中介组织的发育和法治环境

陕西“市场中介组织的发育和法治环境”方面指数，2023年与2019年相比，评分下跌1.23分，至2.69分，排名从第19位降至第23位。下属3个分项指数中，“维护市场的法治环境”评分骤降3.41分，排名下跌3位。“市场中介组织的发育”和“知识产权保护”，前者评分下降1.77分，后者评分上升1.47分，排名一降一升。

28. 甘肃省

2019 年市场化排名：30　　评分：3.90

2020 年市场化排名：30　　评分：4.09

2021 年市场化排名：30　　评分：4.12

2022 年市场化排名：31　　评分：2.79

2023 年市场化排名：31　　评分：2.82

甘肃省市场化各方面指数和分项指数的排名及评分

指数	2019 年		2020 年		2021 年		2022 年		2023 年	
	排名	评分	排名	评分	排名	评分	排名	评分	排名	评分
1. 政府与市场的关系	**30**	**4.76**	**30**	**4.64**	**30**	**4.71**	**28**	**4.82**	**28**	**4.90**
1a 市场分配经济资源的比重	29	7.04	29	6.76	29	6.88	29	7.37	29	7.59
1b 减少政府对企业的干预	31	0.00	31	0.00	31	0.00	30	−0.15	30	−0.15
1c 缩小政府规模	27	7.25	27	7.15	27	7.25	27	7.24	27	7.25
2. 非国有经济的发展	**29**	**3.68**	**29**	**3.77**	**30**	**3.83**	**29**	**3.75**	**29**	**3.75**
2a 非国有经济在工业企业营业收入中所占比例	31	0.00	31	0.25	31	0.13	31	0.20	31	0.56
2b 非国有经济在全社会固定资产投资中所占比例	26	5.59	27	5.54	27	5.80	26	5.61	26	5.25
2c 非国有经济就业人数占城镇总就业人数的比例	29	5.46	29	5.53	29	5.58	28	5.42	28	5.42
3. 产品市场的发育程度	**26**	**4.85**	**26**	**4.85**	**26**	**4.85**	**31**	**3.48**	**31**	**3.48**
3a 价格由市场决定的程度	22	3.46	22	3.46	22	3.46	21	4.70	21	4.70
3b 减少商品市场上的地方保护	19	8.82	19	8.82	19	8.82	26	9.05	26	9.05
3c 公平的市场竞争条件	26	2.29	26	2.29	26	2.29	31	−3.32	31	−3.32
4. 要素市场的发育程度	**22**	**3.14**	**22**	**3.63**	**24**	**3.41**	**26**	**2.14**	**25**	**2.43**
4a 金融业的市场化	26	3.83	25	3.89	28	3.75	29	3.80	27	3.88
(4a1) 金融业的竞争	8	7.31	10	7.08	12	6.98	9	7.04	10	6.95
(4a2) 信贷资金分配的市场化	30	0.35	30	0.70	30	0.52	31	0.56	30	0.81
4b 人力资源供应条件	18	4.21	17	5.42	20	4.79	29	0.76	28	0.99

续表

指数	2019年		2020年		2021年		2022年		2023年	
	排名	评分	排名	评分	排名	评分	排名	评分	排名	评分
（4b1）技术人员、管理人员和熟练工人供应条件	13	8.04	13	8.04	13	8.04	27	0.40	27	0.40
（4b2）常住人口/本地户籍人口	28	0.39	24	2.81	28	1.53	29	1.12	24	1.58
4c 技术成果市场化	8	1.37	9	1.59	11	1.68	12	1.85	13	2.41
5. 市场中介组织的发育和法治环境	**25**	**3.05**	**25**	**3.53**	**26**	**3.82**	**31**	**-0.25**	**31**	**-0.47**
5a 市场中介组织的发育	20	4.74	20	4.74	20	4.74	29	0.94	29	0.94
5b 维护市场的法治环境	28	1.84	28	1.84	28	1.84	31	-5.48	31	-5.48
5c 知识产权保护	14	2.59	14	4.01	19	4.89	21	3.80	18	3.14

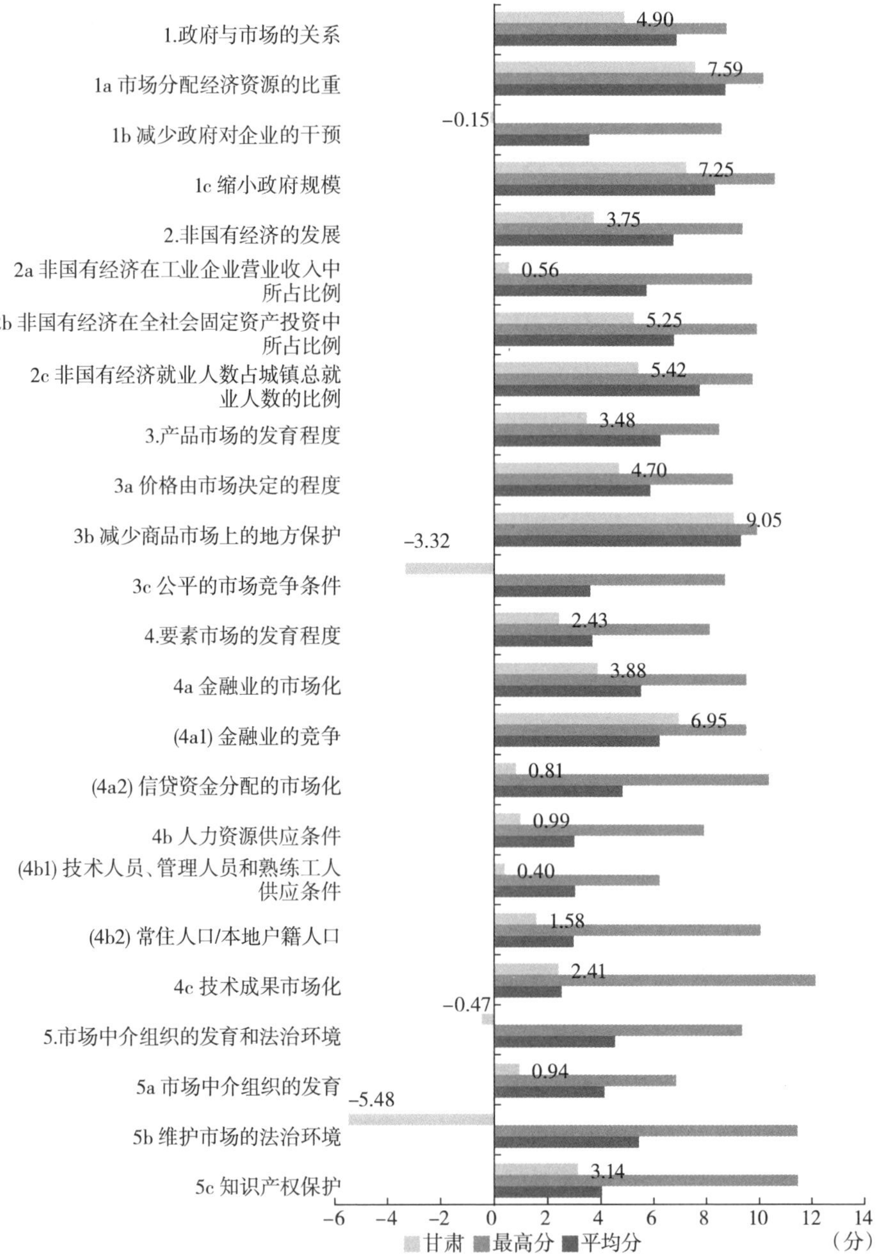

2023 年甘肃省市场化各方面指数和分项指数与全国最高分及平均分的比较

甘肃市场化进展状况

2019—2023 年，甘肃市场化总指数评分从 3.90 分波动下降至 2.82 分，降幅很大，反映市场化进展不理想，全国排名从第 30 位降至第 31 位（末位）。

2023 年，甘肃市场化进展的 5 个方面指数均排在全国下游位置，其中“产品市场的发育程度”和“市场中介组织的发育和法治环境”排在全国末位。与 2019 年相比，“政府与市场的关系”和“非国有经济的发展”方面指数评分上升，排名一升一平。其他 3 个方面指数排名和评分均有不同程度的下跌，其中“产品市场的发育程度”和“市场中介组织的发育和法治环境”方面指数下跌明显。

政府与市场的关系

甘肃“政府与市场的关系”方面指数，2023 年与 2019 年相比，评分微升 0.14 分，至 4.90 分，排名从第 30 位升至第 28 位，是 5 个方面指数中排名唯一有改善的指数。下属 3 个分项指数中，“市场分配经济资源的比重”评分提高 0.55 分，排名仍维持在第 29 位。“减少政府对企业的干预”评分降至 -0.15 分，排名从第 31 位升至第 30 位。“缩小政府规模”排名和评分均无变化。

非国有经济的发展

甘肃“非国有经济的发展”方面指数，2023 年与 2019 年相比，评分微升 0.07 分，至 3.75 分，排名保持在第 29 位。下属 3 个分项指数中，“非国有经济在工业企业营业收入中所占比例”评分上升 0.56 分，但排名仍维持在第 31 位。“非国有经济在全社会固定资产投资中所占比例”和“非国有经济就业人数占城镇总就业人数的比例”评分分别下降 0.34 分和 0.04 分，排名一平一升。

产品市场的发育程度

甘肃“产品市场的发育程度”方面指数，2023 年与 2019 年相比，评分从 4. 85 分大幅降至 3. 48 分，排名从第 26 位下跌至第 31 位。下属 3 个分项指数中，“公平的市场竞争条件”评分从 2. 29 分陡降至 -3. 32 分，排名从第 26 位降至全国末位，是影响该方面指数下降的主要因素。“价格由市场决定的程度”表现较好，评分显著上升 1. 24 分，排名小幅上升。“减少商品市场上的地方保护”评分微升 0. 23 分，升幅小于全国平均升幅（0. 81 分），排名从第 19 位降至第 26 位。

要素市场的发育程度

甘肃“要素市场的发育程度”方面指数，2023 年与 2019 年相比，评分下跌 0. 71 分，排名下跌 3 位，至第 25 位。下属 3 个分项指数中，“人力资源供应条件”表现最不理想，评分从 4. 21 分陡降至 0. 99 分，排名从第 18 位大幅下跌至第 28 位，是该方面指数下跌的主要原因。其下二级分项指数“技术人员、管理人员和熟练工人供应条件”评分从 8. 04 分断崖式降至 0. 40 分，但“常住人口/本地户籍人口”二级分项指数评分大幅提高 1. 19 分。“技术成果市场化”分项指数评分大幅上升 1. 04 分，排名则下跌 5 位，至第 13 位，在 3 个分项指数中排名仍最靠前。“金融业的市场化”分项指数评分微升，排名小幅下跌。其下二级分项指数“金融业的竞争”评分和排名均有下降。“信贷资金分配的市场化”二级分项指数评分提高，排名没有改善。

市场中介组织的发育和法治环境

甘肃“市场中介组织的发育和法治环境”方面指数，2023 年与 2019 年相比，评分从 3. 05 分大幅跌至 -0. 47 分，排名从第 25 位降至全国末位。下属 3 个分项指数中，“市场中介组织的发育”和“维护市场的法治环境”评分分别大幅下降 3. 80 分和 7. 32 分，排名分别下跌 9 位和 3 位。“知识产权保护”评分上升 0. 55 分，排名则从第 14 位降至第 18 位，仍处于全国中游水平。

29. 青海省

2019 年市场化排名：28　　评分：4.05

2020 年市场化排名：29　　评分：4.21

2021 年市场化排名：28　　评分：4.33

2022 年市场化排名：28　　评分：3.16

2023 年市场化排名：29　　评分：3.00

青海省市场化各方面指数和分项指数的排名及评分

指数	2019 年		2020 年		2021 年		2022 年		2023 年	
	排名	评分	排名	评分	排名	评分	排名	评分	排名	评分
1. 政府与市场的关系	**29**	**5.44**	**29**	**5.34**	**29**	**5.50**	**29**	**4.63**	**29**	**4.63**
1a 市场分配经济资源的比重	30	5.49	30	5.20	30	5.74	30	6.38	30	6.43
1b 减少政府对企业的干预	18	4.96	18	4.96	18	4.96	26	1.42	26	1.42
1c 缩小政府规模	29	5.85	29	5.84	29	5.81	29	6.09	29	6.04
2. 非国有经济的发展	**30**	**3.63**	**30**	**3.62**	**29**	**3.96**	**28**	**3.96**	**28**	**3.76**
2a 非国有经济在工业企业营业收入中所占比例	29	1.96	30	2.14	29	2.28	26	3.33	27	3.03
2b 非国有经济在全社会固定资产投资中所占比例	30	2.82	30	2.76	30	3.61	29	3.15	30	2.86
2c 非国有经济就业人数占城镇总就业人数的比例	28	6.11	28	5.97	28	5.99	29	5.40	29	5.40
3. 产品市场的发育程度	**19**	**5.52**	**19**	**5.52**	**19**	**5.52**	**30**	**4.14**	**30**	**4.14**
3a 价格由市场决定的程度	1	10.00	1	10.00	1	10.00	24	4.36	24	4.36
3b 减少商品市场上的地方保护	29	5.66	29	5.66	29	5.66	29	8.90	29	8.90
3c 公平的市场竞争条件	29	0.91	29	0.91	29	0.91	30	-0.84	30	-0.84
4. 要素市场的发育程度	**30**	**1.97**	**30**	**2.43**	**30**	**2.12**	**30**	**1.16**	**30**	**0.92**
4a 金融业的市场化	30	1.88	30	2.03	30	1.76	30	2.25	30	1.56
（4a1）金融业的竞争	29	3.77	29	3.69	30	3.20	29	3.42	30	2.55
（4a2）信贷资金分配的市场化	31	0.00	31	0.36	31	0.33	30	1.09	31	0.56
4b 人力资源供应条件	21	3.87	22	5.07	22	4.38	27	0.97	29	0.92

续表

指数	2019年		2020年		2021年		2022年		2023年	
	排名	评分	排名	评分	排名	评分	排名	评分	排名	评分
(4b1)技术人员、管理人员和熟练工人供应条件	23	6.18	23	6.18	23	6.18	30	-0.28	30	-0.28
(4b2)常住人口/本地户籍人口	15	1.55	15	3.95	18	2.58	18	2.22	17	2.12
4c 技术成果市场化	26	0.16	26	0.18	26	0.22	27	0.24	27	0.28
5. 市场中介组织的发育和法治环境	**21**	**3.70**	**22**	**4.12**	**20**	**4.52**	**27**	**1.90**	**27**	**1.54**
5a 市场中介组织的发育	22	4.60	22	4.60	22	4.60	31	0.77	31	0.77
5b 维护市场的法治环境	16	5.48	16	5.48	16	5.48	22	2.53	22	2.53
5c 知识产权保护	25	1.02	24	2.27	24	3.47	26	2.41	26	1.33

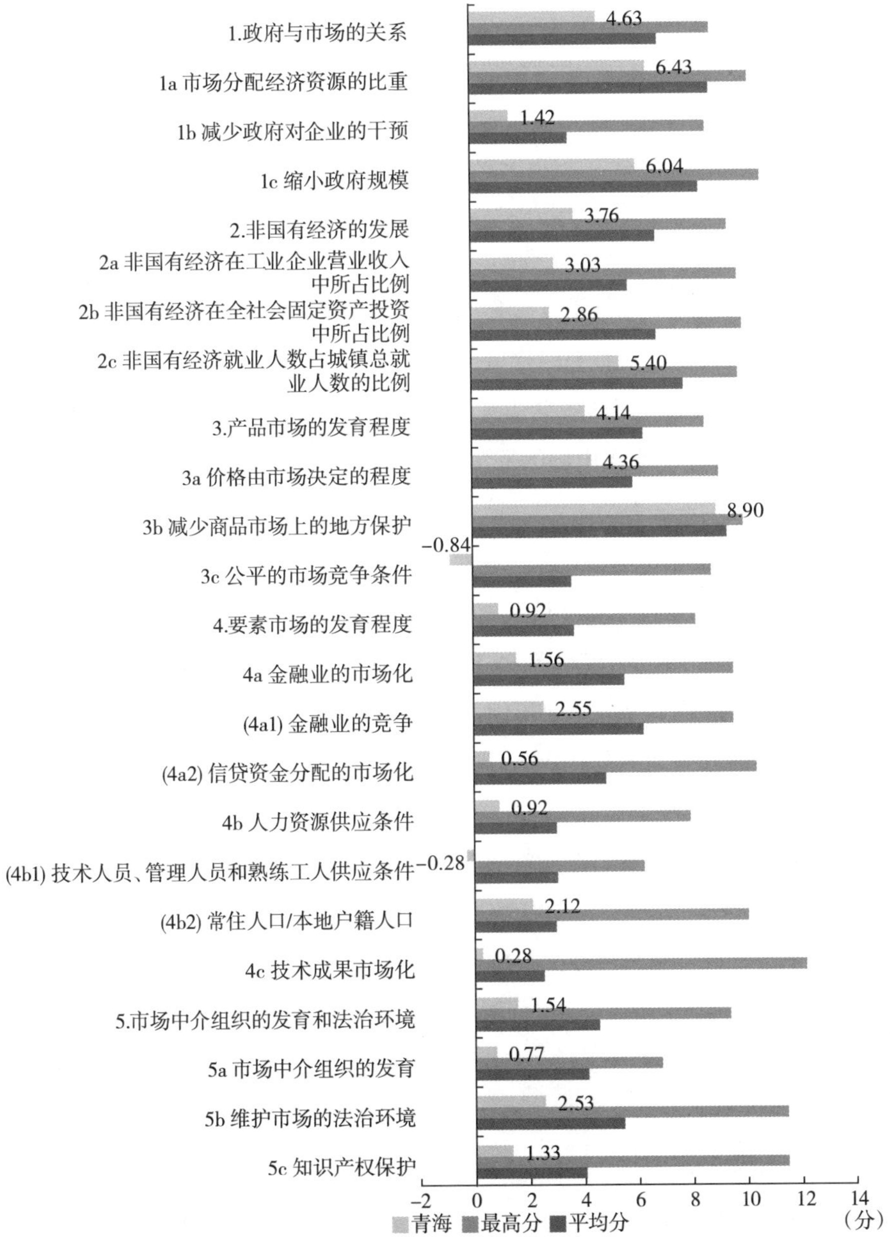

2023 年青海省市场化各方面指数和分项指数与全国最高分及平均分的比较

青海市场化进展状况

2019—2023 年，青海市场化总指数评分从 4.05 分降至 3.00 分。市场化进展排名从第 28 位降至第 29 位，排在其后的是西藏和甘肃。

2023 年，青海市场化进展的 5 个方面指数均排在全国下游位置。与 2019 年相比，“非国有经济的发展”方面指数排名和评分均有小幅改善，其他 4 个方面指数评分均有不同程度的下跌，排名有平有降，其中，“产品市场的发育程度”和“市场中介组织的发育和法治环境”方面指数评分和排名下跌幅度明显，“要素市场的发育程度”评分下跌明显。

政府与市场的关系

青海“政府与市场的关系”方面指数，2023 年与 2019 年相比，评分下降 0.81 分，排名维持在第 29 位。下属 3 个分项指数中，“减少政府对企业的干预”评分从 4.96 分陡跌至 1.42 分，排名从第 18 位大幅降至第 26 位，是导致该方面指数下降的主要原因。“市场分配经济资源的比重”和“缩小政府规模”评分分别上升 0.94 分和 0.19 分，排名均维持不变。

非国有经济的发展

青海“非国有经济的发展”方面指数，2023 年与 2019 年相比，评分微升 0.13 分，至 3.76 分，排名从第 30 位升至第 28 位，是 5 个方面指数中市场化程度唯一有提高的指数。下属 3 个分项指数中，“非国有经济在工业企业营业收入中所占比例”评分显著上升 1.07 分，排名从第 29 位升至第 27 位。“非国有经济在全社会固定资产投资中所占比例”排名维持在第 30 位，评分微升。“非国有经济就业人数占城镇总就业人数的比例”评分下跌 0.71 分，排名小幅下降。

产品市场的发育程度

青海“产品市场的发育程度”方面指数，2023 年与 2019 年相比，评分大幅下跌 1.38 分，排名从第 19 位急降至第 30 位，从中等水平跌至全国后进水平。其下降的主要原因是分项指数“价格由市场决定的程度”排名和评分出现大幅下降，评分从 10.00 分陡降至 4.36 分，排名从第 1 位断崖式降至第 24 位。分项指数“减少商品市场上的地方保护”评分从 5.66 分大幅提高至 8.90 分，但排名仍维持在第 29 位。“公平的市场竞争条件”评分从 0.91 分大幅降至 -0.84 分，排名微降 1 位，至第 30 位。

要素市场的发育程度

青海“要素市场的发育程度”方面指数，2023 年与 2019 年相比，评分从 1.97 分明显下降至 0.92 分，排名保持在第 30 位。下属 3 个分项指数中，“人力资源供应条件”表现最不理想，评分大幅下降 2.95 分，排名从第 21 位大幅跌至第 29 位。其下二级分项指数“技术人员、管理人员和熟练工人供应条件”评分从 6.18 分陡降至 -0.28 分，“常住人口/本地户籍人口”评分上升 0.57 分，排名微跌。“金融业的市场化”分项指数评分下降 0.32 分，排名仍维持在第 30 位，其下二级分项指数“金融业的竞争”评分明显下跌 1.22 分，排名微降。“信贷资金分配的市场化”二级分项指数评分提高 0.56 分，排名仍处于全国末位。“技术成果市场化”分项指数评分微升，排名略降。

市场中介组织的发育和法治环境

青海“市场中介组织的发育和法治环境”方面指数，2023 年与 2019 年相比，评分从 3.70 分大幅跌至 1.54 分，排名从第 21 位下降至第 27 位。下属 3 个分项指数中，“市场中介组织的发育”和“维护市场的法治环境”评分分别大幅下跌 3.83 分和 2.95 分，排名分别下降 9 位和 6 位，至第 31 位和第 22 位。“知识产权保护”评分上升 0.31 分，排名小幅下降。

30. 宁夏回族自治区

2019 年市场化排名：25　　评分：4.53

2020 年市场化排名：25　　评分：4.82

2021 年市场化排名：23　　评分：5.00

2022 年市场化排名：14　　评分：5.96

2023 年市场化排名：14　　评分：5.90

宁夏回族自治区市场化各方面指数和分项指数的排名及评分

指数	2019 年		2020 年		2021 年		2022 年		2023 年	
	排名	评分	排名	评分	排名	评分	排名	评分	排名	评分
1. 政府与市场的关系	**25**	**6.50**	**22**	**6.75**	**21**	**6.91**	**18**	**7.12**	**18**	**7.07**
1a 市场分配经济资源的比重	27	7.71	24	7.85	22	8.38	22	8.79	23	8.71
1b 减少政府对企业的干预	25	4.08	25	4.08	25	4.08	12	4.34	12	4.34
1c 缩小政府规模	25	7.70	24	8.31	23	8.26	22	8.24	24	8.18
2. 非国有经济的发展	**19**	**6.44**	**20**	**6.46**	**19**	**6.51**	**21**	**6.23**	**20**	**6.34**
2a 非国有经济在工业企业营业收入中所占比例	18	5.28	18	5.21	17	5.21	20	5.04	18	5.49
2b 非国有经济在全社会固定资产投资中所占比例	22	6.54	22	6.70	22	6.86	22	6.51	22	6.41
2c 非国有经济就业人数占城镇总就业人数的比例	21	7.50	22	7.48	22	7.46	24	7.13	24	7.13
3. 产品市场的发育程度	**30**	**3.73**	**30**	**3.73**	**30**	**3.73**	**6**	**7.36**	**6**	**7.36**
3a 价格由市场决定的程度	25	2.92	25	2.92	25	2.92	6	7.98	6	7.98
3b 减少商品市场上的地方保护	20	8.26	20	8.26	20	8.26	21	9.13	21	9.13
3c 公平的市场竞争条件	31	0.00	31	0.00	31	0.00	10	4.96	10	4.96
4. 要素市场的发育程度	**21**	**3.17**	**17**	**3.96**	**18**	**3.75**	**20**	**2.88**	**20**	**3.02**
4a 金融业的市场化	15	5.35	16	5.20	15	5.63	14	5.90	13	6.10
(4a1) 金融业的竞争	21	6.08	19	6.15	19	6.29	19	6.25	17	6.32
(4a2) 信贷资金分配的市场化	17	4.61	19	4.25	14	4.97	13	5.55	10	5.87
4b 人力资源供应条件	20	3.95	9	6.45	12	5.32	23	2.36	21	2.52

续表

指数	2019 年		2020 年		2021 年		2022 年		2023 年	
	排名	评分	排名	评分	排名	评分	排名	评分	排名	评分
(4b1) 技术人员、管理人员和熟练工人供应条件	25	5.89	25	5.89	25	5.89	25	0.59	25	0.59
(4b2) 常住人口/本地户籍人口	10	2.00	7	7.00	6	4.75	7	4.12	6	4.45
4c 技术成果市场化	22	0.21	22	0.23	24	0.31	23	0.38	22	0.44
5. 市场中介组织的发育和法治环境	**27**	**2.83**	**26**	**3.22**	**25**	**4.09**	**12**	**6.22**	**12**	**5.73**
5a 市场中介组织的发育	17	5.13	17	5.13	17	5.13	14	4.03	14	4.03
5b 维护市场的法治环境	29	1.32	29	1.32	29	1.32	9	9.32	9	9.32
5c 知识产权保护	19	2.06	22	3.22	13	5.83	11	5.31	13	3.84

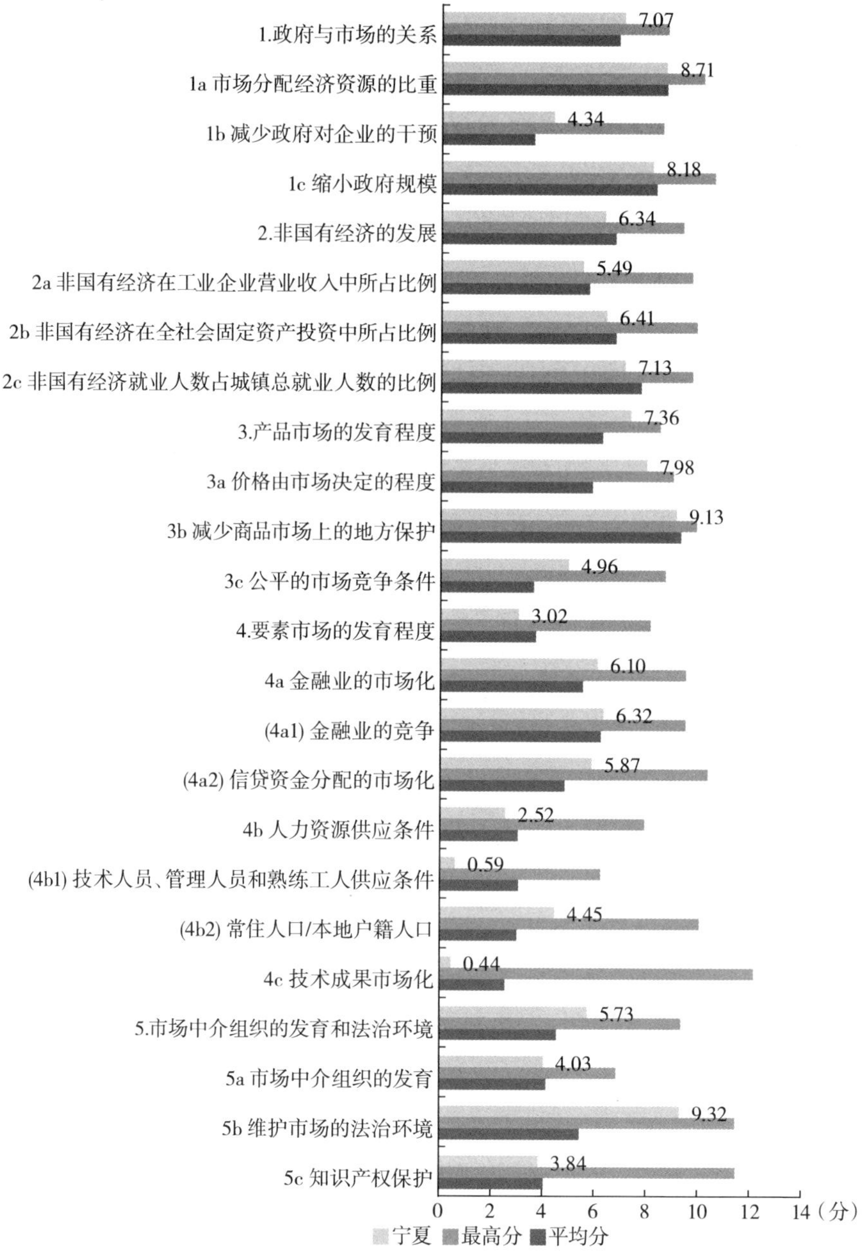

2023 年宁夏回族自治区市场化各方面指数和分项指数与全国最高分及平均分的比较

宁夏市场化进展状况

2019—2023 年，宁夏市场化总指数评分从 4.53 分升至 5.90 分，取得了显著改善，市场化进展排名从第 25 位大幅提升至第 14 位。

在市场化进展的 5 个方面指数中，2023 年与 2019 年相比，“产品市场的发育程度”方面指数评分从全国下游水平跃升到上游水平，“政府与市场的关系”、“要素市场的发育程度”和“市场中介组织的发育和法治环境”3 个方面指数从全国下游水平上升到中游水平。“非国有经济的发展”方面指数评分和排名均有小幅下降，保持在中游水平。

政府与市场的关系

宁夏“政府与市场的关系”方面指数，2023 年与 2019 年相比，评分从 6.50 分升至 7.07 分，排名从第 25 位跃升至第 18 位。下属 3 个分项指数排名和评分均有改善，其中，“市场分配经济资源的比重”和“缩小政府规模”评分分别提高 1.00 分和 0.48 分，排名分别上升 4 位和 1 位，至第 23 位和第 24 位。“减少政府对企业的干预”评分上升 0.26 分，排名从第 25 位陡升至第 12 位。

非国有经济的发展

宁夏“非国有经济的发展”方面指数，2023 年与 2019 年相比，评分和排名均有小幅下降，下属 3 个分项指数中，“非国有经济在工业企业营业收入中所占比例”评分有提升，排名保持第 18 位。“非国有经济在全社会固定资产投资中所占比例”和“非国有经济就业人数占城镇总就业人数的比例”评分分别下降 0.13 分和 0.37 分，排名一平一降。

产品市场的发育程度

宁夏“产品市场的发育程度”方面指数，2023 年与 2019 年相比，评分从 3.73 分大幅提升至 7.36 分，排名从第 30 位飙升至第 6 位，这是自 1997 年以来，宁夏在该方面取得的最好成绩。下属 3 个分项指数中，“价格由市场决定的程度”和“公平的市场竞争条件”表现突出，评分分别大幅提高

5.06分和4.96分，排名分别从第25位和第31位飙升至第6位和第10位。“减少商品市场上的地方保护”评分上升0.87分，排名小幅下降。

要素市场的发育程度

宁夏“要素市场的发育程度”方面指数，2023年与2019年相比，评分微降，排名从第21位小幅升至第20位。下属3个分项指数中，“人力资源供应条件”评分大幅下跌1.43分，排名从第20位微降至第21位。其下二级分项指数“技术人员、管理人员和熟练工人供应条件”评分骤降5.30分，另一个二级分项指数“常住人口/本地户籍人口”评分大幅上升2.45分，排名从第10位升至第6位。“金融业的市场化”分项指数评分上升0.75分，排名从第15位升至第13位，其下2个二级分项指数排名和评分均有提高，其中“信贷资金分配的市场化”评分和排名改善明显。“技术成果市场化”分项指数评分微升，排名保持第22位。

市场中介组织的发育和法治环境

宁夏“市场中介组织的发育和法治环境”方面指数，2023年与2019年相比，评分从2.83分大幅提高至5.73分，排名从第27位陡升至第12位，有显著改善。下属3个分项指数中，“维护市场的法治环境”排名和评分提高幅度最大，评分从1.32分大幅提高至9.32分，排名从第29位陡升至第9位。“知识产权保护”评分明显上升1.78分，排名从第19位升至第13位。“市场中介组织的发育”评分下跌1.10分，排名则从第17位升至第14位。

31. 新疆维吾尔自治区

2019 年市场化排名：29　　　评分：4.05

2020 年市场化排名：28　　　评分：4.24

2021 年市场化排名：29　　　评分：4.29

2022 年市场化排名：29　　　评分：3.07

2023 年市场化排名：28　　　评分：3.07

新疆维吾尔自治区市场化各方面指数和分项指数的排名及评分

指数	2019 年		2020 年		2021 年		2022 年		2023 年	
	排名	评分	排名	评分	排名	评分	排名	评分	排名	评分
1. 政府与市场的关系	**28**	**5.44**	**28**	**5.53**	**28**	**5.54**	**30**	**3.74**	**30**	**3.77**
1a 市场分配经济资源的比重	28	7.68	28	7.45	27	7.76	27	7.97	28	7.69
1b 减少政府对企业的干预	16	5.02	16	5.02	16	5.02	31	-0.75	31	-0.75
1c 缩小政府规模	30	3.63	30	4.11	30	3.85	30	4.00	30	4.38
2. 非国有经济的发展	**28**	**3.82**	**28**	**3.95**	**28**	**4.06**	**30**	**3.62**	**30**	**3.57**
2a 非国有经济在工业企业营业收入中所占比例	27	3.26	26	3.71	25	3.54	25	3.47	25	3.46
2b 非国有经济在全社会固定资产投资中所占比例	29	3.35	29	3.10	29	3.70	30	3.10	29	2.96
2c 非国有经济就业人数占城镇总就业人数的比例	30	4.86	30	5.05	30	4.94	30	4.29	30	4.29
3. 产品市场的发育程度	**18**	**5.87**	**18**	**5.87**	**18**	**5.87**	**24**	**5.23**	**24**	**5.23**
3a 价格由市场决定的程度	15	5.99	15	5.99	15	5.99	12	6.73	12	6.73
3b 减少商品市场上的地方保护	26	7.60	26	7.60	26	7.60	30	8.71	30	8.71
3c 公平的市场竞争条件	22	4.01	22	4.01	22	4.01	26	0.24	26	0.24
4. 要素市场的发育程度	**29**	**2.17**	**29**	**2.69**	**29**	**2.42**	**29**	**1.72**	**28**	**1.87**
4a 金融业的市场化	24	4.16	22	4.23	25	4.17	24	4.28	22	4.41
（4a1）金融业的竞争	27	4.99	25	5.19	25	5.27	25	5.26	25	5.35
（4a2）信贷资金分配的市场化	21	3.33	21	3.28	21	3.08	21	3.29	21	3.46
4b 人力资源供应条件	30	2.34	30	3.81	30	3.05	28	0.81	27	1.00

续表

指数	2019 年		2020 年		2021 年		2022 年		2023 年	
	排名	评分	排名	评分	排名	评分	排名	评分	排名	评分
(4b1) 技术人员、管理人员和熟练工人供应条件	30	3. 81	30	3. 81	30	3. 81	28	0. 23	28	0. 23
(4b2) 常住人口/本地户籍人口	19	0. 87	17	3. 80	20	2. 30	27	1. 39	19	1. 77
4c 技术成果市场化	30	0. 00	30	0. 03	30	0. 04	31	0. 07	28	0. 20
5. 市场中介组织的发育和法治环境	**26**	**2. 94**	**28**	**3. 15**	**27**	**3. 54**	**29**	**1. 05**	**29**	**0. 92**
5a 市场中介组织的发育	28	3. 88	28	3. 88	28	3. 88	30	0. 92	30	0. 92
5b 维护市场的法治环境	21	4. 86	21	4. 86	21	4. 86	26	0. 57	26	0. 57
5c 知识产权保护	30	0. 08	31	0. 72	29	1. 88	29	1. 67	28	1. 28

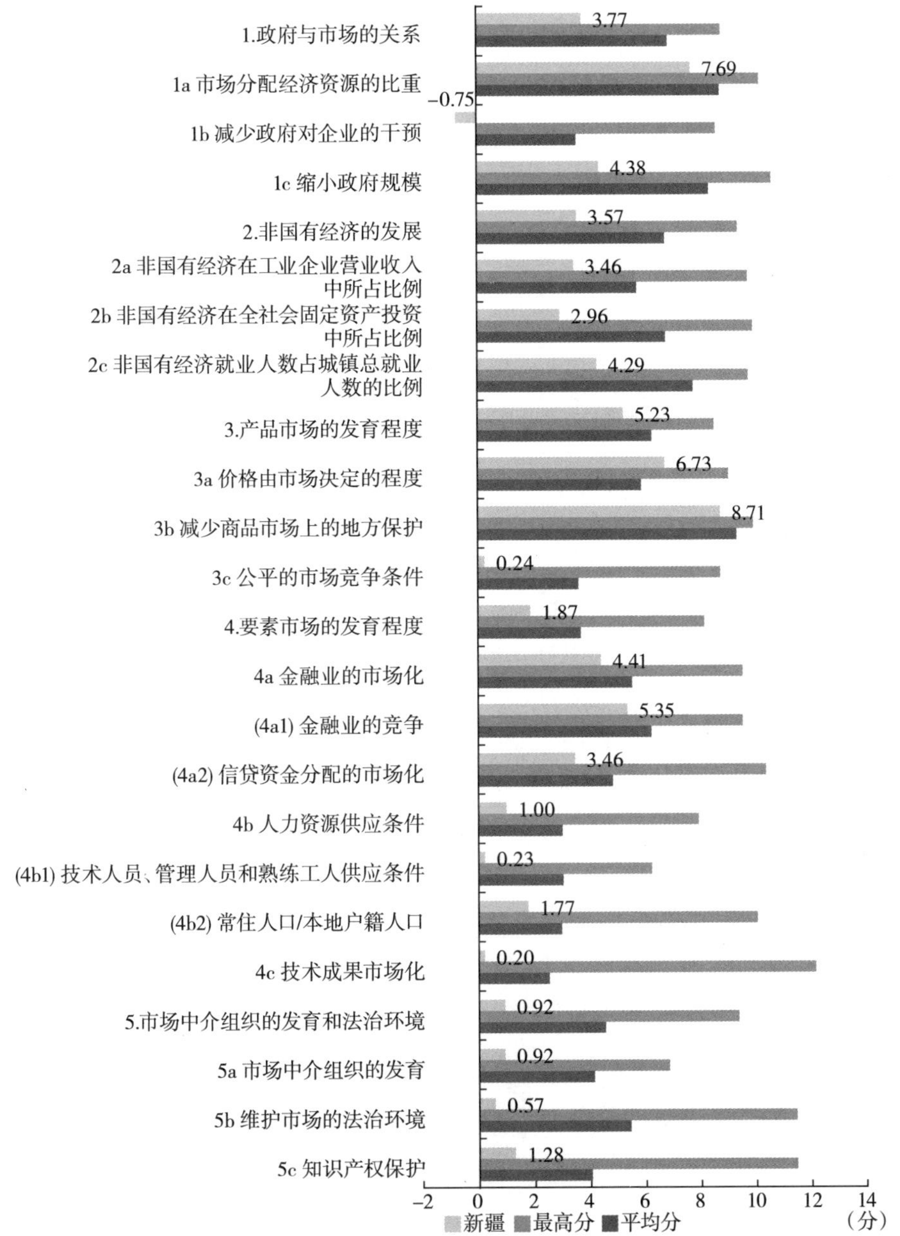

2023 年新疆维吾尔自治区市场化各方面指数和分项指数与全国最高分及平均分的比较

新疆市场化进展状况

2019—2023 年，新疆市场化总指数评分从 4.05 分降至 3.07 分，市场化进程排名与青海互换，从第 29 位升至第 28 位。

2023 年，新疆市场化进展的 5 个方面指数排名均处于全国下游位置，与 2019 年相比评分都有下降。其中“政府与市场的关系”和“市场中介组织的发育和法治环境”评分有大幅度下降。“非国有经济的发展”、“产品市场的发育程度”和“要素市场的发育程度”方面指数评分也有下降，排名两降一升。

政府与市场的关系

新疆“政府与市场的关系”方面指数，2023 年与 2019 年相比，评分陡跌 1.67 分，排名从第 28 位降至第 30 位，仅排在西藏之前。下属 3 个分项指数中，“减少政府对企业的干预”表现不理想，评分从 5.02 分陡降至 -0.75 分，排名从第 16 位骤降至全国末位。“缩小政府规模”评分上升 0.75 分，排名仍继续维持在第 30 位。“市场分配经济资源的比重”评分和排名几乎没有变化。

非国有经济的发展

新疆“非国有经济的发展”方面指数，2023 年与 2019 年相比，评分小幅下降，排名从第 28 位降至第 30 位。下属 3 个分项指数中，仅“非国有经济在工业企业营业收入中所占比例”评分小幅上升 0.20 分，排名从第 27 位升至第 25 位。“非国有经济在全社会固定资产投资中所占比例”和“非国有经济就业人数占城镇总就业人数的比例”评分分别下跌 0.39 分和 0.57 分，排名均无变化。

产品市场的发育程度

新疆“产品市场的发育程度”方面指数，2023 年与 2019 年相比，评分下跌 0.64 分，排名从第 18 位降至第 24 位。下属 3 个分项指数中，“公平的市场竞争条件”评分大幅下跌 3.77 分，排名下跌 4 位。“减少商品市场上的地方保护”评分显著上升 1.11 分，排名下降 4 位。“价格由市场决定的程度”评分提高 0.74 分，排名从第 15 位升至第 12 位，在各指数中排名最靠前。

要素市场的发育程度

新疆“要素市场的发育程度”方面指数，2023 年与 2019 年相比，评分从 2.17 分降至 1.87 分，排名上升 1 位至第 28 位。下属 3 个分项指数中，“人力资源供应条件”评分陡降 1.34 分，但降幅小于全国平均降幅（1.59 分），排名从第 30 位升至第 27 位。其下二级分项指数“技术人员、管理人员和熟练工人供应条件”评分从 3.81 分大幅下跌至 0.23 分。另一个二级分项指数“常住人口/本地户籍人口”评分上升 0.90 分。“金融业的市场化”和“技术成果市场化”分项指数评分和排名均有小幅改善。

市场中介组织的发育和法治环境

新疆“市场中介组织的发育和法治环境”方面指数，2023 年与 2019 年相比，评分从 2.94 分明显降至 0.92 分，排名从第 26 位下跌至第 29 位。下属 3 个分项指数中，“市场中介组织的发育”和“维护市场的法治环境”评分分别大幅下跌 2.96 分和 4.29 分，排名分别下跌 2 位和 5 位。“知识产权保护”评分上升 1.20 分，排名微升至第 28 位。

六
各省份市场化总指数评分及排序、方面指数排序：2019—2023 年

表 6 – 1　市场化总指数评分（2019—2023 年）

省份	2019 年	2020 年	2021 年	2022 年	2023 年
北　京	7. 20	7. 62	7. 64	6. 93	6. 84
天　津	6. 78	7. 17	7. 25	7. 25	7. 16
河　北	6. 03	6. 25	6. 36	6. 04	5. 95
山　西	4. 90	5. 08	5. 21	4. 14	4. 10
内蒙古	4. 28	4. 44	4. 51	4. 34	4. 30
辽　宁	6. 47	6. 70	6. 74	5. 78	5. 71
吉　林	4. 96	5. 28	5. 10	4. 78	4. 71
黑龙江	4. 59	4. 89	4. 87	5. 10	4. 87
上　海	7. 90	8. 35	8. 39	7. 79	7. 66
江　苏	8. 11	8. 46	8. 56	7. 60	7. 42
浙　江	7. 74	8. 10	8. 18	8. 33	8. 22
安　徽	6. 37	6. 62	6. 80	7. 04	7. 00
福　建	7. 35	7. 52	7. 50	7. 24	7. 15
江　西	6. 26	6. 49	6. 56	7. 07	7. 05
山　东	6. 76	7. 04	7. 17	6. 78	6. 65
河　南	6. 17	6. 33	6. 37	5. 89	5. 77
湖　北	6. 25	6. 46	6. 55	6. 18	6. 19
湖　南	6. 00	6. 15	6. 14	6. 37	6. 41
广　东	8. 05	8. 36	8. 39	8. 02	7. 75

续表

省份	2019 年	2020 年	2021 年	2022 年	2023 年
广　西	5.16	5.29	5.50	5.80	5.69
海　南	4.52	4.54	4.58	4.65	4.41
重　庆	6.65	6.80	6.90	5.40	5.34
四　川	5.88	6.02	6.04	5.46	5.31
贵　州	4.90	4.96	4.99	4.86	4.83
云　南	4.99	5.06	5.16	5.39	5.36
西　藏	1.36	1.85	1.78	3.01	2.89
陕　西	5.33	5.61	5.78	4.75	4.75
甘　肃	3.90	4.09	4.12	2.79	2.82
青　海	4.05	4.21	4.33	3.16	3.00
宁　夏	4.53	4.82	5.00	5.96	5.90
新　疆	4.05	4.24	4.29	3.07	3.07

注：表中评分表示的是各省份市场化总指数评分的分值。分值越高表示市场化程度越高。

表 6－2　市场化总指数排序（2019—2023 年）

省份	2019 年	2020 年	2021 年	2022 年	2023 年
北　京	6	5	5	9	9
天　津	7	7	7	5	5
河　北	15	15	15	13	13
山　西	22	21	20	27	27
内蒙古	27	27	27	26	26
辽　宁	10	10	11	17	16
吉　林	21	20	22	23	24
黑龙江	24	24	25	21	21
上　海	3	3	2	3	3
江　苏	1	1	1	4	4
浙　江	4	4	4	1	1
安　徽	11	11	10	8	8
福　建	5	6	6	6	6
江　西	12	12	12	7	7
山　东	8	8	8	10	10

续表

省份	2019 年	2020 年	2021 年	2022 年	2023 年
河　南	14	14	14	15	15
湖　北	13	13	13	12	12
湖　南	16	16	16	11	11
广　东	2	2	3	2	2
广　西	19	19	19	16	17
海　南	26	26	26	25	25
重　庆	9	9	9	19	19
四　川	17	17	17	18	20
贵　州	23	23	24	22	22
云　南	20	22	21	20	18
西　藏	31	31	31	30	30
陕　西	18	18	18	24	23
甘　肃	30	30	30	31	31
青　海	28	29	28	28	29
宁　夏	25	25	23	14	14
新　疆	29	28	29	29	28

注：表中的排序表示的是各省份市场化总指数评分的排列顺序。1 表示该项指数的分值最高，或该项市场化程度最高，31 表示该项指数的分值最低，其余类推。以下各表的排序含义相同。

表 6－3　市场化方面指数 1：“政府与市场的关系”排序（2019—2023 年）

省份	2019 年	2020 年	2021 年	2022 年	2023 年
北　京	13	12	12	24	25
天　津	11	10	13	11	11
河　北	14	14	14	14	14
山　西	23	23	23	27	27
内蒙古	26	26	26	23	24
辽　宁	12	13	11	16	16
吉　林	27	27	27	22	21
黑龙江	20	20	20	7	7
上　海	2	2	2	4	4
江　苏	1	1	1	2	3

续表

省份	2019 年	2020 年	2021 年	2022 年	2023 年
浙　江	4	5	4	3	2
安　徽	10	11	10	8	8
福　建	5	4	5	5	5
江　西	17	17	17	1	1
山　东	7	8	9	20	20
河　南	15	15	15	13	13
湖　北	6	6	6	6	6
湖　南	18	18	19	15	15
广　东	3	3	3	9	9
广　西	24	25	25	10	10
海　南	22	21	22	19	19
重　庆	8	7	7	17	17
四　川	9	9	8	21	22
贵　州	21	24	24	26	23
云　南	16	16	16	12	12
西　藏	31	31	31	31	31
陕　西	19	19	18	25	26
甘　肃	30	30	30	28	28
青　海	29	29	29	29	29
宁　夏	25	22	21	18	18
新　疆	28	28	28	30	30

表 6 – 4　市场化方面指数 2：“非国有经济的发展”排序（2019—2023 年）

省份	2019 年	2020 年	2021 年	2022 年	2023 年
北　京	22	22	21	22	22
天　津	5	5	5	5	5
河　北	11	12	11	13	13
山　西	20	21	20	19	18
内蒙古	24	23	23	20	21
辽　宁	17	15	16	15	15
吉　林	26	24	26	25	25

续表

省份	2019 年	2020 年	2021 年	2022 年	2023 年
黑龙江	21	19	22	23	23
上　海	15	13	13	11	11
江　苏	1	1	1	1	1
浙　江	3	2	2	2	2
安　徽	12	11	12	12	10
福　建	4	4	3	4	4
江　西	10	6	6	6	7
山　东	8	7	7	7	6
河　南	7	9	9	10	12
湖　北	13	14	14	14	14
湖　南	9	10	10	8	8
广　东	2	3	4	3	3
广　西	18	17	17	16	16
海　南	14	18	18	18	19
重　庆	6	8	8	9	9
四　川	16	16	15	17	17
贵　州	23	25	24	26	26
云　南	27	27	27	27	27
西　藏	31	31	31	31	31
陕　西	25	26	25	24	24
甘　肃	29	29	30	29	29
青　海	30	30	29	28	28
宁　夏	19	20	19	21	20
新　疆	28	28	28	30	30

表 6-5　市场化方面指数 3："产品市场的发育程度"排序（2019—2023 年）

省份	2019 年	2020 年	2021 年	2022 年	2023 年
北　京	10	10	10	10	10
天　津	27	27	27	13	13
河　北	16	16	16	7	7
山　西	24	24	24	23	23

续表

省份	2019 年	2020 年	2021 年	2022 年	2023 年
内蒙古	25	25	25	26	26
辽 宁	6	6	6	8	8
吉 林	22	22	22	16	16
黑龙江	28	28	28	25	25
上 海	3	3	3	4	4
江 苏	1	1	1	11	11
浙 江	8	8	8	1	1
安 徽	11	11	11	9	9
福 建	2	2	2	3	3
江 西	9	9	9	5	5
山 东	5	5	5	12	12
河 南	7	7	7	14	14
湖 北	13	13	13	18	18
湖 南	12	12	12	17	17
广 东	4	4	4	2	2
广 西	21	21	21	22	22
海 南	29	29	29	28	28
重 庆	15	15	15	27	27
四 川	20	20	20	21	21
贵 州	17	17	17	15	15
云 南	23	23	23	19	19
西 藏	31	31	31	20	20
陕 西	14	14	14	29	29
甘 肃	26	26	26	31	31
青 海	19	19	19	30	30
宁 夏	30	30	30	6	6
新 疆	18	18	18	24	24

表 6－6 市场化方面指数 4：“要素市场的发育程度”排序（2019—2023 年）

省份	2019 年	2020 年	2021 年	2022 年	2023 年
北 京	1	1	1	1	1

续表

省份	2019 年	2020 年	2021 年	2022 年	2023 年
天　津	4	3	4	3	3
河　北	18	19	16	15	15
山　西	24	23	21	27	26
内蒙古	19	20	22	23	23
辽　宁	8	8	8	17	16
吉　林	13	12	23	22	22
黑龙江	28	26	26	28	29
上　海	2	2	2	2	2
江　苏	7	7	7	7	10
浙　江	5	4	3	4	4
安　徽	14	15	10	6	6
福　建	6	6	6	8	13
江　西	12	13	13	14	12
山　东	10	10	11	12	14
河　南	20	21	20	19	19
湖　北	11	11	12	11	8
湖　南	16	18	19	13	11
广　东	3	5	5	5	5
广　西	25	25	15	18	18
海　南	27	27	28	25	27
重　庆	9	9	9	9	9
四　川	15	16	17	16	17
贵　州	23	24	25	21	21
云　南	26	28	27	24	24
西　藏	31	31	31	31	31
陕　西	17	14	14	10	7
甘　肃	22	22	24	26	25
青　海	30	30	30	30	30
宁　夏	21	17	18	20	20
新　疆	29	29	29	29	28

表 6－7　市场化方面指数 5："市场中介组织的发育和法治环境"排序（2019—2023 年）

省份	2019 年	2020 年	2021 年	2022 年	2023 年
北　京	6	6	6	8	8
天　津	4	5	5	6	7
河　北	13	12	12	20	20
山　西	23	23	23	30	30
内蒙古	31	31	31	28	28
辽　宁	15	13	13	21	21
吉　林	18	17	18	24	24
黑龙江	24	24	24	17	18
上　海	2	3	4	4	4
江　苏	5	4	3	3	3
浙　江	3	2	2	1	1
安　徽	9	9	10	7	5
福　建	8	7	9	9	9
江　西	14	14	15	10	10
山　东	10	10	8	5	6
河　南	22	21	21	19	19
湖　北	11	11	11	15	15
湖　南	16	16	17	11	11
广　东	1	1	1	2	2
广　西	20	20	22	14	14
海　南	29	29	29	25	25
重　庆	7	8	7	26	26
四　川	12	15	14	16	17
贵　州	28	27	28	22	22
云　南	17	19	19	13	13
西　藏	30	30	30	18	16
陕　西	19	18	16	23	23
甘　肃	25	25	26	31	31
青　海	21	22	20	27	27
宁　夏	27	26	25	12	12
新　疆	26	28	27	29	29